KB152666

난세일기

亂世日記

― 우리가 살고 있는
문명을 되돌아본다 ―

도올 김용옥 지음

통나무

목차

～～～

2023년 4월 24일 (월요일)

～～～

성균관대학교 개교 이래 최대규모 시국선언

오늘 오전 11시에 성균관대학교의 교수·연구자들 248명이 시국선언을 발표했다. "윤석열 대통령의 퇴진"이라는 말은 꼬집어 말하지 않았지만, "전면적 국정쇄신이 이루어지지 않을 경우 정권을 종식시키는 투쟁에 나설 것"이라고 명료하게 말했다. 눈에 띄는 것은 "248명"이라는 숫자인데, "개교 이래 최대규모의 선언"사건이라고 한다. 성균관대학교라고 하면 조선왕조 최고교육기관이며 유학교육의 권위 있는 전당인 성균관이라는 이미지의 연계선상에서 생각하게 마련이지만, 성균관을 현대적인 대학교육기관으로 변모시킨 사람은 심산心山 김창숙金昌淑, 1879~1962이라는 존경스러운 유자儒者였다. 심산은 진실로 치열한 독립운동가였으며, 매사에 정의로운 판단력을 잃지 않은 심오한 민족주의자였다. 한민족 전체의 대의를 위하여 흐트러짐이 없는 자세로 세파를 헤쳐나간 꼿꼿한 선비이자 유림의 대표였다. 우당 이회영,

단재 신채호와 더불어 "북경삼걸"로 불리었던 민족의 지도자 심산을 나는 평생 흠모하였다. 성균관대학의 교수들이 이대로 가면 이 정권은 대한민국을 파탄으로 휘몰아갈 것이라는 우려를 표명하면서 분기한 이 사건이야말로 심산정신이 아직도 살아있다는 명증이 아니고 무엇이랴!

심산 김창숙, 1879~1962

4·19와 4·25 대학교수단시위

1960년 4월 19일, 전국이 피로 물들고 이승만의 독재가 막다른 골목에 이르렀지만, 그 혁명의 열기는 계엄령 선포와 계엄군의 진압으로 다시 소강상태에 빠질 수밖에 없었다. 이 주저앉으려는 정국을 다시 일깨워 혁명을 완수하게 만드는 결정적 계기를 제공한 사건이 있었으니 그것이 이른바 "4·25대학교수단시위"라는 것이다. 각 대학의 교수대표 258명이 "피의 화요일"(4·19) 엿새 후인 4월 25일 오후 3시 동숭동 서울대학교 교수회관에 모여 14개 항목의 시국선언을 채택하고(초안은 고대 철학과 국학의 대가 이상은. 참석자 전원이 싸인) 오후 5시 45분 교문을 나와 종로, 을지로입구, 미대사관을 거쳐 국회의사당 앞까지 행진하였다. 당시만 해도 대학교수의 사회적 권위는 신성한 그 무엇이었다.

플래카드 쓴 성대 사학과 교수 임창순.

　　　　　　　보은 우당고택 관선정에서 한학 수학

이 시위는 민심의 이반을 결정적인 것으로 만들었다. 이승만은 다음날 4월 26일 오후 1시 라디오연설을 통해 하야를 발표한다. 이 교수단시위는 "학생의 피에 보답하라"라는 플래카드를 맨 앞에 들고 행진하였는데, 그 플래카드를 쓴 사람이 바로 성균관 대학 사학과 교수이자 탁월한 금석문 학자였던 임창순任昌淳, 1914~1999이었다. 교수단선언문에는 이전의 선언문에는 들어가지 않았던 "대통령 하야"라는 구호가 들어갔는데 그것도 임창순의 주장에 의한 것이라 한다.

시작부터 퇴임요구

우리나라 역대 대통령 중에서 취임한 지 1년도 안되어 "대통령 노릇을 그만 좀 하소"라는 소리, "윤석열 퇴진촉구"니 "윤석열정 권의 종식"이니 하는 구호가 모든 시위움직임의 보편적 구호가 된 사례는 없는 것 같다. 윤석열이 대통령이 되었을 때, 너무도 어처 구니없고 너무도 예기치 못한 사태이라서 어안이 벙벙한 사람들 이 많았지만, 어쨌거나 민주적 절차를 거쳐서 당선된 사람이고, 또 "진보정권"이라 자처한 사람들의 행태에 반성의 여지가 많았기 때문에, 여태까지 우리가 경험하지 못했던 새로운 리더십 아래서 참신한 체험이 가능할 수도 있겠다는 기대 서린 전망도 없지 않았다.

그런데 청와대를 떠나는 방식으로부터 시작해서 10·29이태원 참사, 그리고 그 참사를 덮어버리는 교활한 추태······ 하여튼 그의 행보를 여기 시시콜콜 나열할 필요조차 없겠지만, 대한민국의 시공간에서 일어난 그의 언어와 행동방식이 엄밀한 포폄의 대상이기 전에 너무도 상식에도 못 미치는 수준이하라서 평가의 대상이 되기 어렵다. 그를 옹립하고, 두둔하고 옹호하고 있는 우리나라의 보수인사들조차도 겉으로는 그를 야단치거나 민심을 동요시키는 발언을 하지 않겠지만, 속으로는 뭔가 근본이 잘못되어가고 있다는 불안감에 떨고 있는 것이다.

공인 의식이 부재

윤석열이라는 인간의 최대의 특징은 하나의 개체로서의 사인私人일 뿐, 지도자로서의 공인公人됨이 거의 부재하다는 것이다. 사적인 개인일 뿐 공적인 리더임을 망각하거나 지향하지 않거나, 아예 존재의 과제상황에서 제외시킨 매우 특유한 인간이라는 것이다. 공무원을 평생했다고 공인이 되는 것은 아니다. 이성의 공적 사용이 중요한 것이다. 그의 "퇴진"이 이 사회의 보편적 언어로서 임기초기에 이미 등장했다는 사실은 그 자신이 그러한 언어에 무감하거나, 무시하거나, 묵살할 배포가 있거나, 오히려 그러한 비판이나 요구를 엔죠이하고 있을지도 모른다. 하여튼 특종임에 분명하다. 그런데 그 특종적 성향이 개인적 사태에 머문다면 그냥 그러한 상태로 5년만 참고 지내는 것도 국민교육의 한 단계이거니 하고 봐줄 수도 있겠지만 그는 놀라웁게도 명료한 지향점을 가지고 있다는 것이다. 돈많은 사람들이 마음놓고 돈을 더 벌 수 있는 사회, 국민의 공적인 복리에 기여하는 조직을 될 수 있는 대로 사유화시켜 경쟁구조 속으로 집어넣어 효율을 높여야 한다는 것, 남북의 관계는 북한이 정신차릴 때까지 계속 압박해야 한다는 것, 일본과의 관계를 돈독하게 하고 일본의 과거 침략만행을 더 이상 들추지 말고 용서해야 한다는 것, 그래서 한·미·일 경제·군사동맹을 강화함으로써 안전한 보금자리를 구축해야 한다는 것……

신자유주의가 말하는 자유는 전쟁을 부를 수 있다

하여튼 대강 이런 비젼이 그의 개체로서의 사인적私人的 의식 속에 깊게 자리잡고 있고, 또 신념화되어 있는 것이다. 이러한 신념은 대화를 거부하고 토론이나 타협의 장을 벗어나 있다. 그의 자유는 전쟁을 하기 위한 자유가 될 수도 있고, 그의 돈벌기는 약자를 깎아 부자를 배부르게 하지만, 궁극적으로는 돈많은 자들을 붕괴시킬 수도 있다. 미국은 전쟁위협을 빌미 삼아 이윤이 많이 나는 한국과 대만의 기업을 발라 먹으려 하고 있다. 복지는 그가 말하는 경쟁 때문에 영락할 수도 있고, 그가 말하는 동맹은 불필요한 대적관계를 증가시키고 궁극적으로 국제사회에서 대한민국을 고립시킬 것이다.

대통령의 권한은 함부로 써서는 아니 된다

일정수준 이상 초과생산된 쌀의 정부매입을 의무화한 양곡관리법에 대해 윤석열은 거부권을 행사했다. 가뜩이나 쌀농사가 위축되고 있는 판에, 그리고 우크라이나전쟁으로 인해 식량이 무기화되고 있는 이런 중대한 시기에 돈많은 정부가 가난한 농부의 주머니를 더욱 빈곤하게 만든다는 것은 말이 되지 않는 것이요, 졸렬한 시책일 뿐이다. 본시 비토라는 것이 대통령의 권한이라고는 하지만 함부로 사용해서는 아니 되는 것이다. 농민은 아무리 눌러 봐야 끽소리 못한다는 안도감이 있기 때문에 비토권 행사의 최적 대상으로 선정되었을 것이다. 내가 시골에 강연 나가 이런 이야기를 하면 농사짓는 사람들은 나의 비토비판을 정당하다고 생각하고 응원한다. 그런데 비극적인 사태는 농민의 대다수가 보수적으로 투표를 했다는 사실에 있다. 뻔히 자기를 죽일 자라는 것을 알면서도 그자에게 표를 던지는 것이다. 즉 자기를 억압하는 자를 지도자로 모시는 것이다. 무지의 광란일까? 도대체 민주주의라는 것이 무엇일까? 과연 "민주"라는 이상은 인간세에 있는 것일까? 벼라별 생각이 다 드는 것이다.

윤석열과 연산군

윤석열이 아무리 광기 서린 비상식적 행동을 일삼아도 끄떡없는 지지층이 30%는 있다. 그리고 이 30%는 항상 50% 정도로 불어날 수 있는 잠재력을 지니고 있다. 그러니 아무리 퇴진을 읊어대고 종식을 울부짖어도 기득권의 지속은 깨지기가 어렵다. 일례를 들면 이런 생각을 한번 해보자! 연산군의 치세는 양대사화를 일으키면서 유례없이 난폭한 나날이 이어졌는데 어떻게 해서 12년을 끄떡없이 지속할 수 있었을까? 우선『조선왕조실록』(그중에『연산군일기』)이 묘사하고 있는 모든 치세의 사실은 궁궐을 중심으로 한 이야기이며 조선대중의 삶과 직접 연동되어 있었던 사태가 아니라는 이야기를 할 수도 있을 것이다. 그리고 또 그가 일으킨 사화史禍의 본질을 지나치게 비대해진 사림파(신진 학구파)의 세력을 훈구파(세조찬탈의 공신들 계열)의 반격을 통해 억제하고, 갑자사화(연산군의 엄마가 억울하게 죽었다는 것을 빌미로 일어난 사화)를 통해 결국 훈구와 사림을 모조리 척결해버린 정치권력역학의 사태라고 규정할 때, 최종적 사실은 신하에게 빼앗겼던 왕권의 권위를 회복하는 연산군의 술책이었다고 간주할 수도 있다.

광해군과 연산군

그러나 광해군의 경우는 정치역학의 희생타라는 말이 의미를 지닐 수도 있겠지만, 연산군의 경우는 그 행태가 상식적인 금기를 지나치고 있기 때문에 왕권을 방편으로 한 독재의 광란이라 말하는 것이 보다 적합한 표현일 것이다. 자기 엄마를 내친 장본인인 친할머니를 머리로 들이받아 죽게 하고, 큰엄마인 월산군의 부인 박씨를 겁탈하는가 하면, 자기 엄마 윤씨 폐위에 가담하거나 간접적으로 연관이 있거나 방관하거나 한 사람들, 그리고 이들의 가족 자녀에 이르기까지 연좌시켜 무수한 사람들이 목숨을 잃었다. 공부만 잘한다 하는 녀석들 아무 쓸짝없다 하여 최고학부인 성균관을 뒤엎고 학생들을 다 내쫓아버린 후에는 성균관을 자신의 기생 파티장소로 만들어버렸다. 궁중으로 들어온 기생들을 "흥청興淸"이라 했는데, 우리가 지금 쓰는 "흥청거리다"(마음껏 떠들고 논다)라는 말이 여기서 생겨났다.

검찰이라는 조직의 힘을 믿고 사적 보복에 진력하는 윤석열

이러한 연산군의 패륜과 광란의 특징은 신권에 대한 왕권의 강화라는 일관되고 추상적 주제의식이 있는 것이 아니라, 일차적으로 개인의 감정에서 우러나오는 보복적 성격에 의하여 지배되고 있다는 것이다. 윤석열의 행위패턴을 보아도 자신의 공적신분의 좌표맥락을 떠나 마음대로 떠들고 행동하며, 일체 자기반성이나 잘못의 시인이 없으며, 검찰이라는 조직의 힘을 믿고 의미없는 "보복"에 진력한다. 연산군의 경우에도 그 거사행위를 조장하고 조정하는 배후세력이 있었다. 연산군의 광란도 그 광란을 막아야겠다는 콘센서스가 무르익기까지 그 행태로부터 이득을 보는 세력이 엄존했다는 사실이다. 윤석열의 경우에도 그의 터무니없는 언행을 조장하고 엔죠이하고 이득을 보는 세력이 사회조직으로 침투되어 완강한 힘을 형성해가고 있다는 역사의 흐름을 묵과할 수 없다.

연산군 12년, 윤석열 5년

연산군이 12년을 갔다면, 윤석열이 5년을 버티는 것은 그리 어려운 일이 아닐지도 모른다. 왕조의 폭군과 시민사회의 대통령을 같은 정치역학의 판도 위에서 이야기하는 것이 말이 되냐고 반문하는 사람도 있겠지만, 아주 확실한 것은 윤석열의 권력은 연산군의 권력보다 몇천 배 강렬하다는 것이다. 과거의 제왕이란 몇몇의 모사들의 음모에 의해서도 간단히 제거될 수 있었고(실제로 연산군은 손쉽게 폐출되었다), 또 생각보다 "독살" 같은 사건도 손쉽게 실행될 수 있었다. 그러나 윤석열은 21세기 첨단사회의 모든 정보·조직시스템을 장악하고 있고, 또 국민의 눈과 귀를 조작할 수 있는 언론이 전폭적으로 그 시스템(호상적으로 작용하는 제 요소의 집합)에 가담하고 있기 때문에 전복의 질적 변화에까지 비등한다는 것은 매우 어려운 과제상황이다. 집권초기부터 "퇴진," "종식," "하야"의 소리를 들으면서 아랑곳없이 편안하게 행진하고 있는 윤석열의 행보는 과연 어떤 역사의 그림을 이 민족에게 선사할 것인가?

내가 난세일기를 쓰게 된 이유

내가 만나는 사람들치고 윤석열정권이 5년을 완주하리라고 생각하는 사람은 거의 없다: "곧 끝나겠지요." 그러나 이러한 기대는 만나는 사람들끼리 만연되는 항담巷談일 뿐, 구체적인 논의나 논리적인 기획성은 아무것도 없다. 그러나 성균관대학교의 교수성명이나 천주교정의구현전국사제단의 "윤석열퇴진촉구"성명서(2023년 3월 20일) 이래의 모든 사회단체의 성명운동의 확산이 어떤 궤도에 오를 것은 확실하고, 윤석열에게 표를 몰아준 젊은 남성들에게 안겨주는 배신감이 깊어가고, 상대적으로 윤석열과 그 주변세력의 망언, 망행이 점점 금기를 넘어가면, 사회기강은 해이해지고 사회에 질서감을 주는 비젼이 사라지고, 도덕이 바닥을 치게 될 것은 명약관화하다. 만만하게 물러나지도 않고 용퇴의 촉구가 거세지면서 온갖 비어蜚語가 난무하는 세파가 밀려온다면 그런 세상을 무어라 부를까? 고민하고 또 고민해보았는데 그 대답은 아주 간단했다: "난세다!"

여해의 난중일기

그래서 나는 "난세일기"를 쓰기로 했다. 여해汝諧(이순신의 자)는 "난중일기"를 썼는데, 나는 "난세일기"를 쓰기로 한 것이다. "일기"는 날로 기록하는 것이니 단편적이고 간결할 수밖에 없다. 그리고 흘러가면서 쓰는 것이니 시간의 장場을 전제로 한다. 그만큼 제약적이기는 하나 진실할 수밖에 없다.

저자싸인을 통해 책의 소장자들에게 전하는 문인화

"이제 다 돌아가시구, 거의 남은 유일한 문인화가라 해야겠군요. 문인화를 말하기 전에 문인이 있어야 하는데, 현재 시서나 학문에 능하면서 그림을 그리는 분이 거의 없잖아요." 내 자그마한 인사동 작품전시를 둘러보고 난 후에, 나에게 건네준 사계의 대가 유홍준 선생의 말이다. 적확한 찬사라 할 것이다. 그런데 나의 진짜 문인화가 실리는 곳은 내 책의 표지 안쪽에 있다. 내 책의 소장자들이 본인들의 이름을 써달라고 내미는 책의 안표지에 몇 초 안에 그림을 하나 그려 선물하면 사람들은 매우 기뻐한다. 그런데 이런 장면에서 내가 자주 듣는 한마디가 있다: "선생님 책은 너무 어려워요."

내 책이 정말 어려운가?

나는 평생 이 말을 너무도 많이 들어왔지만 이 말의 진의를 진정 깨닫지 못했다. 도대체 내 책이 왜 어려운가? 도올의 강의를 그토록 많은 사람이 좋아하고 경청하는 것은 내가 말하는 것이 쉽게 이해되기 때문이 아닐까? 내 강의는 강의로서는 시청률이 가장 높은 편인데, 왜 내 책이 어렵다는 것일까? 어렵다는 것은 결국 흥미의 상실을 초래할 수밖에 없고, 나는 독자로부터 소외되는 인간이 되고 말 것이 아닌가?

물론 "선생님 책이 어려워요"라고 말하는 사람들의 배면에는 대체로 이런 뜻이 숨어있다는 것은 확실하다: "선생님 책을 읽고 싶어요. 그리고 이해하고 싶어요. 이해해야 할 것 같고, 이해하면 뭔가 인생이 더 풍요로울 것 같은데 막상 책을 들면 읽히질 않아요. 그럼 지루하게 느껴지죠. 그럼 읽지 않게 되죠."

어려움의 두 가지 의미

이러한 논의에 대하여 얼핏 이렇게 대응할 수도 있다. 1) 진리가 쉽게 이해되는 것만은 아니다. 쉬운 것만이 진리라 말할 수 없다. 어려운 것을 통하여 쉬운 것에 도달할 수도 있다. 2) 독자의 성의나 노력이 부족하다. 수학문제를 풀기 위해서는 수학문제를 구성하는 기호의 의미를 알아야 한다. 이것은 수학을 잘하는 선생님에게 배워야만 하는 것이다. 철학도 철학을 구성하는 특별한 기호와 같은 개념체계들이 있다(여타학문도 마찬가지). 그것은 사전이나 선생님의 가르침을 통하여 습득되어야 한다. 철학의 기초개념에 대한 지식이 없이 철학을 이해하려고 하는 것은, 수학기호에 대한 지식이 없이 수학문제를 풀려 하는 것과 동일하다.

나의 집필태도에 관한 근원적 반성

이상의 두 가지 대응방식은 일차적으로 나의 반성을 전제로 하지 않고 있다. 중요한 것은 "너"의 노력이지, "나"의 집필태도가 아니라는 것이다.

나의 한문해석학 혁명: 구어체의 긍정

나는 1982년 가을, 기나긴 유학생활을 청산하고 고려대학교 철학과에서 교수생활을 시작했다. 나의 첫 작품이 『동양학 어떻게 할 것인가』였고, 두 번째로 낸 작품이 『여자란 무엇인가』였다. 그리고 『노자철학 이것이다』,『나는 불교를 이렇게 본다』등등의 작품이 줄을 이었다. 1980년대만 해도 우리나라 출판계에 등장한 서물의 제목이 "개념화된 틀"을 거부하는 구어체colloquialism 표현을 쓴 경우는 거의 없었다. 전무했다고 말해도 좋을 것이다. 『여자란 무엇인가』라는 제목은 파격 중의 파격이었다. 당시의 상식으로는 이런 제목이 되었어야 한다:『고대문자 체계에 있어서의 성性의 구조』.『동양학 어떻게 할 것인가』는 아마도 『동양학 방법론 신탐新探』 정도가 되었을 것이다. 나는 학구적 개념을 파괴하면서, 일상 언어의 구어적 표현이 모두 철학적 논설을 구성하는 좋은 자료가 될 수 있다고 믿었다. 이러한 나의 신념은 "한문해석학"이라는 나의 번역이론에 바탕을 둔 것이지만, 나의 이론은 학문 전반에 보편적인 방법론으로서 적용될 수 있었고, 그 결과는 지극히 파괴적인 것이었다. 파격으로 인하여 모든 격格이 무너져 내리는 해체deconstruction의 변화를 체험하지 않을 수 없었다. 그것은 일종의 아나키즘 같은 것이었다. 모든 권위주의가 뿌리를 내릴 수 있는 토양을 싹 쓸어 내버리는 혁신革新이었다.

그래서 나는 나의 책이 어렵다는 생각을 하지 못했다. 나의 책은 인문학 분야에서는 가장 넓게 읽히는 서물이었다. 그런데 실상 나의 책이 많은 사람들에게 읽히는 가장 직접적인 이유는 그것이 쉽게 쓰여졌기 때문이라기보다는 그 논술방식이 파격적이기 때문이라는 것, 또 그 주제의 선정이 항상 새롭기 때문에 평균적 저자들이 접근하기 어려운 다양성을 과시하고 있기 때문이라는 것이다. 그러나 나의 언어 그 자체는 충분히 풀어헤쳐져 있지 않다는 것, 그래서 사람들은 그 농축된 언어에 피곤을 느낀다는 것, 그러한 사실이 충분히 반성되어야 한다는 것을 나는 미처 깨닫지 못하고 있었던 것이다.

부담없이 읽히는 철학책, 철학 자체의 혁명

"선생님 책은 너무 어려워요." 이 명제에 대하여 내가 해야 할 일은 "너"의 노력에 대한 촉구가 아니라, "나"의 반성에 대한 처절한 심화였다. 왜 내 책은 한국말을 하는 젊은 세대들에게 재미를 주는, 부담없이 읽히는 책이 될 수 없는가?

이러한 반성의 심화는 실제로 엄청난 세기적 노력을 전제로 하는 것이다. 20세기는 "국민교육"의 세기였다. 불행하게도 그 국민교육의 주체가 강점의 일제日帝였다는 사실을 우리는 잊어서는 아니 된다. 그런데 해방 이후에도 일제의 모든 언어는 교육텍스트에 남았다. 그런데 그 후에 모든 분과과학을 지배하는 언어는 일제의 텍스트에 덧붙여진 서양언어의 텍스트였다. "데칸쇼"(데카르트＋칸트＋쇼펜하우어)를 모르고 다방의 담배연기에 입김을 더할 수 없었다. 오늘날 우리가 교양인이라고 부르는 대부분의 사람들은 자기언어를 상실한, 서양언어 자곤(jargon: 특수 전문용어)에 복속된 인간들이다.

자곤과 삶의 자리

자곤을 벗어나(학문을 하는 한 그 자곤을 완전히 벗어나기는 어렵다), 그 자곤이 형성된 삶의 자리를 오늘 여기 우리의 삶의 자리로 옮긴다는 것은 무한히 심오한 노력을 요구하는 것이다. 그러한 자곤이 사라질 때 철학은 우리 자신의 삶Living이 되고, 시가 되고 노래가 될 수 있을 것이다.

프랑수아 줄리앙 교수의 초청

오늘 저녁 도올tv에서 "나는 씹는다. 고로 나는 존재한다"(도올 주역강해 73)라는 제목의 강의가 나갔다. 요즈음 나는 프랑스의 한 철학자에게 본의 아니게 관심을 가지고 있다. "본의 아니게"라는 말은 관심을 가져야만 할 대상으로 나에게 갑자기 주어졌다는 것을 의미한다. 사실은, 줄리앙이 한국의 모대학에서 초청을 받아 오게 되었는데, 한국을 온 김에 한국을 대표하는 한 철학자와 토론을 하고 싶다고 그의 제자이자 이 행사를 돕고 있는 국민대학교

교양대학 교수인 이근세李根世에게 요청을 했다. 이 교수가 내가
제일 적합한 인물일 것 같다고 생각해서 불쑥 나에게 전화를 걸
었는데 생각해보니 거절할 이유가 아무것도 없었다. 옛날 같으면
영광으로 생각했겠지만, 요즈음은 나 자신의 일이 너무 많아 선
뜻 나서기가 어렵다. 나는 학자와 만날 때는 반드시 그 학자의 사
상을 개관하고 만난다. 그러니 새로 공부해야 하는 것이다. 늙어
서 내 생각을 펼치기도 바쁜데, 남의 생각을 쌩으로 새로 공부하
는 작업은 전후맥락을 불문하고 곤요롭다. 그러나 새로운 사유의
영역을 접한다는 것은 괴롭지만 즐겁기도 한 일이다. 이근세 교수
가 자기가 번역한 책 4권과 또 영역된 줄리앙의 대표저작 『*From
Being to Living*』이라는 책을 보내왔다. 이근세 교수에게 왜 하필
나를 골랐냐고 물으니까, 두 사람이 다 중국유학을 통해 중국언
어를 학문의 베이스로 삼은 사이놀로지스트Sinologist이고, 인류학
이나 현대철학에 대한 관심을 지닌 콘템포러리 철학자이기 때문
이라는 것이다. 공통분모가 많다는 것이다. 줄리앙의 저서를 읽을
때마다 내 생각이 났다는 것이다. 나를 초청한 이유 치고는 매우
정교한 언어였다. 우리는 6월 19일 오후 2시 국민대학교에서 공개
강연토론을 하기로 했다.

줄리앙은 유학운이 좋았다

줄리앙 교수는 나보다 나이가 3살 어리다. 그러니까 거의 동시대
를 살아온 사람이다. 파리의 고등사범학교(École Normale Supérieure)
를 나왔다니깐 나와는 비교도 안되는 천재형 인간일 것이다(베르

그송, 사르트르, 데리다, 알튀세르, 푸코, 뒤르껭 등등이 모두 이 학교출신이다).
그는 나보다 3년 늦게 중국에 유학하였다. 나는 1972년부터 74년
까지 대만대학에서 석사학위를 마쳤는데, 줄리앙은 1975년부터
77년까지 북경대학과 상해대학에서 중국말과 중국철학을 공부
했다(모택동 사후 중국이 문화혁명에서 벗어나 격렬하게 변하던 시기).

줄리앙은 기존의 프랑스 사이놀로지스트와 계보를 달리한다

프랑수아 줄리앙François Jullien, 1951~ 은 현재 프랑스 사상계를
대표하는 중요한 인물임에는 틀림이 없다. 프랑스에는 사마천의
『사기』를 번역한 에두아르 샤방느Édouard Chavannes, 1865~1918, 돈
황문서의 연구자이며 반출자인 폴 펠리오Paul Pelliot, 1878~1945, 에
밀 뒤르껭Émil Durkheim의 사회학적 방법론을 중국학연구에 도입
하여『중국인의 종교La religion des Chinois』(1922)라는 명저를 낸 마
르셀 그라네Marcel Granet, 1884~1940 등, 프랑스국립극동연구원이
나 콜레주 드 프랑스Collège de France와 같은 연구기관에서 중국의
언어, 역사, 문화, 예술, 사상을 전공한 프렌치 사이놀로지스트들의
혁혁한 전통이 있다.

서양의 동방학 학자들의 선이해

그러나 줄리앙은 이러한 사이놀로지의 전통과는 전혀 다른 계
열의 학자이다. 줄리앙은 중국학 학자라고 말하기보다는 그냥 현
대철학자a contemporary philsopher라고 불러야 옳다. 여태까지의 모
든 서양의 지식인들은 동방을 공부할 때 어디까지나 자신의 언어

나 개념의 틀 속에서 동방을 평가하는 작업을 했다. "평가"라는 작업의 주체는 어디까지나 서양의 언어였다. 서양언어의 잣대 속에서 동방의 생각이 어떤 계보 속에 들어가느냐를 따지는 작업이었다. 자신의 모든 사유의 틀이 우월하고 절대적인 그 무엇이라는 선이해pre-Understanding 속에서 타자를 평가할 때 그 평가는 공평하게 이루어지기 힘들다. 대체로 저열하게 밑으로 깔리는 것이다.

화이트헤드의 경우, 동방의 언어로 동방의 사유를 이해한 적이 없다

심지어 화이트헤드와 같은 위대한 철학자도 그러한 편견에 사로잡혀 있다. 자기가 수립한 과정철학Process Philosophy을 뛰어넘는 어떠한 사유의 틀이 동방고전에 가득하다는 생각은 꿈꿀 수 없는 것이다. 그 이유는 단순하다. 화이트헤드A. N. Whitehead, 1861~1947(현대철학의 거장, 수학자. 럿셀, 콰인 등의 스승)는 동방의 언어를 통하여 동방의 사상을 공부한 적이 없기 때문이다. 영어적 사유구조 속에서, 영어적 표현 속에서 온갖 형이상학의 심오한 사유를 한다 한들 우리문명 수천 년의 내음새가 배인 "하느님"이나 "중中"이나 "역易"이나 "성誠"과 같은 언어의 총체적인 맥락을 파악할 길이 없는 것이다.

BTS의 한국어가사

이러한 관행에서 볼 때 BTS의 노래가 세계인의 마음을 사로잡고, 세계사의 유례없는 문화전령의 노릇을 하고 있다는 사실은 매우 충격적이다. 그 충격의 핵심은 BTS의 노래가사가 영어로서 그

의미를 전달하는 데 있지 아니하고, 한국어가사 그 자체로 춤과 멜로디와 특유한 토날리티의 성음과 박자가 한데 어우러져서 세계인의 느낌 속으로 다이렉트하게 침투한다는 데 있다. 한국어가 영어의 신택스나 포네틱스를 파괴한다는 특유한 사태에 문명의 흐름들이 맞닿아 있는 것이다.

문화적 정체성은 없다

한마디로 줄리앙은 프랑스어로써 중국의 사상을 연구하는 사이놀로지스트가 아니라, 오히려 중국어로 이해된 중국사상을 가지고 서구철학을 재평가하고 서구철학의 유아론唯我論적 자기도취에 망치질을 가하는 것이다. 내가 또 이렇게 얘기하면 편가르기의 우열론이나, 하이데가가 말하는 격차성의 비본래적 모습으로 우리의 논의가 하락할 수 있다. 이근세 교수가 나에게 보내준『문화적 정체성은 없다』라는 줄리앙의 책을 펼치니까 이런 말이 전면에 튀쳐나온다: "거짓 문화적 정체성의 요청은 전 세계 모든 나라에 위협적입니다. 왜냐하면 문화적 정체성의 요청은 문화의 이해를 가로막고 오늘날 확산되고 있는 민족주의적 폐쇄성을 촉진하기 때문입니다."

왜 철학은 꼭 시작과 끝을 말해야 하나?

매우 적절한 언급이다. "아이덴티티identity"라는 것은 "같고 같다"는 뜻이다. 즉 자기동일성이 유지된다는 것인데, 이것은 역易의 사유에 정면으로 위배된다. 도올의 아이덴티티도 영구불변하는 그 무엇일 수 없으며 한국문화의 아이덴티티도 변하지 않는 그 무엇일 수 없다. 짙은 계면조의 남도가락이 무엇인지도 모르면서 "한"이니 뭐니 하는 개념으로 한국의 문화적 정체성을 운운하는 것은 가소로운 일이다. 변화를 말하는 그의 책에 또 이런 말이 있다:

> "중국인들이 사물들의 시작과 끝에 몰두하지 않았다는 것에 대해 놀랄 일이 있겠는가? 최초에도 최종에도 몰두하지 않았다는 것에 대해 놀랄 일이 있겠는가? 그들은 창조의 수수께끼에 열중하지도 않았고 종말을 극화하지도 않았다. 세계는 날마다 죽고 날마다 태어난다. 세계는 영원을 생각하게 하지 않으며 오히려 세계의 자원의 무진장함을 생각하게 한다. …… 이 책에서 제시된 마지막 두 괘가 차례로 기제, 미제라는 것에 대해 놀랄 일이 있는가? …… 이런 맥락에서 시작(미제)과 끝(기제)이 아닌 끝(기제)과 시작(미제)이 통상적으로 말해진다는 것에 대해 놀랄 일이 있는가?"

사실 이런 말들을 철학적 언어로서 서양의 철학자로부터 듣는다는 것은 참으로 충격적이다. 그의 언어는 너무도 상식적인 것이래서 우리의 관심을 비켜 나가는 것이다.

동방인의 토착적 평범한 언어가 서양철학적 사유의 대안이 된다?
그런데 그는 그 상식적인 우리의 언어를 서양철학적 사유의 대안으로서 그 홍류의 정중앙에 안치시킨다. 옛날 같으면 한 점의

먼지가 되어 잠시도 머무르지 못하고 떠내려가고 말았겠지만 지금은 삼각주를 형성하여 완고하게 버티고 있다. 사실 알고보면 서양철학이라는 것은 인류의 사유체계의 가냘픈 한 가닥에 불과한 것이다. 화이트헤드는 전 서양철학사가 플라톤의 각주에 불과하다는 유명한 말을 했다. 이 말이 유명한 이유는 이 말을 듣는 모든 사람들이 "과연……" 하고 수긍을 하기 때문이다. 그런데 모든 사람들이 의견의 일치를 보는 가장 대표적인『서양철학사』를 쓴 프레데릭 코플스톤Frederick Copleston, 1907~1994(영국인이며, 카톨릭 제수이트 신부)은 플라톤이야말로 파르메니데스의 각주라고 말했다.

파르메니데스는 누구인가?

파르메니데스는 65세 때 아테네에서 젊은 소크라테스와 대화를 나누었다는 진술이 신빙성 있는 것으로 인정되므로, 그는 대강 기원전 6세기 말에 태어난 것으로 추정된다. 이 사실에 비추어 그는 에페소스의 귀족인 헤라클레이토스보다 후대의 사상가인 것으로 보인다. 즉 파르메니데스의 불변론은 헤라클레이토스의 만물유전(판타레이, πάνταρεῖ)이라는 변화·생성의 철학에 대한 반동으로 보인다. 그런데 또 헤라클레이토스는 그의 선배인 피타고라스에 대한 반동으로 형성된 것으로 기술될 수도 있다. 피타고라스의 기하학적 사유, 수리적 사유, 그리고 종교집단적 신비주의, 그리고 불멸의 윤회를 주장하는 영혼의 고귀함 등은 헤라클레이토스에게는 미신적으로 비쳐졌겠지만, 플라톤에게는 경의를 표하지 않을 수 없는 그 무엇이었다. 아주 간결하게 이야기하자면 피타고

라스의 기하학 사변에서 시작하여 그 반동으로 형성된 헤라클레이토스의 만물유전, 불ー로고스론을 묵살하기 위하여 탄생된 파르메니데스의 존재론이 서구적 사유의 원천이다. 파르메니데스의 존재론이란 불변론이라 말해도 대차없다.

피타고라스 → 헤라클레이토스 → 파르메니데스

탈레스는 만물의 원질(아르케)을 물이라 말했다. 헤라클레이토스는 만물의 궁극적 실체를 불이라 말했다. 불이 계속 타오르기 위해서는 일정량 꺼지고 일정량이 공급되지 않으면 안된다. 불은 끊임없이 변화하는 것이다. 불은 다多 속의 일ー이요, 상향과 하향의 균형이요, 상이성 속의 단일성이요, 다양성 속의 동일성이다. 아마도 플라톤이 헤라클레이토스의 불ー로고스론을 계승했더라면 서양철학도 역易적인 세계관에 접근했을런지도 모른다. 그러나 파르메니데스는 모든 변화를 환각이라고 보았다. 존재와 사유는 일치하며 비존재는 사유의 대상이 될 수 없다.

파르메니데스의 지론: 우주는 하나의 실체

우주는 하나의 실체이며 하나의 본질이라고 보았다. 그 일자는 존재Being이며, 존재는 창조되지도 않았고 영원하며, 파괴될 수 없으며, 변화하지 않고, 유일하며, 불가분하며, 동질적인 실체라는 것이다. 우주는 하나의 실체라는 것이며 변화는 거부된다. 이러한 말을 내가 아무리 해봤자 독자들은 이 말을 정확히 이해할 길이 없다. 철학을 전공으로 삼고 그 많은 원전을 읽은 나이지만 아직도 확연히 이해되지 않는다. 왜 그런가? 파르메니데스의 논의는 기본적으로 넌센스인 것이다. 이해할 필요조차 없는 가치 없는 낭설인 것이다.

플라톤이 파르메니데스의 편에 선 것, 인류 최대의 비극

그런데 희랍철학의 대성자인 플라톤이 헤라클레이토스의 편에 서질 않고, 파르메니데스의 편에 섰다. 그래서 사유의 세계(코스모스 노에토스)와 감각의 세계(코스모스 호라토스)를 완전히 다른 이원의 세계로 갈라놓았고, 가치론적으로 사유의 세계를 우위에 놓았고, 거기에 진실성을 부여했던 것이다. 플라톤은 스승 소크라테스의 부당한 죽음을 체험하면서, 그리고 페리클레스 시대의 영화가 사라진 매우 삭막한 시대 자체의 현상적 카오스를 개탄하면서 감성적으로 인지되는 세계의 비극을 용인할 수 없었을지도 모른다. 아리스토텔레스가 플라톤의 이데아론(관념적 존재)에 대하여 현상론적인 생성을 말한 인물처럼 기술되지만 아리스토텔레스의 에이도스(형상)와 휠레(질료)의 변증법적 질서는 이데아론의 가치론적 구조를 현상의 질서 속에서 늘어놓은 것에 불과하므로 플라톤에 대한 헤라클레이토스적 대안이 될 수는 없는 것이다.

플라톤의 이데아론이 중세케리그마와 결합, 파르메니데스의 승리

플라톤의 이데아는 헬레니즘의 윤리학설로 발전하고 그것은 결국 아주 악질적이고도 폭력적인 유대교-기독교적 종교이론, 그리고 초대교회의 완고한 케리그마의 독선과 결합되면서 중세

암흑시대를 연출한다. 성 아우구스티누스와 성 토마스 아퀴나스의 철학이 모두 플라톤과 아리스토텔레스의 철학 위에 기독교신앙을 덮어씌운 것이며 신의 존재를 정당화하기 위한 것이다. 여기서도 역시 파르메니데스의 존재론은 막강한 힘을 발한다.

데카르트의 이원론적 실체, 서양철학의 빈곤한 기반

"나는 생각한다, 고로 나는 존재한다"를 외치는 데카르트의 명제도 나의 존재의 근원을 사유(*res cogitans*)로 본다는 뜻이며, 여기에는 사유와 존재의 일치를 운운하는 파르메니데스의 생각이 깔려있다. 탈레스가 추구한 아르케(우주의 원질)가 근세철학에 오면 실체Substance라는 개념으로 바뀌며, 자신의 존재를 위하여 타자를 필요로 하지 않는 자기원인자(*causa sui*)를 의미하며 동시에 존재의 본질 같은 것을 지칭하게 된다. 이 실체의 개념이 데카르트에게서는 정신과 물질의 자기원인성으로 분열하여 심신이원론(Body-Mind dualism)을 형성한다. 근대성의 정초를 깐 서양철학의 명제가 정신과 물질이라는 독자적인 두 실체를 전제로 하여 성립했다는 사실 자체가 얼마나 저열한 사유의 기반 위에서 서양의 근대가 출발했는가를 말해준다. 내가 이런 말을 씁어대면 독자들은 또다시 어렵다는 소리를 할 것이고 피곤함을 느낄 것이다.

데카르트의 이성에서 헤겔의 절대정신으로 가는 과정

간결하게 약술하자면 선천적이고 연역적인 이성을 중심으로 하는 합리주의Rationalism와 후천적인 경험을 중시하는 경험주의

Empiricism가 칸트의 비판철학에서 종합되었다고는 하지만 그것은 현상적 질서 내에 국한되는 것이며 물자체*Ding-an-sich*는 인식의 범주를 벗어나는 것으로 불가지론적인 대상이 된다. 이 물자체를 현상의 질서와 다시 엮어낸 것이 바로 헤겔의 변증법이다. 변증법이란 절대정신의 자기현현방식을 말하는 것이다. 그러니까 데카르트의 레스 코기탄스(*res cogitans*)가 헤겔의 절대정신에까지 확대되고 정교화되는 과정이 서양의 근세철학이라고 말할 수 있는데, 이 배면에는 파르메니데스의 존재론이 깔려있다.

있기에서 살기로!

나는 아직 줄리앙의 『*From Being to Living*』이라는 책을 읽지 못했다. 나는 하루를 살기도 너무도 시간이 없고 빽빽하기만 한데, 나의 "살기," 그 자체를 제쳐놓고 "살기"에 관한 타인의 심각한 논설을 읽는다는 것은 참으로 괴로운 일이다. 우선 책제목부터 어떻게 번역해야 할까 고민이 된다. "'있기'에서 '살기'로"라든가 "'있음'에서 '삶'으로"라든가 하는 정도로 번역될 수 있을 것 같다. "Being"이라는 것은 서양철학의 전 역사가 "존재론적 탐구"에 몰두해왔다는 의미가 될 것 같다. 이에 비해 중국철학은 "있기"보다는 "살기," 즉 사람이 어떻게 살아야 할 것인가에 관한 다양한 견해를 쏟아놓은 사유의 장場으로 파악하는 것이다.

동방인의 언어, 서양적 사유의 편견을 읽어낼 수 있는 유일한 도구

줄리앙이 중국철학에 관심을 갖는 핵심적 이유는 중국철학의 사유가 청나라 초기까지만 해도 거의 전혀 서구적 언어에 물들지 않은 독자적인 성격의 것이라는 데 있다. 다시 말해서 서양적 사유의 편견을 객관적으로 읽어낼 수 있는 거의 유일한 도구라는 것이다. 여태까지 서양의 사상가들은 중국의 철학적 사유를 독자적인 철학으로서 읽어내지 못했으며 동방의 사상가들도 서양의 철학을 절대적인 진리인 양 권위주의적으로 수용하면서 그 진면을 파악하지 못했다는 것이다. 줄리앙은 서양에서 활약하는 중국철학의 새로운 스타일의 전도사가 되겠다는 것이 아니고, 그 양자의 객관적인 실상을 있는 그대로 파악하여 서구사상의 데드록을 돌파하고 새로운 철학을 만들고 싶어하는 것이다.

동방의 자산을 자기화하여 새로운 철학을 만든다

줄리앙은 매우 바람직한 양심적 학자라고도 말할 수 있겠지만, 어찌 보면 매우 공포스러운 인물이기도 하다. 우리는 우리가 가지고 있는 자산을 세계인들에게 보편적 가치로서 새로운 옷을 입혀 제시하고 있지를 못할 뿐 아니라 엄두를 내지도 못하고 있는 판에, 그는 벌써 동방의 자산을 자기화하여 자기철학으로 소화해내고 있을 뿐 아니라, 세계인들에게 어필하고 있는 것이다. 그의 저술은 인기가 높아 25개국의 언어로 번역되었다고 한다. 하여튼 현재 프랑스 철학자 중에서 타국어로 번역된 서적이 가장 많은 사상가로서 알려져 있다.

중국고전을 원전 그대로 인용하면서 대화하라!

그와 대화를 하려면 중국고전을 원전 그대로 인용하면서 대화를 할 수밖에 없다고 한다. 이것은 이미 프랑스 지식사회가 사이놀로지스트의 개념적 구라가 아닌 텍스트 베이스의 엄밀한 논의 영역으로 진입하고 있다는 것을 의미한다. 21세기의 지적인 과업이라고 하는 것은 우리의 고전이나 사유가 서구전통이 말하는 존재론적 성찰을 결여한, 철학의 반열에 낄 수조차 없는 잡설이 아니라 서양의 초라하게 치우친 독선적 사유가 범접할 수 없는 풍요로운 철학의 바다라는 것을 자각하고 그 당당한 도덕성을 새롭게 정립하는 작업이 될 것이다.

내가 "나는 생각한다. 고로 나는 존재한다"라는 말 대신에 "나는 씹는다. 고로 나는 존재한다"라고 말한 것은 서양의 근대성을 근원으로부터 거부하는 동시에 "나는 존재한다"가 아닌 "나는 산다"라는 명제를 역易의 언어를 빌어 천명한 것이다.

나는 씹는다, 고로 나는 존재한다

"나는 씹는다"라는 말은 문자 그대로 턱을 움직인다는 뜻이다. 『주역』의 제27괘가 산뢰 이頤(䷚)라는 괘인데 이頤는 문자 그대로 "턱"이라는 뜻이다. 턱이라면 대강 상악골과 하악골 그리고 이빨을 가리키는데, 우리는 보통 씹는다는 것을 윗턱과 아래턱이 같이 움직이는 것이라 생각하지만 윗턱(상악골)은 해골에 붙은 것이므로 고정되어 있는 것이고, 실제로 저작활동을 하는 것은 하악골이다. 언뜻 생각하기에 악어 같은 것은 윗턱이 움직일 것 같지만, 기본구조는 인간과 같다. 윗턱을 움직이게 하려면 디자인상 매우 복잡한 문제가 많이 생긴다. 악어 역시 아래턱이 움직여 저작하는 것이다.

씹기, 먹기, 살기

"나는 생각한다"는 파르메니데스가 말하는 사유를 인간의 본질로서 생각한 인간존재파악의 결과물이다. 그러나 "나는 씹는다"는 "있기Being"가 아닌 "살기Living"의 문제에서 생겨나는 인간론이다. "씹는다"는 것은 "먹는다"는 뜻이다. "먹는다"는 것은 "기른다"는 뜻이다(頤者, 養也.「서괘전」). 씹지 않으면 생명은 유지되지 않는다. 이괘頤卦의 모양을 보면 괘상 그 자체가 턱의 모습을 하고 있다(䷚). 아래와 위로 두 개의 끊어지지 않은 작대기가 있고 (양효陽爻), 그 두 개의 양효 사이에 끊어진 4개의 심볼이 있다(음효陰爻). 복잡하게 따질 필요없이 아래위의 두 양효는 윗턱과 아래턱을 가리키고 그 사이에는 4개의 음효 중에서 위의 두 개는 윗니, 아래의 두 개는 아랫니를 가리킨다고 보면, 이괘는 그 괘상 심볼리즘이 심볼이라 말할 건덕지도 없이 아가리를 딱 벌리고 있는 턱의 모습이다. 이 아가리의 모습 속에서 복잡한 음양 우주의 원리를 말한다는 것은 분명 서구인들에게는 파르메니데스의 존재론보다 더 이해하기 어려운 것이라고 말할지 모르겠다.

파르메니데스의 시

파르메니데스는 자기의 철학을 매우 화려한 시구로써 장식했다:

"충동(*thymos*)이 미치는 데까지 나를 태워 나르는 암말들이 나를 호위해 가고 있었다. 그들이 나를 이끌어 이야기 풍성한(*polyphēmos*), 여신의 (*daimonos*) 길로 가게 한 후에. 아는 사람을 모든 도시들에 두루 데려다 주는 그 길로. 거기서 나는 태워 날라지고 있었다. 즉 거기서 아주 명민한 암말들이 마차를 끌면서 나를 태워 나르고 있었고, 처녀들(*kourai*)이 길을 인도하고 있었다 …… 거기에 뉙스(밤)와 에마르(낮)의 길들의 문이 있고, 그 문을, 아래위 양쪽에서 상인방과 돌로 된 문턱(*oudos*)이 에워싸고 있다. 그리고 에테르에 있는 그 문은 커다란 문짝들로 꽉 차있는데, 많은 대가를 치르게 하는 디케(정의)가 그 문의, 응보의 열쇠를 가지고 있다. 처녀들이 부드러운 말(*logoi*)로 그녀를 달래면서 영리하게 설득했다, 어서 자기들을 위해 내리잠금목으로 꽉 죄어진 빗장을 문으로부터 밀어내 달라고, …… 그러자 그 문을 통해 곧장 처녀들이 마차와 암말들을 마찻길로 이끌었다. 그리고 여신이 나를 반갑게 맞아들였는데, 내 오른손을 자신의 손으로 맞잡고는 다음과 같은 이야기(*epos*)를 하면서 내게 말을 걸었다.

불사의 마부들과 더불어, 그대를 태워 나르는 암말들과 함께 우리 집에 온 젊은이(*kouros*)여! ……"(『소크라테스 이전 철학자들의 단편 선집』, 대우 고전총서012, pp.270~273).

환상적이다. 그러나 좀 공허하다.

『역』의 괘사와 대상전

이러한 희랍인의 시구에 비한다면 『주역』의 괘사는 매우 구체적이다.

> "이괘는 존재의 근원이다. 점을 치면 길할 수밖에 없다. 턱을 통찰한다는 것(觀頤)은 무엇을 이름인가? 스스로 자기가 입에 채울 것(口實)을 어떻게 무엇을 위하여 구하고 있는지, 그 소이연을 살피는 것이다. 그 인간의 선악길흉이 다 씹음에서 드러나는 것이다."

정이천은 말한다:

> "성인께서 현인을 길러 모든 사람에게 혜택이 가게 만드는 것도 결국 씹음의 도인 것이다. 또한 사람이 생명을 기르고(養生), 형체를 기르고(養形), 덕을 기르고(養德), 사람을 기르는 것(養人)이 모두 이 씹음의 도인 것이다. 양생이란 움직이고 쉬고 절제하고 뜻을 펼치고 하는 것에 관한 것이다. 양형이란 마시고 먹고 의복을 입는 것에 관한 것이다. 양덕이란 위의威儀를 갖추고 의義를 행하는 것이다. 양인이란 자기의 마음을 미루어 타자의 물物에 미치는 것을 말하는 것이다."

괘를 하괘(아래의 3효)와 상괘(위의 3효)의 상象(심볼리즘)으로써만 풀이한 「대상전」은 이와같이 말하고 있다:

"산 아래에 우레가 요동치며 만물을 이양頤養하고 있는 것이
이괘頤卦의 형상이다. 군자는 이괘의 형상을 본받아 입에서
나가는 언어를 신중히 하여 덕을 기르고, 입으로 들어가는 음
식을 절제하여 몸을 기른다."

입이라고 하는 것은 음식과 관련된 동시에 언어와도 관련되어
있다.

입入은 음식, 출出은 언어

음식은 들어가는 것(入)이며 언어는 나오는(出) 것이다. 음식은
앞의 표현을 빌리면 양생養生, 양형養形과 관련된 것이고, 언어는
양덕養德, 양인養人과 관련된 것이다. 「대상전」은 인간의 실존상
황에서 가장 중요한 것이 바로 1) 신언어愼言語 2) 절음식節飮食
이라고 말한다.

모든 존재자는 하느님을 스스로 개시한다

우리가 철학적 관심을 존재에서 삶으로 바꾼다고 할 때 그 레토
릭의 구성방식이 이토록 달라진다. 존재론이란 대체로 존재하지
않는 것을 존재한다고 설득하는 데서 생겨나는 것이다. 중세기의
모든 존재증명이 결국 있지도 않은 신의 존재를 증명하기 위한 것
이다. 하이데거가 존재자Seiende와 존재Sein를 나누어 생각하는 것
도 서구인의 기나긴 존재에 대한 강박관념 때문에 설정되는 것이

다. 왜 우리는 "있음"을 회의해야 하는가? 있는 것을 있는 그대로 받아들일 수 없는가?

하느님이라는 전제가 없을 때 모든 존재자는 하느님이 되고 하느님을 스스로 개시開示한다.

죽음에로의 존재라는 자각, 과도한 존재론적 설정

이런 말을 하다보면 쓸데없는 논란에 사로잡히고 또다시 "읽기 어렵다"는 소리를 듣게 된다. 실존철학이 따로 있을 필요가 없다. "나는 씹는다"라는 이 한마디면 실존의 제 문제가 씹는 과정 그 자체에서 해소되고 마는 것이다. 서양철학을 하는 사람들은 참으로 괴이한 궤변이라 말할 것이다. 그러나 존재의 근원을 "씹음"으로 볼 때, 우리가 끊임없이 반추해야 할 삶의 조건은 "자구구실自求口實"이다. 즉 입안에 채워넣는 것(口實)을 끊임없이 반추해야 한다는 것이다. 어떻게 무엇을 위하여 나는 입을 채우고 있는가, 그 소이연을 스스로 탐구해야 한다는(自求) 것이다. 이러한 역의 소리가 나에게는 죽음에로의 존재라는 자각을 통하여 선구先驅적으로 결의함으로써 비본래적 자아를 벗어나 본래적 자아로 복復한다고 하는 하이데거의 외침보다는 보다 구체적으로 다가온다.

윤석열의 이괘적 문제점, 채움에 관한 반추가 없다

이괘와 관련하여 윤석열의 문제점은 명료하게 드러난다(윤석열 정권의 문제점이기도 할 것이다). 첫째는 입안을 충실히 채우고 있는 자들이 그 채움에 관하여 반추를 하지 않고 한없이 먹으려고만 한다는 것이다. 나의 구실口實이 무엇인지, 내가 왜 먹고 있는지를 반성함이 없다는 것이다. 검찰이 권력을 휘두를 수 있는 환경에 처하고 있다 해도, 왜 권력을 휘둘러야 하는지에 관한 반추가 있어야 한다. 자본가가 자본을 증식시키고 있다면 그 증식의 소이연이 무엇인지를 자구自求해야 한다. 구실口實(입을 채움)은 반드시 양생, 양형, 양덕, 양인과 연계되어야 한다. 독식, 확대는 결국 모든 세계내 존재의 파멸을 초래한다. 현정권은 절음식節飮食의 미덕을 결하고 있다.

신언어의 미덕을 결하고 있다

둘째로 윤석열은 "신언어愼言語"의 미덕을 결하고 있다. 윤석열이 입을 열기만 하면 국민들은 불안해한다. 너무도 "신愼"(삼가다)을 모른다. 특히 외국에 나가면, 그가 또 어떤 사고를 칠까, 무슨 엉뚱한 언약을 할까, 또 무슨 기대하지 않았던 망언을 쏟아놓을까, 불안불안해하는 것이다.

君子以愼言語
군 자 이 신 언 어

군자는 이패의 상징성의 덕성을 본받아

입에서 나오는 언어를 극히 삼가야 한다.

여기서 군자君子는 통치자를 말하는 것이다. 언행의 영향범위가 협애한 소인小人을 대상으로 하고 있지 않다.

2023년 4월 25일(화요일)

워싱턴포스트 기자와의 인터뷰

내가 도올tv에서 윤 대통령이 국빈으로 미국을 방문한다고 해서 "신언어愼言語"에 관해 각별한 부탁을 했는데, 벌써 해괴한 소리가 들려온다. 워싱턴포스트의 기자와의 인터뷰에서 자신은 일본이 100년 전 역사 때문에 용서를 구하며 무릎을 꿇어야 한다는 생각을 받아들일 수 없다고 말한 것이다. 물론 이것은 일본의 식민지강점에 피해를 입은 나라의 대통령이 할 얘기가 아니라, 일본의 저열한 우익깡패나 할 이야기로 들린다는 것은 이미 충분히 논의되었다. 감각 있는 일본의 정치인조차 할 수 있는 얘기가 아닌 것이다. 윤석열의 막말이나 망언은 이미 국민들에게 익숙한 테마이기 때문에 내가 부연설명할 필요는 없다. 그러나 윤석열 개인의 문제가 아닌 우리민족의 역사인식에 관한 공론의 장에 있어서 그가 저지르고 있는 오류는 우리 국민 모두가, 진보, 보수를 막론하고 명확히 인식해야 한다.

100년 전 역사라구? 토요토미 환상의 재현이라는 것도 몰랐나?

우선, "100년 전 역사"라는 말에 깔린 윤석열의 역사인식의 오류에 관해 우리는 공분을 느껴야 한다. 일본의 침략, 강점, 식민지 만행은 100년 전 이야기가 아니다. 광개토대왕의 비나 『삼국사기』에 언급되고 있는 왜倭의 문제로부터 이야기해야겠지만 가장 결정적인 사건은 아즈찌모모야마安土桃山 시대의 무장이었던 토요토미 히데요시豊臣秀吉, 1536~98가 센코쿠戰國를 통일하고 그 다이묘오大名들의 이권을 챙겨주는 수단으로 조선과 명의 침략을 획책한 사건, 우리나라에서 보통 임진왜란1592~98이라고 부르는 사건은 실제로 일본의 강점 7년의 세월이었으며 3백여 년 후에 일어난 경술국치의 사태에 못지않은 피지배고통의 세월이었다. 이미 일본은 국내의 정치모순을 해결하기 위하여 한국을 자국생존의 기지로 활용해야 한다는 확고한 신념을 정립하였을 뿐 아니라 그 신념을 실천하였던 것이다. 그 신념은 4세기가 지나면서 "대동아공영권"이라는 황당한 제국주의적 신념으로 부활하였고, 조선을 강점하는 것은 토요토미 히데요시가 이순신의 수군과 의병의 활약으로 못 이룬 꿈을 이루어 대동아공영권을 달성한다는 확고한 정책으로 발전하였던 것이다.

100년 전 사건이 아니라 동아시아 전 역사를 관통하는 본능

그들의 식민지침략은 100년 사건이 아니라 전 역사를 관통하는 신념이요 본능이다. 조선인들은 "삼천리금수강산"만으로도 행복하게 잘살 수 있다는 민족적 믿음과 합의가 있다. 그러나 일본인들은 최근 토오호쿠 지진사태(2011. 3. 11)에서도 체험했듯이 국토에 대하여 근원적 불안감을 감추지 못한다.

경술국치는 한 시각의 사건이 아니라 광범한 시간면적의 연속태

경술국치는 "100년 전 사건"이 아니다. 다시 말해서 100년 전에 단절된 사건이 아니다. "100년 전 사건"이라는 역사인식의 오류는 일본의 강점사태를 일시적 해프닝으로 이해한다는 것이다.

일본의 강점은 "시각"적인 사태가 아니라 기나긴 시공연속체 속의 연속태이다. 그것은 시기적으로도 이미 1894년의 동학농민 혁명의 일본군무력진압으로부터 시작된 것이다. 전봉준 장군을 심문한 것도 일본영사(우찌다 사다쯔찌內田定槌, 1865~1942: 동경대학東京大學 법학부 출신의 외교관, 나중에 주터키 대사를 지냄)였다. 그것도 다짜고짜 무자비한 학살로부터 시작된 것이다. 일본군 히로시마 대본영의 병참총감 카와카미 소오로구川上操六로부터 인천에 있던 일본군 남부병참감 앞으로 보낸 전보가 지금 남아있는데 그 내용은 다음과 같다(1894. 10. 27).

> 동학당에 대한 처치處置는 엄렬嚴烈함을 요한다.
> 향후向後 모조리 살육殺戮할 것.

당시 이토오 히로부미伊藤博文가 총리대신이었다. 이 명령을 하달받은 인천의 일본군 남부병참감은 어이가 없었다. 그는 법을 공부한 사람이기 때문에 일본정부나 대본영에게 조선의 일반민중에게 사법권을 발동할 수 있는 권리가 전혀 없다는 것을 잘 알고 있었다. 대본영이 하달한 동학농민군에 대한 살육명령은 조선의 주권을 침해한 불법적인 명령이었던 것이다. 이런 이유 때문에 살육명령은 조선에 배치되어 있던 현지부대를 놀라게 만들었다(이것은 홋카이도오대학 명예교수 이노우에 카쯔오井上勝生의 논문, "충청도 동학농민군과 탄압일본군에 대하여"로부터 인용한 것이다). 이렇게 황당하게 시작된 일본침략! 다 지나간 일이니 사과니 사죄니 무릎 꿇라니 이런 말 하지 말고 그냥 미래를 위해서 잊어버리자! 과연 이 나라 대통령이 할 얘긴가? 이렇게 넘길 문제인가?

단재 신채호의 조선혁명선언, 일본은 강도다!

윤석열! 그대는 당신의 가족을 사랑하고 아끼는 사람일 것이다. 그런데 어느날 밤, 느닷없이 흉한들이 들이닥쳐 당신의 가족을 모조리 죽여버리고 당신을 종으로 삼고 당신 집을 강점하면서 50년을 살았다고 해보자! 그대는 이 체험, 이 사실을 잊고 용서할 수 있겠는가? 아니 잊어야 하겠는가? 일본은 강도다! 조선의 강토를 처참하게 피로 물들인 임진왜란도 아무런 사전의 포고나 연락도 없이 느닷없이 시작된 것이다. 1592년 4월 13일 해가 뉘엿뉘엿 할 무렵, 18,000여 명의 왜군(코니시 유키나가小西行長가 이끄는 제1진)이 700여 척의 선박에 분승하여 갑자기 부산앞바다에 나타남으로써 시작된 것이다. 진실로 대규모의 강도단이었다. 더 이상 자세한 이야기는 하지 말자! 단재 신채호 선생이 쓴『조선혁명선언』

첫 구절만 인용하기로 하자(일명 "의열단선언"이라고도 한다. 1923년 1월 상해에서 작성되었다).

"강도 일본이 우리의 국호國號를 없이 하며, 우리의 정권을 빼앗으며, 우리의 생존적 필요조건을 다 박탈하엿다. 경제의 생명인 산림·천택川澤·철도·광산·어장 …… 내지 소공업 원료까지 다 빼앗어, 일체의 생산기능機能을 칼로 버이며 독기(도끼)로 끊고, 토지세·가옥세·인구세·가축세·백일세百一稅 (물건값의 1/100을 거두어 가는 세금)·지방세·주초세·비료세·종자세·영업세·청결세·소득세 …… 기타 각종 잡세가 축일逐日 증가하야 혈액을 있는 대로 다 빨아가고 …… 도처의 우리 거주민들을 도륙한다, 촌락을 불사른다, 재산을 약탈한다, 부녀를 오욕汚辱한다, 목을 끊는다, 산채로 묻는다, 불에 살른다, 또는 한 몸을 두 동가리 세 동가리에 내여 죽인다, 아동을 악형惡刑한다, 부녀의 생식기를 파괴한다 하여 할 수 있는 데까지 참혹한 수단을 써서 공포와 전율로 우리 민족을 압박하여 인간의 산송장을 맨들려 하는도다.

이상의 사실에 의거하여 우리는 일본의 강도정치 곧 이족통치가 우리 조선민족 생존의 적敵임을 선언하는 동시에 우리는 혁명수단으로 우리 생존의 적인 강도 일본을 살벌殺伐함이 곧 우리의 정당한 수단임을 선언하노라. …… (중략)"

윤석열이여! 그대는 이토록 애절한 절규가 그냥 잊어버리고 말아야 할, 레테의 강물이라고 생각하느뇨? 그대는 이 나라를 하데스 명계冥界로 보내기 위하여 대통령이 되었는가? 잊어버릴 수 없는 것을 잊어버리지 않기 위해서 대통령이라는 직책이 존재하는 것이 아니겠느뇨?

일본의 강점이 8·15해방 이후 역사에 끼친 영향

일본의 강점强占은 과거지사, 지나간 해프닝이 아니다. 그것은 50년의 역사일 뿐 아니라, 해방 이후 우리민족의 모든 역사를 지배하는 현존사現存史인 것이다. 끊임없이 역사의 의미를 묻게 만드는 현존재의 역사인 것이다. 일본의 강점통치가 없었더라면 그 공백을 메꾸기 위하여 등장한 미·소 양국의 분할점령도 없었을 것이고, 미군정도 없었을 것이고, 제주4·3과 여순민중항쟁도 없었을 것이고, 빨갱이색출도 없었을 것이고, 반공이념도 국시가 될 수 없었을 것이고, 6·25전쟁도 일어나지 않았을 것이고, 세계의 냉전질서 양상이 달라졌을 것이요, 오늘날 소위 말하는 진보니 보수니 하는 쓰레기이념도 이 역사에 발붙일 곳이 없었을 것이다. 결국 우리나라의 "태극기부대"니 뭐니 하는 보수이념은 결국 반민특위의 좌절로 살아남은 친일파세력이 대간을 이루는 비극적 흐름일 뿐이다. 이런 떳떳치 못한 슬픈 몸부림도 일본의 강점이 없었더라면 존재하지 않았을 것이다.

과거가 어찌되었든 잊고 말자는 윤석열, 일제강점기의 강제동

원피해자들에게 일본 전범기업들이 보상을 해야 한다는 우리나라 대법원의 판결(국제법상 정당한 판결임)을 묵살하고 그것을 황당하게도 우리나라 기업들 보고 대리변상하라고 외치는 윤석열, 과연 이런 기상천외의 가치관을 가진 인물이 어찌하여 이 나라의 대통령이 되었는가? 이 나라의 미래에 어떤 흉운을 몰고 올 것인가! 도대체 어찌하여 외국강도의 가해행위에 대하여, 그 강도의 자산이 성대히 남아있음에도 불구하고, 피해자 나라의 기업이 대신 돈을 낸단 말인가? 과연 우리나라의 강제징용자들이 그 출처가 어디서 왔든지간에 돈만 얻으면 그만이란 말인가? 과연 위안부할머니들이 지금 천수의 종료를 앞두고 돈을 원한단 말인가?

우리가 원하는 것은 보복이 아니라 반성이다, 도덕의 회복이다

이들이 원하는 것은 일본의 반성이요, 국제도덕의 회복이요, 새로운 화해의 장을 열자는 것이다. 이것은 윤석열식으로 혼자 북치고 장구 치고 다 끝내버리는 잔치가 아니라, 일본의 충심어린 시인과 시정과 반구反求와 반성을 요구하는 현존現存의 존재이유인 것이다. 일본의 반성이 없이는 동아시아문명의 질서는 진정한 도덕성을 회복할 길이 없다. 모든 역사는 현대사이다.

윤석열의 부정확한 역사인식

윤석열은 또한 유럽국가간의 대립과 그 화해의 사례를 언급하면서 그의 역사인식의 부정확성과 본질왜곡의 천박성을 드러내고 있다. 그는 말한다: "유럽은 지난 100년 동안 여러 차례 전쟁을 경험해왔고, 그럼에도 전쟁당사국들은 미래를 위해 협력할 방법을 찾았다. 나는 100년 전에 일어난 일 때문에 뭔가 절대 불가능하다거나 일본인들이 100년 전 역사 때문에 용서를 구하며 무릎을 꿇어야 한다는 생각을 받아들일 수 없다."

히틀러와 쇼오와 텐노오

윤석열은 마치 유럽의 국가들이 선진국들이래서 그들은 미래를 위하여 과거사를 다 잊고 협력한 듯이 말하고 있다. 20세기 유럽사 그리고 그에 연동된 세계사의 악의 씨는 히틀러라는 광포한 인물과 그가 선도하는 국가사회주의독일노동자당(Nationalsozialistische Deutsche Arbeiterpartei: 약칭 NSDAP. 나치Nazi)의 무분별한 만행이다. 그리고 20세기 동아시아사의 악의 씨는 히로히토(裕仁) 쇼오와 텐노오를 상징체계로 받들고 대동아공영권을 외치며 조선강점, 만주사변, 중국대륙침공, 난징대학살, 태평양전쟁 등 무분별한 침략전쟁을 일삼은 일본 천황제 군국주의의 만행이다. 이 양자의 만행은 세계사에서 그 경중을 가릴 수 없는 막상막하의 대죄악이다. 그런데 제2차세계대전의 종료와 더불어 이 죄악이 처리되는 과정은 너무도 극적인 대비를 이루고 있다.

히틀러의 자살, 쇼오와 천황의 비굴한 생존

우선 나치의 최고권력자인 히틀러는 베를린함락과 더불어 소련 점령군의 포탄소리를 들으며 지하벙커에서 자살의 방아쇠를 당긴다. 최소한 자신의 패배를 인정하고 그 인정에 상응하는 소승적인 최후를 맞이한 것이다. 그러나 쇼오와 텐노오는 자국민의 땅에 원폭이 투하되고 방대한 동아시아 인민들이 자기로 인하여 그토록 끔찍한 고통을 당했음에도 불구하고 자살은커녕, 천황제의 존속을 위하여 자신의 안녕을 지속시키는 다양한 방도를 강구했다. 만약 히로히토가 자기의 죄를 자인하고 반성하는 성실한 유서를 쓰고 자결을 했다고 한다면 일본국민들은 대동아전쟁이 자국의 그릇된 가치관의 소산이라는 것을 깨달을 기회를 얻었을 것이다.

안창호의 마지막 외침

대한민국임시정부의 국무령을 역임했으며, 흥사단운동을 창도했으며, 다양한 교육계몽운동을 벌인 선구적 독립운동가 안창호安昌浩, 1878~1938는 윤봉길의 홍커우공원폭탄투척사건 이후 일제경찰에 체포되어 극심한 고문을 받고 여러 질병의 합병증이 도져 사망을 하는데, 그가 죽기 직전에 경성제국대학 병원의 복도가 떠나가도록 웅장한 음성으로 이와같이 외쳤다:

"목인아! 목인아! 네가 정말 큰 죄를 지었구나!"

여기 "목인睦仁"이란 "무쯔히토"의 우리말 발음인데, "무쯔히토"란 히로히토의 할아버지 명치천황明治天皇을 가리킨다. 일본 천황제 군국주의 원흉임을 지목한 것이다. 도산 안창호는 죽기 직전에 이 말 외로는 일체 사적인 말을 한마디도 남기지 않았다고 한다. 오죽 일본의 침략만행이 뼈에 사무쳤으면 죽음에 직면하여 이 한마디를 남겼을까? 도산의 인품과 인격의 거대함을 절감케

한다. 과연 일본인 어느 누구가 "목인아! 목인아! 네 놈이 정말 큰 죄를 지었구나!" 하고 외칠 수 있겠는가?

히로히토가 책임을 뒤집어쓰고 자결했다면
일본인에게 반성의식이 생겼을 것이다

히로히토는 전쟁책임을 뒤집어쓰고 자결을 하든가, 전범으로 서 재판을 받았어야 옳다. 그것은 곧 천황제의 폐지를 의미하는 것이다. 사실 전후에 천황제의 끔찍한 죄악을 피부로 느끼고 있었 던 일본의 양심세력들은 천황제의 폐지를 갈망했다. 그리고 실제 로 그러한 분위기가 무르익어 있었다. 당시 천황제를 폐지할 수 있는 역량은 미군정의 손아귀에 있었다. 맥아더의 결단 하나로 천 황제는 일본의 역사에서 사라질 수 있었다. 일본역사에서 천황제 가 사라졌다고 한다면 그것은 일본의 축복일 뿐 아니라 전 인류의 축복이었을 것이다.

천황제의 존속, 중국공산당에 대한 경계심

그러나 맥아더는 목전의 군사적 상황에만 관심이 있었을 뿐 인 류의 미래에 대한 비전이 없었다. 그가 천황제를 존속시켜야 한다고 생각한 이유는 일차적으로 중국공산당의 대륙석권 과정에 미국이 전혀 힘을 쓰지 못했다는 사실에 있다. 중국이라는 거대한 대륙이 공산주의로 함몰될 가능성이 있는 상황에서 일본우익의 원천을 제거하는 것은 동아시아질서의 군사적 균형을 깨는 매우 불리한 짓이라고 생각한 것이다. 뿐만 아니라 맥아더는 원천적인 반공주의자였다. 맥아더는 중국의 위협을 과대평가했을 뿐 아니라, 올바른 정치문화의 정착이 본질적으로 군사적 도발을 제어할 수 있는 첩경이라는 것을, 더구나 일본에게서 천황제를 제거하는 것이야말로 동아시아의 항구적 평화를 도모하고 미국의 제어력을 강화하는 근도近道라는 것을 깨닫지 못했다.

어리석은 맥아더와 같이 눈이 멀어가는 일본인, 깨어나는 독일국민

독일국민들은 히틀러의 자살과 동시에 히틀러라는 망상과 더불어 광기어린 행동을 일삼았던 자신들의 모습이 터무니없는 오류였다는 것을 깨달을 수 있는 기회가 주어졌다. 그리고 다시는 나치당과 같은 정당이 등장할 수 없도록 본질적으로 정치제도를 뜯어고쳤으며, 나치는 뉘른베르크재판을 통해 범죄조직으로 규정되었다. 독일에서는 나치독일(제3제국)과 관련된 상징물을 일상에서 사용하는 것조차 법적으로 금지되어 있다. 나치경례조차 법적으로 금지되어 있다.

일본천황은 여전히 아마테라스 오오미카미의 후손

이러한 독일에 비하면 일본국민들은 본질적인 반성의 기회를 얻지 못했다. 천황이 더 이상 아키쯔미카미(現御神: 이 세상에 인간의 모습을 지니고 나타난 신神이라는 뜻)가 아니라는 것을 천명한 인간선언 조서는 발표되었지만(1946. 1. 1) 천황의 모든 상징성과 권위는 그대로 보존되었다. 천황이 태양의 여신 아마테라스 오오미카미의 신성한 혈통이라는 것도 명백히 부정되지 않았다.

엿새 동안에 미군이 만든 일본헌법, 미국의 헌법보다 좋다

맥아더는 미군정 최고의 권력자로서 일본을 자기 나름대로의 기준을 가지고 새롭게 통치할 수 있는 헌법을 필요로 했다. 맥아더는 이 과업을 일본인에게 맡기지 않고 연합군총사령부의 행정국장이었던 육군소장 코트니 휘트니(Courtney Whitney, 1879~1969. 죠지워싱턴대학에서 법학학위를 얻은 법률가. 미점령기간 동안에 일본 정부, 사회, 경제의 자유화구조를 만드는 데 큰 기여)에게 맡겼다. 이와같이 하여 일본의 헌법은 1946년 2월 초에 엿새 만에 만들어진 것이다. 자세한 것은 여기 언급할 필요를 느끼지 않는다. 이 헌법은 미국의 헌법을 모델로 하여 만들어졌지만 전혀 일본적 전통이나 문화나 감정을 고려하지 않은 타자에 의하여 만들어진 것이며, 객관적으로 인권을 존중한 매우 훌륭한 헌법이라는 것이다. 이 맥아더헌법의 초안은 그 원형인 미국의 헌법보다 훨씬 더 자유로웠다고 평가되고 있다(이것은 권위 있는 일본현대사가 맥클레인의 기술이다. James L. McClain, *Japan, a modern history*, Norton, 2002, p.541). 하여튼 일본인들은 그렇게 사악하고도 추악한 범죄를 저질렀음에도 불구하고 아무런 반성의 기회도 얻지 못한 채, 그 범죄의 원천인 천황제를 권위있게 보존하면서 아주 고급스러운 민주사회국가로 멋들어지게 이행하였던 것이다.

일본의 반성 없는 선진국에로의 변신

일본 강도들의 강점으로 인해 발생한 한국전쟁(Korean War)으로 일본은 막대한 이익을 챙기면서 패망국가의 상흔을 치료했다. 그러니 일본은 "반성"이라는 교훈을 역사에서 얻을 수가 없었다. 모든 것이 냉전구도 속에서 나이스하게 매끄럽게, 조선의 희생이 아마테라스 오오미카미의 나라를 보전하기 위한 또 하나의 제식인 것처럼 흘러갔기 때문이다.

빌리 브란트 독일수상, 유대인게토봉기 영웅기념비 앞에서 무릎 꿇다

아는가! 1970년 12월 7일, 나치의 희생이 너무도 컸던 폴란드의 수도 바르샤바에서 일어났던 일을! 국빈으로서 폴란드를 방문하고 있었던 서독의 수상 빌리 브란트Willy Brandt, 1913~1992는 본시 무명용사의 무덤에만 화환을 바치기로 되어있었다(약 2천 명의 폴란드 시민이 참가). 그러나 브란트 수상은 그곳에서 한 5분 거리에 있는 유대인 게토봉기(1943년 4~5월: 유대인 1만 3천 명 사망) 영웅들을 기리는 기념비에도 헌화할 것을 고집했다. 그곳에는 오직 두 명의 병사만 서있었고 300명 정도의 관중이 지켜보고 있었다. 브란트는 게토기념비에 헌화를 했고 한 단을 뒤로 물러나 빗물에 젖어있는 바닥에 곧바로 무릎을 꿇었다. 손을 앞으로 모으고 약 14초 동안 무릎을 꿇은 채로 묵념에 젖어있었다.

시대를 앞선 용기, 유럽의 인민들이 독일을 새롭게 바라보는 계기가 되다

당시 좌파잡지인 『슈피겔*Spiegel*』조차도 이 사건을 보도하면서, "브란트는 과연 무릎을 꿇어야만 했는가?"라고 물었고, 당시 여론조사에 의하면, 30세 미만과 60세 이상에서는 무릎꿇기를 지지한 비율이 거부보다 약간 더 높았고, 그 사이의 연령대에서는 거부가 확실히 우세했다(54% vs. 37%). 다시 말해서 그의 행동은 여론의 분위기를 따른 것이 아니라, 그의 시대를 앞서서 감행된 것이라는 사실이다. 그러나 양심적 언론들은 그가 무릎을 꿇음으로써 독일의 국민들은 일어설 수 있었다고 그의 용기를 극찬했다.『타임』지는 브란트를 1970년 올해의 인물로 제정하였으며 이듬해 1971년에 그는 노벨평화상을 받았다. 브란트는 젊은 시절부터 반나치운동을 했으며 1969년에 서독의 총리가 되면서 논란의 핵심이 된 "동방외교*stpolitik*"를 추진하였다. 동독을 비롯한 다른 동유럽국가들과의 관계를 개방하여 민주적 가치를 확산시키고자 했다. 브란트는 고개를 숙이는 것만으로는, 또 사죄의 말을 하는 것만으로는 부족하다고 여겼기 때문이라고, 언어가 닿지 못하는 곳에 내가 해야 할 일을 한 것뿐이라고, 소박하게 진심어린 마음을 토로했다.

브란트가 무릎 꿇음으로써 유럽에 평화가 왔고,

동서독이 통일되고, EU가 생겨났다

그가 무릎을 꿇은 순간, 나치 독일의 역사가 청산되고 통일을 향한 독일의 새로운 역사가 시작되었고, 1989년의 독일통일에 이르기까지의 찬란한 여정이 이루어졌다. 독일의 통일은 동·서냉전의 종식을 의미했고, 이념보다 더 중요한 삶의 평화를 인식시켰다. 결국 유럽국가들이 유럽연합(EU)이라는 인류사상 유례가 없는 개방적이고 강력한 공동체를 창출하는 데까지 이르렀다. 아시아에도 이러한 연합이 얼마든지 가능하다. 그러나 이러한 연합이 가능하기 위해서는 일본의 진심어린 반성이 전제되어야 하고 미국의 훼방이 없어야 한다. 미국은 아시아에 대하여 "분열시켜라 그리고 다스려라*divide et impera*"라는 매우 고전적 군사지배방식을 유지하고 있기 때문이다.

일본이여! 무릎을 꿇어라! 그것만이 인류사의 성스러운 사업

일본은 무릎을 꿇어야 한다. 그것은 인류보편사의 정신이 요구하는 도덕성이다. 그 도덕성을 끊임없이 일깨우는 인류사의 양심이 바로 우리 역사에 내재하고 있는 것이요, 일제강점기의 만행이 우리 민족에게 남겨놓은 과제상황이다. 이 인류사의 성스러운 과업을 이 나라를 이끌고 있는 대통령이 뭉개버리고 또다시 일본에 굴종하며, 일본의 편에 서서 일본의 모든 편익을 도모하겠다는 것이다. 도대체 이 나라 국운의 책임을 지고 있는 최고권력자가 이 나라의 성스러운 세계사적 과업의 명운을 무시하고 또다시 일본의 강점과도 유사한 사태를 재발시키고 싶어하는 형국이다. 국민들의 입장에서는 너무도 엉뚱하게 들이닥친 허무맹랑한 정황이래서 도무지 이해의 틀을 잡을 수가 없다.

한나 아렌트가 말하는 평범성과 이완용

이완용은 매국노임에 틀림이 없지만 그는 당대의 의식 없는 무기력한 지식대중의 일반논리에 충실한, 탁월한 한 인간이었다. 한나 아렌트가 말한 "악의 평범성"(the banality of evil: 시대의 상식을 좇는 평범성 자체가 악이 된다)의 구현자일지도 모르겠다. 기실 망국의 근원적 책임은 고종에게 있다. 이완용이 나라를 팔아먹는 모든 문서에 앞장서서 싸인을 한 것은 사실이지만 그것은 고종의 암묵적 지시 속의 순종행위였다. 고종이나 이완용이나 역사의 흐름에 항거하는 도덕의지가 전무했다(역사의 대세를 막아낼 수 있는 실력은 이미 사라진 지 오래였다).

일본의 후진성:

1) 디지털시대에는 일본의 아날로그적 정밀성이 빛을 보지 못한다

윤석열이 고종이나 이완용의 역할을 아울러 담당하자고 한다면 그 동기가 매우 혼란스럽다. 첫째, 우리는 1세기의 처절한 노력을 통하여 일본을 이길 수 있는 실력을 길렀다. 아날로그시대의 일본 특유의 정밀성(백제문화가 가르쳐준 장점)이 디지털시대로 접어들면서 그 우월성을 존속시키지 못했다. 정밀성의 보편적 기반을 디지털기술이 담당했기 때문이다.

2) 일본의 강점은 사이언스가 아닌 테크놀로지,
우리가 일정 테크놀로지 측면에서는 일본을 앞선다

둘째, 일본문명이 우위를 과시한 것은 기본적으로 사이언스 science가 아니라 테크놀로지technology였다. 우리는 사이언스의 지식을 일본에 의존할 필요가 없다. 사이언스의 원천은 서구문명으로부터 직접 배워왔다. 일본의 강점인 테크놀로지 측면에서도 디지털문명의 보편화는 일본의 강점을 평준화시켰다. 럿셀도 언젠가 말했지만 과학문명은 기본적으로 질적인 것이라기보다는 양적인 것이다. 양적인 것은 문명간에 이전되기가 쉽다. 우리는 각

방면의 테크놀로지에 있어서 인류보편의 수준의 상한선을 달리고
있다.

3) 창의성 측면에서는 일본은 후진적 수준에 머물고 있다

셋째로 사이언스든 테크놀로지든 현재 인류문명의 핵심적 과
제는 상상력, 창의성, 실용성, 도덕적 절제력에 있다. 일본은 창의
성Creativity의 측면에서 오히려 후진적인 수준에 머물고 있다. 장
인문화의 경직성이 창조적 전진을 가로막고 있는 것이다.

4) 기업문화, 장인문화, 모두 도덕성 결여된 골동품

넷째로 일본의 기업은 장인문화에 고유한 특이한 제도를 지니고
있고, 그 나름대로의 장점이 있다고 말할 수 있으나 오히려 그러
한 장점이 지금은 변화하는 세태에 기민하게 대처할 수 있는 힘을
상실하고 있다.

5) 학문과 예술에 있어서 찬란한 과거 때문에 오히려 정체되어 있다

다섯째로 일본의 학계는 메이지유신시대 이래 20세기 중반까
지 찬란한 업적을 축적해왔다. 인도학, 불교학, 중국고전학 등등
의 분야에 있어서 추종을 불허하는 해석학과 심오한 사유를 과시
하여왔다. 그러나 그러한 탁월성은 더 이상 독점적이지 못하다.
한국학계의 연구도 원전해석이나 사유의 구성력에 있어서 일본
학계의 수준에 뒤지지 않는다. 일본의 학계는 너무 탁월하기 때문
에 더 이상 창조적인 발전이 없다고도 말할 수 있다. 만화, 드라마,

연예, 각종 엔터테인먼트산업에 있어서도 우리는 더 이상 일본에 의존치 않고 세계의 선두에 선다.

6) 군사력에 있어서도 우리가 더 창조적일 수 있다.

왜 우리나라 대통령인 윤석열이 후진적 일본에게 굴종적이어야 하는가?

군사력에 있어서도 우리는 일본에 뒤진다고 말할 수 없다. 다시 말해서 일본은 쇠잔해가는 문명인데 어찌하여 창의력 있고 실력 있고 독자적인 개척력이 있는 한국문명이 일본에게 알랑방구를 뀌어야 하고 일본에게 유리한 방향으로 모든 특권을 포기하려 하는가? 이완용은 나라를 팔아먹어, 얻는 것이 있다고 오판했을 것이다. 그것이 그의 평범성의 죄악이었다. 그러나 윤석열은 일본과의 관계에서 딜링을 하면 할수록 우리나라에 손해만 끼치게 되어 있다. 이것은 객관적인 사실이다. 나에게 플러스가 아닌 마이너스만 가져오는 외교를 왜 강행하려 하는가? 이 터무니없는 테마에 대한 나의 소견에 그럴듯한 대답은 두 개가 있다. 손해볼 짓은 안하는 것이 인간의 본능인데 어찌하여 윤석열은 손해볼 짓으로 역사를 움직이려 하는가?

윤석열 굴종의 이유 1) 도사 한 명의 사건 때문일까?

첫째는 아주 터무니없지만 합리적일 수밖에 없는 추론이 하나 있다. 윤석열 부부에게 압도적인 영향력을 미치는 도사가 있는데 그 도사는 무조건 일본이 좋은 나라이고 그 나라와 좋게 지내는 것이야말로 윤 대통령의 대통령으로서의 혁명적 과업이라고 메시지를 계속 발한다는 것이다. 이것은 국민 모두가 숙지하는 사실이다. 이 나라는 도사 한 명의 사견에 의하여 일본추종국가가 되어가고 있는 것이다.

2) 미국의 사주

둘째는 미국이 그러한 윤석열의 행보를 조장한다는 것이다, 아니, 명령한다는 것이다. 윤석열은 어려서부터 자유민주주의에 대한 신념으로 살아왔고, 그 신념의 프로토타입은 미국의 역사가 과시해온 이데아 티푸스*idea typus*(ideal type)였다. 그런데 그 미국이 현재 생존해나갈 수 있는 가장 굳건한 교두보를 마련할 수 있는 수단은 한·미·일 공조라고 보는 것이다. 공조라기보다는 아예 굳건한 군사동맹을 달성하는 것이다. 이 과정에서 한국문명의 성장열기를 빼내어 일본을 도와주고 중국을 견제하고 러시아를 억제함으로써 미국의 우위를 견지한다는 것이다. 미국의 꼬붕노릇을 하고 싶어하는 윤석열정부의 사람들에게는 일본에의 굴종, 메이지유신 이래의 근대모델에 대한 예찬은 너무도 당연한 것이다.

자로의 유공유문

『논어』「공야장」에 이런 말이 있다 : "유공유문唯恐有聞." 문자 그대로 이 말만을 해석하면, 무엇을 새로 듣는 것이 두렵다는 뜻이다. 이 말의 주인공은 공자의 제자 중에서 제일 나이가 많고, 우직하고 직언을 잘하며, 공자에겐 가장 친근하게 느껴지는, 제자라기보다는 친구처럼 항상 공자를 보좌한 자로子路라는 사나이다.

그의 인간적인 면모가 아주 찐하게 느껴지는 명언이다. 그 전문을
소개하면 다음과 같다:

子路有聞, 未之能行, 唯恐有聞。
자 로 유 문　　미 지 능 행　　유 공 유 문

이 문장에 대한 나의 번역은 다음과 같다(『논어한글역주』2,
pp.299~300).

**자로는 좋은 가르침을 듣고 아직 미처 실행하지 못했으면, 행여
또다른 가르침을 들을까 두려워하였다.**

실천해야 할 훌륭한 말씀을 선생님께 들었는데, 그것을 실천하
는 경지에 이르지도 못했는데 또다시 선생님께서 좋은 말씀을 해
주시면 어쩌나 그것이 공포스러워 어쩔 줄을 몰랐다는 것이다. 여
기에는 자로의 성격이 잘 드러나 있다. 진리를 들으면 반드시 실
천한다는 원칙이 있다. 그런데 성격이 우직해서 그것을 내면화하
는 데 시간이 걸린다는 것이다. 무서운 실천력과 진리에 대한 열
정의 소유자, 그리고 직선적이고 융통성이 없는 인간이라는 현존
재*Dasein*의 다면성이 코믹하게 그려져있다.

월운 스님의 『인본욕생경』 한글번역

우리시대 불교계의 학승으로서는 가장 존경스러운 종장이라
말할 수 있는 월운月雲이라는 큰스님이 계시다. 이 월운 스님은

『팔만대장경』한글번역사업을 주관하시어 완수하셨으니, 우리나라에서 월운 스님처럼 세밀하게 해인사『팔만대장경』경판을 모두 읽은 분은 다시 없을 것 같다. 우리 유학계로 보면 민족문화추진회 국역연수원 교수로서 많은 후진을 양성하고 우리나라 국학고전의 국역사업에 혁혁한 공을 세우신 신호열辛鎬烈, 1914~1993 선생님에게나 비견할 인물이라 하겠다. 월운 스님은 대강백 운허耘虛 스님, 1892~1980을 은사로 출가하셨는데 지금은 광릉 봉선사奉先寺에 조실로 계시다. 그런데 이 스님께서『인본욕생경人本欲生經』이라는 중국불교 극히 초기에 성립한 경전(아함에 속한다)을 번역하시었는데, 이 번역작업은 한글대장경 작업과 별도로 이루어진 것이다. 당신의 입장에서는 이 작업은 중국불교의 원시적 모습을 알리는 당신의 생애 일대의 매우 소중한 인연이있던 것이다. 번역자인 안세고安世高는 천산남로에 있는 작은 도시국가출신이었는데 그의 활약시기는 경학의 대가 정현鄭玄, AD 127~200의 활약시기와 겹친다. 2세기 후반에 이미 어마어마한 역경사업이 이루어졌다는 것을 알 수 있다.

『인본욕생경』 서문을 쓰게 된 도올

월운 스님께서 이 대작의 번역서에 서문을 쓸 사람으로서 나를 선택하셨다는 것이다. 놀라운 일이 아닐 수 없다. 나는 벼라별 세상을 다 살아본다고 생각했다. 조선 최고의 학승의 생애최대의 공업功業에 나의 언어를 덮어씌운다니…… 하여튼 나는 황송한 마음으로 소청을 받아들이고 봉선사 다경실茶經室로 어른을 찾아

뵈었다.

　나는 스님을 처음 뵙는 마당에 노인이 잡수시기에 부드러운 한우 안심이라도 한 짝 사갈 생각도 해보았으나 불문에 비린내를 피운다는 것은 아무래도 계戒에 어긋나는 행동일 것 같고, 생각다 못해 그냥 내『논어한글역주』3권 한 질을 들고가기로 했다. 절을 하고서 나는 내 책에 이렇게 썼다.

學如不及, 猶恐失之。
학 여 불 급 　유 공 실 지

　이것은『논어』「태백」에 있는 말인데, 공자가 배움의 길에서 느낀 것을 고백한 것이다. 나는 스님을 뵈면서 이런 맥락에서 이 공자의 말을 쓴 것이다.

　　저는 도저히 스님의 학문경지에는 미칠 수 없을 것 같습니다.
　　혹시 따라잡을 수 있다 해도 또 놓치고 또 놓치고 말 것 같습니다.

　그랬더니 스님께서 곧바로 이렇게 말씀하신다.

　"미지능행, 유공유문이로소이다. 책을 다 못본다고 책하지 마옵소서."

　이미 가지고 있는 책도 많은데 또 책을 주시니, 자로처럼 진리를 실천하지 못하는 데 대한 공포감이 앞선다는 뜻일 게다. 『논어』의 구절을 활용한 선문답 치고는 참 고매한 경지라 하겠다.

난세일기 속의 유공유문

그런데 지금 나는 『인본욕생경』(동국대학교출판부에서 『인본욕생경주해』라는 제목으로 출간됨. 2011년) 이야기를 하려는 것이 아니고 『난세일기』를 쓰기로 작정한 후 너무도 많은 사건이 집중적으로 계속 터지니까 "유공유문"이라는 것이다. 새로운 뉴스가 오로지 공포스러울 뿐이라는 것이다. 괜히 쓰기로 했나부다 하고 후회도 해보지만 절필하기에는 너무도 많은 국민이 나의 소리를 듣고 싶어 하는 것 같아 도중하차는 불가할 것 같다. 방금 결재를 끝낸 명진 스님 왈: "도올 선생님의 언어는 이 시대의 먹줄이라오. 먹줄을 우선 튕겨놓아야 목수들이 어떻게 톱질을 할지 요령을 잡을 수 있으니까……" 시간아! 좀 늦게 가거라. 만년필 든 내 팔목이 아프다.

2023년 5월 1일(월요일)

윤석열의 미 연방의회의사당 상·하원 합동회의 연설

요즈음 가장 잇슈가 되고 있는 것은 며칠 전에(2023년 4월 27일 오전) 윤석열 대통령이 워싱턴DC 미국연방의회의사당 상·하원 합동회의에서 국빈으로서 "Alliance of Freedom, Alliance in Action"(자유의 동맹, 행동하는 동맹)이라는 제목 하에 영어로 연설을 행한 사건이다. 43분간 행한 장문의 연설인데 연설 초장부터 의원들이 기립하기 시작하였고 23번의 열렬한 기립박수가 이어졌다. 총 58번의 박수갈채를 받았고, 환호성까지 나왔는데 역대 우리나라 대통령 어느 누구도 이와같이 열렬한 환대를 받은 적이 없다(의회연설을 한 일곱 번째 대통령이다).

윤석열의 영어스피치

세월이 좋아서 연설장면을 누구든지 직접 경험하고 세밀하게 검토할 수 있다. 그만큼 객관적인 분석이 가능하다는 얘기다. 윤석열의 영어는 자기화되어 있는 영어는 아니다. 그리고 그의 발음체계도 어느 단어는 틀리게 발음하기도 하고, 음성학적으로 자신 있고 깔끔하게 단어가 종결되지 않는 경우가 허다하다. 다시 말해서 죽도록 열심히 연습해서 만들어낸 스피치라는 것이다. 그럼에도 불구하고 그의 영어는 사람들의 심금을 울렸고 그 의미가 잘 전달되었으며 주제의식이 명료하게 전개되었다. 하나의 스피치로 볼 때 매우 정합적인 구조를 가지고 있고, 지성적인 원칙과 감성적인 사례들이 매우 정교하게 혼성 배열되어 듣는 사람들로 하여금 일어나지 않을 수 없도록 만들었다. 그 장면의 기립박수는 위선적 격려가 아니라 자연스러운 감정의 발로였다.

성공적인 연출

내가 스피치를 많이 해본 사람이기 때문에 윤석열의 미의회스피치가 얼마나 어려운 연출이었는지를 알 수 있다. 그리고 그 연출이 매우 성공적이었다는 것을 말할 수 있다. 물론 문장구성이나 영어표현이 모두 윤석열의 실력에 의한 것이 아니라 해도 그 핵심적 구성력은 결코 그의 소견을 떠나서 이루어진 것이 아니라는 것은 쉽게 추론할 수 있다. 주어진 원고를 읽는 앵무새는 결코 아니라는 것이다. 다시 말해서 그 자신의 생각과 표현력을 기초적 구성으로 하여 현지의 상황에 밝은 영어도사들이 달라붙어 감정적 콩고물을 잔뜩 발라 만든 원고로 보인다. 이러한 나의 칭찬처럼 들리는 말에 실망하는 사람들이 많겠지만 사태를 분석하는 자세는 과학적이고 엄정해야 한다. 나의 최종적 결론은 이것이다: "윤석열은 맹충이가 아니다. 다시 말해서 확신범이다. 그리고 자신의 확신에 따라 도구연관의 세계를 연출해낼 수 있는 탁월한 연출가라는 것이다." 이 사실을 도외시하거나 묵살하면 대한민국의 운명을 점치는 데 오류가 많이 생겨날 수 있다. 미의회를 들썩거리게 만드는 윤석열의 연출력은 가공할 그 무엇이 있다. 앞으로 한국의 정계에서 그가 연출해낼 수 있는 연극의 범위나 범주를 심각하게 고민하지 않으면 우리 역사의 진로에 중수 감괘坎卦의 재앙이 닥칠 수도 있다. 백만이 촛불을 들이댄다고 용퇴할 인물은 아니라는 것이다.

윤석열은 방미를 통해 세계리더의 반열에 올랐을까?

윤석열의 방미는 결코 윤석열의 지지율을 높이지는 못했다. 그러나 30%의 철통같은 지지세력에게 확신을 주었고 프라이드를 주었다. 보수언론의 논조를 보아도 과연 우리가 지지한 석열이가 잘하고 있다는 식의 자부감을 과시하고 있다. 결코 헛짓을 한 것이 아니라는 안도감과 희망을 표시하고 있는 것이다. 윤석열은 방미를 통해 세계리더의 반열에 오른 것처럼 포장하고 있는 것이다.

도올! 윤석열의 연출력을 인정한다 하자! 과연 그가 연출한 것은 무엇인가? 연출의 테마가 무엇이냐? 그가 연출한 테마는 매우 단순한 것이다. 취임연설, 3·1절연설, 광복기념사 등등에서 계속 반복해온, "자유"(Freedom)라는 말, 그리고 자유라는 말에 자동적으로 따라붙는 "민주"(Democracy)라는 말, 그리고 자신의 통치신념을 나타내는 "법과 질서"(Law and Order), 혹은 법치라는 말이다. 그러나 민주가 무엇인지, 자유가 무엇인지, 법의 질서가 무엇인지에 관해서 일체 원칙적 논의나 합의내용이 없다.

민주주의의 정의

요번 연설에서 민주주의를 정의한 단 한 구절이 있다 : "민주주의는 자유와 인권을 보호하기 위한 공동체의 정치적 의사결정 시스템이다. 이와같은 의사결정은 진리와 자유롭게 형성된 공론에 기초하여야만 한다. Democracy is a community's political decision-making system to protect freedom and human rights. Such decision-making must be based on truths and freely formed public opinion."

그러나 여기서 민주주의는 또다시 자유와 인권을 보호한다는 말에 가려져 동어반복적인 얘기가 되고 만다. 그리고 의사결정시스템이라는 말을 수식하는 "정치적"이라는 말이 전혀 그 의미가 밝혀져 있질 않다. "정치적"이라는 말이 자신의 정파적 이해에 의거한다는 뜻이 되면 그것은 "독재적"인 의사결정이 되고 만다. 그리고 의사결정을 수식하는 "진리"라는 말, 그리고 "자유롭게 형성된 공론"이라는 말이 전혀 명료하게 규정되어 있질 않다. 윤석열은 과연 "자유롭게 형성된 공론"에 따라 생존하고 있는 인물인가? 그의 의사결정이 주변의 친근한 검사계열의 인사들을 무대 위로 끌어올리는 어리석은 결정에 불과하다는 것은 국민 모두가 숙지하고, 절망을 느끼는 사항이 아닌가? 윤석열이 과연 "자유롭게 형성되어가는 공론"을 이야기할 수 있는 인물인가?

자유, 민주, 법치는 의미 없이 내거는 간판

자아! 윤석열이 이런 이론적인 이야기로 미 상하의원들의 궁뎅이를 23번이나 들썩이게 만들었다면 그게 도무지 될성부른 이야기인가? 그는 민주, 자유, 법치, 이런 말들에 관해서는 이론적인 논의를 하지 않는다. 그냥 의미 없이 항상 앞에 내거는 간판이다. 그렇다면 윤석열은 과연 이런 간판 클리쉐(cliché: 진부한 상투어구)로써 미의회를 들썩거리는 연출을 감행했단 말인가? 그의 연출의 비밀은 과연 무엇인가?

그의 연출의 비밀

지금 영화를 연출한다고 하자! 제일 먼저 영화의 성격을 규정해야 한다. 로맨스물이냐? 액션영화냐? 로맨스는 너무 약하다. 액션? 거 좋지! 제목도 "Alliance in Action"이라고 했으니까! 액션물이 좋겠다. 어떤 액션이냐? 살인마의 액션이냐? 스파이의 액션이냐? 그것보다는 좀 스케일이 큰 액션이 좋겠다. 아~항, 전쟁액션이 좋겠다. 전쟁영화에다가 "전우애" 같은 휴먼드라마를 집어넣으면 백발백중 모두 감동을 받는다. 궁뎅이를 들썩거리고 박수갈채가 쏟아져 나오게 만드는 데는 전우들의 처절한 투쟁과 희생 같은 것만 들춰내면 저절로 눈물이 나온다. 자아! 생각해보자! 미국역사와 한국의 역사를 얽는 제일 좋은 전쟁테마가 무엇이냐? 1차대전? 2차대전? 아~항! 6·25가 있지 않냐? 6·25면 다 끝나는

문제 아니냐? 뭘 망설일 게 있는가? 6·25! 6·25! 이거야말로
나의 연설의 최고의 주제다!

미 의회연설의 최대의 테마는 6·25

사실 윤석열 미 의회연설의 최대의 테마는 다름아닌 6·25전쟁
이었다. 사실 6·25전쟁만큼 자유와 민주를 정당화하기 위한, 눈
물겨운 한미간의 공감共感, 공투共鬪의 장場은 존재하지 않는다.
6·25전쟁은 매우 심플한 도식으로 접근해도 별탈이 없다. 보편
적인 합의가 쉽다는 말이다. 공산주의의 화신인 김일성이 적화통
일의 야욕을 품고 남침을 한 것은 사실이다! 1950년 6월 25일 직
전에 김일성과 남로당의 수반 박헌영(당시 조선민주주의인민공화국 내
각 부수상 및 외부상)은 특별기편으로 모스크바로 날아가서 스탈린을
만났고(1950. 4. 10), 또다시 뻬이징으로 가서 마오쩌똥을 만난다
(1950. 5. 13). 그 회담·전문내용까지 문서로 남아있으므로 부언할
필요가 없다. 이 민족상잔의 비극적 역사에 대하여 이 두 사람은
확고한 책임이 있다. 나는 인간적으로 박헌영이라는 인간의 투쟁
의 역사에 대해 불쌍하다는 감정을 느끼기도 하지만, 그는 거시적
안목을 결한, 판단력이 매우 부실한, 이념과 정파적 편견에 집착
된 좁은 인간이라고 생각한다. 그는 남로당의 실체를 제대로 파악
하지 못했다. 밀고만 내려오면 들불처럼 타오르리라고 생각했다.

이 얼마나 좋은 테마냐? 바보같은 콤뮤니스트들이 오판하여 저
지른 제3차세계대전급의 전쟁을 막아낸 미군용사들, 자그마치

이들의 희생은 4만을 육박하고(실제로 5만에 육박한다는 설도 있다) 이 희생은 훗날 열여섯 해나 지속된 월남전쟁에 희생된 미군 사망자 수 5만 8천여 명에 맞먹는 숫자이다. 인류사에 유례를 보기 힘든 참혹한 전쟁이었다.

전우애에 대한 감정적 접근

앗참! 6·25참전용사 중에서 미 의회의원이 된 사람들 명단을 뽑아봐라! 아~참 그리고 참전용사들 중 팔과 다리를 잃고 참전용사의 숭고한 희생을 기리는 활동에 여생을 바친 웨버 대령님 계시지 아니하뇨? 그 분의 손녀를 모셔와라! 대한민국 국민을 대표해 깊은 감사와 무한한 경의를 표합니다…… 어찌 감정적으로 의사당이 달아오르지 않을 수 있겠는가? 미국의 전쟁영웅들을 들먹이며 그들이 몸바쳐 지키려고 한 것이 바로 윤석열이 말하는 "자유"라는 것이다. 그러니까 그의 자유는 원초적으로 공산주의자들을 때려잡는 자유를 의미한다. 그러한 배타적인 맥락을 떠나서는 그의 자유는 성립하지 않는다. 과연 6·25라는 전쟁의 비극을, 빨갱이들의 난동을 미국이 때려잡은 사건으로, 아주 단순하고 그래서 위대한 흑백논리의 영웅담으로 이해할 수 있을 것인가? 미국역사의 순결한 이상주의로서 우리의 칭송과 찬양을 받아야 할 가치가 있는 것일까?

세계사적 거대사건은 그 원인이 복합적일 수밖에 없다

6·25전쟁과 같은 세계사적 거대사건은 아무리 직접적인 근

인近因이나 자잘한 이유가 많다 할지라도, 다양하고도 복합적인 원인遠因이 있게 마련이다.

한국역사를 통관적으로 바라볼 줄 아는 역사가이자, 한국전쟁의 세계적인 권위인 브루스 커밍스Bruce Cumings는 6·25를 단순한 남침·북침의 문제로 보지 않는다. 『한국전쟁의 기원*The Origins of the Korean War*』(1981)이라는, 한국전쟁을 국제학술무대에 올려놓은 최초의 명저에서, 그는 한국전쟁을 "유도된 전쟁induced war"이라고 규정한다. 6·25가 북한의 남침으로 인한 것이라면 그 남침행위가 암암리에 오랜 시간을 걸쳐 일어나도록 유도된 것이라고 보는 것이다.

6·25는 유도된 전쟁, 제주 4·3과 여순민중항쟁

당연히 유도의 주체는 미국이다. 전쟁이 일어나기 전에도 38선을 두고 남북의 작은 충돌은 자주 있었다. 6월 25일 오전 11시에 평양 라디오방송이 북한의 선전포고를 한 내용도, 남한의 침략에 대한 자위적 반격으로 이야기하고 있다. 커밍스 교수는 전쟁의 원인을 이렇게 외재적인 사건에서 찾을 것이 아니라, 해방후 한국역사의 진행에 내재하는 구조적인 문제들의 축적된 업보에서 찾아야 한다고 본다. 그가 주목하는 것은 해방직후부터 시작된 조선민중의 자치조직인 "인민위원회" 활동과, 그 활동을 빨갱이들의 난동으로만 휘몰고 가는 미군정의 무지, 그리고 그 무지를 부추기는 남한의 우파세력(대부분 권세와 학식이 있고, 친일경력을 가진 친미세력)의

준동으로 형성된 모순구조에서 이미 한국전쟁은 시작되었다고 보는 것이다. 그 모순이 제주4·3의 직접원인이었고(제주도는 인민위원회의 장악력이 가장 강렬하고 굳건했다), 또 여순민중항쟁의 연계된 원인이기도 했다(제주민중을 토벌하라는 명령을 거부한 여수의 국군14연대의 병사들의 항명으로 시작).

위대한 미국의 리더 루즈벨트의 죽음, 그리고 트루먼 독트린의 등장

생각해보라! 4·3에서 3만 정도의 민중이 학살되고, 여순항쟁에서 2만 5천 정도의 민중이 도살되었다면 이미 전쟁은 시작된 것이나 마찬가지인 것이다. 이러한 담론이 너무 추상이라고 생각할지 모르겠으나, 기실 이러한 조선역사의 비극적 광경은 미국 정권담당자들의 세계인식변화와 아주 밀접하게 중첩되어 있다. 아주 쉽게 말해서 제32대 대통령인 프랭클린 루즈벨트, 1882~1945가 제4선임기만 제대로 끝낼 수 있었다 할지라도 한국전쟁은 일어나지 않았다고 보는 것이 사계의 중론이다. 루즈벨트는 2차세계대전 후의 세계질서를 미소대립의 냉전구도로 가져갈 생각이 없었다. 그러나 그는 2차세계대전의 종결을 보지 못하고 1945년 4월 12일 뇌출혈로 세상을 하직한다(향년 63세). 루즈벨트는 죠지 워싱턴, 에이브라함 링컨과 함께 미국역사의 3대 대통령으로 꼽힌다. 그러나 그를 승계한 해리 트루먼Harry S. Truman, 1884~1972은 무지막지한 반공주의자였으며, 국제주의적인 협상과 타협을 비도덕적인 것으로 간주하는 꽉 막힌 사람이었다. 그는 소련을 적으로 하여 확고한 자유세계를 정립하는 것을 생애의 주목적으로 삼았다. 자유

민주주의의 방어를 위하여 소련이라는 세계적인 깡패에 대해 십자군적인 자세를 가져야 한다고 생각했다. 그가 1947년 3월 12일 미의회에서 발표한 트루먼 독트린Truman Doctrine은 세계냉전 질서의 근간이 되었다.

트루먼 독트린, 미외교노선의 핵, NATO성립 → 한국전쟁

그것은 독재정치를 하는 공산제국주의에 대항해 자유민주주의 제도와 영토보전을 위해 투쟁하는 세계의 모든 국민들에게 아낌없이 경제원조를 하겠다는 선언이었다. 이 독트린은 소련의 팽창을 막는 효과가 있었고, 전후 유럽을 재건하여 자본주의질서를 공고히 하는 데 공헌하였다. 그리고 1949년 4월 4일 북대서양조약기구(NATO)를 결성하는 데까지 발전하였다. 그러니까 좌우이념을 극대화시킨 트루먼 독트린이야말로 전후 미국의 외교노선의 중추가 된 것이다. 그러니까 나토가 결성된 그 다음해인 1950년 중반에야말로 소련과 중공이 연루된 전쟁이 하나 터진다면 트루먼의 입장에서는 반가울 수도 있는 사태였다. 제주에서 4·3이 발발한 배경에도 트루먼 독트린이 있었다. 제주북국민학교에서 응원경찰이 민중을 향해 발포한 것이 1947년 3월 1일의 사건이었고, 열하루 후인 3월 12일 트루먼 독트린이 발표된다. 3월 19일에는 조병옥 미군정청 경무부장이 경찰의 발포가 정당방위라고 선언한다. 기실 이승만은 6·25전쟁이 없었더라면 반공을 국시로 삼는 우파정권을 유지할 길이 없었다. 그것은 모두가 트루먼의 덕분이기도 했다.

개전 당일, 유엔 안전보장이사회 결의문 제82호 채택

6·25전쟁이 발발한 그 이후의 진행사태를 관찰해보면, "유도된 전쟁"이라는 가설을 구체화시키는 묘한 징표들이 엿보이기도 한다. 김일성의 남침은 분명 사전에 예고된 것이 아닐 것이고, 미국이 한국의 사태에 대해서 집중하여 잠시도 쉬지 않고 모든 국제적 정보채널을 동원하고 있었던 것도 아닐 텐데, 마치 기다렸다는 듯이 개전 당일(현지날짜 6월 25일) 미국은 유엔 안전보장이사회를 긴급소집하여 결의문 제82호를 채택한다(찬성 9, 기권 1, 불참석 1). 결의문은 "적대행위의 즉각적인 중지를 촉구하고, 북한 당국이 그 군대를 38선 이북으로 철수할 것을 촉구"하였다. 그리고 "모든 유엔회원국들에게 결의의 이행과 관련하여 유엔에 대한 지원을 제공할 것을 촉구"하였다.

전쟁을 예비한 듯, 극히 신속한 대처행동

북한의 반응이 없자, 6월 27일 다시 안보리는 결의문 제83호를 채택한다: "무력공격의 격퇴와 그 지역에서의 국제평화 및 안전의 회복을 위해 한국에 대한 필요한 원조를 할 것을 회원국에게 권고"하였다. 이 82호와 83호의 결의문은 유엔헌장에 따른 집단안보를 발동한 것인데 유례가 없었던 것이다. 다시 말해서 유엔의 회원국들이 마음놓고 참전할 수 있는 명분을 얻은 것이다. 트루먼 대통령은 즉각적으로 불과 개전 이틀 만에 유엔의 이름으로 미국의 참전을 선포한다. 타국들도 미국의 행보에 동조하여 참전한다. 그리고 정치적 지지로부터 군대 및 식량, 의약품 제공 등에 이르는 다양한 약속을 하였다. 유엔의 6·25전쟁 개입은 유엔의 집단안보 제도가 본격적으로 적용된 최초의 사례이다.

오묘한 이틀 동안의 행보

생각해보라! 좀 오묘하지 않은가? 재수가 좋았다고 말할 수도 있겠으나, 25일 조선의 여명을 깨고 느닷없이 들이닥친 북한의 행태에 대하여 UN이라는 거대한 세계적 기구가 바로 그날 당일로 (25일) 안보리를 소집한다는 사실, 그리고 결의안을 채택하여 이틀 만에(27일) 공식적인 유엔국가들의 참전을 허락하고 지원을 독려한다는 사실, 그리고 이것이 유엔이 창설된 이래(1945년 10월 24일에 출범) 유례가 없었던 최초의 집단안보체제의 발동이라는 사실, 이것이 불과 이틀 만에 다 이루어졌다는 사실, 이런 사실들을 천우신조, 대한민국의 행운으로 보아야 할까? 내 입으로 딴말은 할 수 없으되 하여튼 오묘하다. 현지우현玄之又玄이라!

6월 28일, 맥아더 수원비행장에 나타나다

트루먼은 6월 27일, 미국의 해군, 공군으로 하여금 한국군을 지원하여 북한의 무력공격을 격퇴할 것을 명한다. 그리고 6월 28일에는 동경에 있었던 극동군사령관 맥아더Douglas MacArthur, 1880~1964 원수가 수원비행장에 도착한다. 이승만 대통령, 채병덕 육군참모총장, 처지 미군사고문단장, 짐 하우스만 대위가 그 자리에 도열하고 있었다. 하우스만 대위가 전황을 브리핑하자, 맥아더는 "이론이 필요없소. 두 눈으로 내가 직접 봐야겠소." 하면서 곧장

지프차에 몸을 싣고 한강 남쪽의 제방에 도착하여 전선을 시찰한다. 기총소사와 박격포탄의 환영을 받으면서도, 맥아더는 파아란 눈을 가진 쇼오군 노릇하기도 지루하다, 이제 내 본령으로 돌아왔다…… 얼굴에 화색을 띄우며 미 국방성에 전문을 보낸다: "한국전은 미 지상군의 파견 없이는 패닉현상을 수습할 길이 없다." 그리고 참호 속에 있는 한국병사의 어깨를 두드리며(통역) 이렇게 말했다: "내가 동경으로 돌아가서 지원병력을 보내줄 터이니 안심하고 싸우라!"

미국에게 유엔군 지휘권, 맥아더 유엔군총사령관이 됨

맥아더가 미 국방성에 지상군의 파견을 요청하자, 7월 7일 유엔 안보리는 한반도에서 유엔의 군사활동을 위하여 미국에게 최고지휘권을 위임하는 결의안을 채택한다. 그리고 7월 10월에는 미국의 맥아더 원수가 유엔군총사령관에 임명된다. 정식으로 유엔군의 파견이 결정된 것이다. 한반도에서의 군사지휘권은 미국의 맥아더 원수에게 주어졌으며(기존의 직함에 유엔군사령관이라는 직책과 직함이 추가된 것), 한국을 원조하기 위하여 육군, 해군, 공군 및 지상군을 파견한 16개국의 군대는 유엔군사령관의 지휘를 받게 되었다.

이승만의 각서:

한국군에 대한 작전지휘권을 유엔군사령관 맥아더에게 이양함

7월 14일, 이승만 대통령은 한국군에 대한 작전지휘권을 유엔

군사령관인 맥아더에게 이양한다는 각서를 썼다(대전각서). 이 모두가 우리민족에게는 슬픈 이야기들이다. 이 나라의 대통령이 미 연방의회의사당에서 신나게 찬양해야 할 자유와 민주와 법치의 영광은 아니다. 보다 깊은 반성을 요하는 슬픈이야기다. 6·25전쟁 시절만 해도 미국의 젊은이들은 순진했다. 한국이 어떤 나라인지도 모르고, 어디 있는 나라인지도 모르면서 기꺼이 목숨을 바쳤다. 미국의 젊은이들은 이상주의적 열정에 불타있었고, 트루먼의 야심찬 세계재편기획으로부터 어떤 결과가 초래할지, 자기들이 어떤 그랜드 플랜에 의하여 움직여지고 있는지에 관해 자의식이 없었다. 이러한 젊은이들의 순결한 희생을 위로하면서 자신의 자유, 민주, 법치를 외치는 윤석열의 전략은 훌륭한 연출이었다고 말할 수 있겠다.

트루먼 이후의 미국, 제국주의적 탐욕의 화신, 소련은 부풀려진 허상

그러나 한국전쟁은 미국이 유도한 것이든, 유도하지 않은 것이든지를 불문하고, 미국의 세계리더십을 그 본래적인 이상주의적 열정으로부터 멀어지게 만드는 결정적 계기가 되었다. 나다니엘 호돈이 『주홍글씨』(1850)를 쓸 때만 해도 미국사회는 청교도적인 경건성과 또 동시에 청교도의 도덕적 리고리즘moral rigorism의 위선을 비판하는 깊이 있는 사유가 살아있었다. 그리고 1·2차세계대전 시기까지만 해도 미국은 정의로운 구원자savior로서의 리더십을 발휘했다. 그러나 트루먼 독트린 이후의 미국은 허구와 배타와 편가르기, 그리고 제국주의적 탐욕의 화신이 된 것이다. 소련은 본시 허약한 신생국이다. 1920년대에 들어와서나 국제사회에 실력을 행사할 수 있는 국력을 갖추기 시작한 바스러지기 쉬운 나라였다. 소련은 미국의 냉전체제 요구에 의하여 부풀려진 허상이라고 말할 수도 있다.

6·25전쟁도 알고 보면 허상이 난무한 인간우매성의 소치라 말할 수 있다. 6·25 전이나, 6·25 후나 달라진 것이 없다. 무엇을 위하여 싸웠는지를 알 수가 없다. 오직 **남·북한의 민간인을 합해서** 400만 가량의 인민들이 목숨을 잃었다는 그 사실만이 리얼한 현실일 뿐이다.

동아시아 30년전쟁의 한 단락일 뿐

6·25전쟁은 햇수로 4년간의 기간 동안에 일어난 사건으로 독립시킬 수 없는 전쟁이다. 2차세계대전 이후 세계경찰로서, 큰 형님Big Brother 노릇을 하게 된 미국이 아시아의 공백을 메꾸어나가는 과정에서 새로운 지배영토를 만들어나가는 30년의 시행착오 과정 속에 들어있는 한 단락이다. 1945년 중국대륙의 국공내전으로부터 시작하여, 인도차이나전쟁, 6·25전쟁, 베트남전쟁에 이르는 30년간의 전쟁이다. 나는 이 전쟁을 "동아시아30년전쟁"이라 부른다. 6·25만 따로 떼어내기가 어려운, 아시아·유럽·미국의 역사 전체를 이해해야만 료해될 수 있는 대전쟁이라는 것이다. 그런데 이 30년전쟁에 공통된 테마는 "미국의 무지"이다. 아무런 성과 없이 6·25전쟁을 끝냈다면, 그리고 미국문명이 애지중지

키운 자신의 고귀한 젊은이들을 4만 명(용산전쟁기념관에는 전사자가 33,642명으로 나와있고, 미국 워싱턴DC 한국전참전기념관에는 실종자 포함 54,246명으로 나와있다)이나 사지로 몰아넣었다면, 최소한 거의 동일한 구도에서 연출된 베트남이라는 새로운 무대에서 또다시 5만 8천 명의 미국의 순진무구한 젊은이들을 도륙하는 짓은 하지 말았어야 할 것이다. 5만 8천 명이라는 숫자가 어디 장난이냐? 다시 말해서 미국의 정치를 장악하고 있는 세력들은 6·25전쟁으로부터 아무런 교훈을 얻지 못했다는 것이다.

케네디는 말한다:

> **조국이 여러분을 위해 무엇을 할 수 있는가를 묻지 말고,**
> **여러분이 조국을 위해 무엇을 할 수 있는지를 물으십시오.**
>
> — 취임연설문 중 —

너무도 유명한 명언이지만, 참으로 웃기는 이야기다! 그 조국이 어떤 조국인데, 무엇을 하려는 조국인데! 우리 조선땅에서만해도 미군정시기에 정의롭지 못한 족적을 남겼고 또다시 월남땅에 100만 톤이 넘는 폭탄을 투하하려는 조국을 위하여 먼저 무엇을 할 수 있는지를 고민해달라구? 초기에는 영장을 받으면 서로 가려고 다투었다.

미국의 젊은이들에게 조국이 무엇인가?

전쟁을 일으켜 패권을 유지하는 조국을 위해 무엇을 할까?

한 집안에서 형동생이 참전용사로 신청하여 형만 영장을 받고 동생이 못 받으면 조국을 위해 봉사할 수 있는 길이 막혔다고 동생은 땅을 치며 통곡했다. 그런 장면이 집집마다 한둘이 아니었다. 그러나 그 통곡이 그치기도 전에 형의 전사통지를 받는다. 점점 회의가 짙어간다. 도대체 우리는 무엇을 위해 싸우고 있는 것인가? 국방장관 맥나마라는 케네디의 친구인데(한 살 위, 하바드대 경영대학원 조교수 출신) 애초로부터 베트남전쟁이 하등의 무의미한 전쟁이라는 것을 알고 있었다. 그러나 그는 베트남에 대한 미국의 군사개입확대를 정당화하고 지지하는 데 있는 힘을 다하였다. 왜 그랬을까? 내 입으로는 말할 필요가 없다. 그러나 1995년에 쓴 그의 회고록을 보면 베트남전쟁이 전적으로 잘못된 전쟁이었다고 쓰고 있다. 이게 미국이다! 나중에 미국의 젊은이들은 징집영장을 불살랐다. 미국정부의 위상은 국민들의 도덕적 심상 속에서 추락하기 시작했다.

J. F. 케네디, 로버트 케네디, 마틴 루터 킹의 암살

케네디도 암살되었다. 그의 총알이 과연 오스왈드의 것인지도 확인되지 않았다. 엄밀한 부검을 하지도 않았다. 오스왈드는 또 댈러스의 모 나이트클럽의 주인 잭 리언 루비에 의해 사살되었다. 그런데 루비는 감옥에서 사망하였다. 케네디암살에 관한 배후소문이 하도 여러 종류래서 말하기 힘드나 쿠바사태와 월남전 등등이 관련되어 있는 것은 확실하다. 뿐만 아니라 미국의 정치사에 획을 그을 만한 건강한 신념과 이념에 치우치지 않은 휴매니즘의 소유자, 그리고 철저한 반전주의자이며 약자의 대변자인 로버트 케네디 Robert Francis Kennedy, 1925~1968도 암살되었다. "나는 꿈이 있노라"를 외치며 직업과 자유를 위한 워싱턴DC 대행진을 이끈 위대한 민권운동가 마틴 루터 킹 주니어Martin Luther King Jr, 1929~1968도 백인우월주의자 제임스 얼레이의 총탄에 죽는다. 통킹만 사건을 조작하여 월남전을 확대한 린든 B. 존슨 대통령이 킹 목사의 죽음을 국장으로 선포한들 그것이 무슨 큰 의미가 있겠는가?

미국이라는 세계리더의 도덕적 추락

한마디로 미국의 현대사는 엉망진창이요 도덕적 분별이 서지 않는, 문자 그대로 개판이다. 아무런 점수를 얻을 수 없는 개판의 정치를 그토록 오래 이끌어온 미국의 리더십은 진보, 보수를 막론하고 그 원초적인 도덕성을 상실했다. 막강한 무력을 소유한 미국이 나약한 듯이 보이던 월맹에게 어김없이 패전의 고배를 마셨다. 1975년 4월 30일 주베트남 미대사관 옥상에서 마지막 헬기가 뜨기까지 미국은 패전의 행보만을 일삼았다. 수만 명의 자국민을 타국땅에서 이유없이 도륙시키고, 월남의 인민들에게 수량화할 수 없는(전선이 분산되어 몇 명이 죽었는지조차도 헤아릴 수 없다) 죽음을 선사한 월남전이라는 허망한 죄악의 뿌리는 미대륙의 인디언학살로부터 시작된 것이다. 그 업보에 대한 본질적 반성이 없이 끊임없이 그 죄악의 패턴을 반복하고 있는 것이다.

윤석열의 "자유, 민주"는 우리나라 민중에게는 식상한 클리쉐

그런데 과연 그 도덕성의 원천을 상실하고, 전쟁을 자본증식의 일차적 수단으로 삼는 미국식 자본주의(글로벌리즘 따위의 레토릭)의 횡포에 발맞추며 온갖 아양을 떠는 윤석열의 대담하고 과감한 연출력에 미 상하의원들이 56번의 박수갈채를 보냈다는 이 사실에 대해 우리는 좀 측은한 느낌을 떨칠 수 없다. 나는 미국의 최고학부라고 하는 하바드대학에서 6년의 세월을 보냈다. 그때만 해도 보스턴의 문화적 분위기에는 고매한 이상주의 같은 그 무엇이 살아 있었다.

자유니 민주니 하는 말 따위는 아무리 근사하게 외쳐봐도 우리 대한민국에서는 매우 식상한 클리쉐로밖에 들리지 않는다. 윤석열의 연설이 우리 국민에게 감동을 준 적이 없다. 그런데 미국 의회에서는 그 단순한 번역어들이 갈채를 받을 만한 흥분을 일으킨다? 웬일일까?

게리 쿠퍼 민주주의의 한계

자유라는 말에 감동을 하는 사람들은 자유롭지 못하다는 것이다. 민주라는 말에 감동을 하는 사람들은 민주적이지 못한 삶과 체제를 지니고 있다는 것이다. "게리 쿠퍼 민주주의"(서로가 공평하게 라이플을 소지하고 자신의 정당성을 입증하는 사회균형. 법보다 총이 우선이다)는 이제 한계에 도달한 것이다. 그런데도 미국은 계속 자유를 외쳐야 할까?

감괘坎卦의 계속되는 물수렁 속으로 몰락하는 거인의 뒷다리를 꼭 붙잡고 있는 똘만이는 과연 어디로 갈 것인가? 똑같이 감괘의 수렁으로 빠져들어갈 수밖에 없을 것이다. 월남전이라는 이 국제적인 사기극이 미국의 도덕성을 상실케 하고 미국민의 정부에 대한 믿음감을 무산시켰다면, 이러한 변화는 단순히 정신적인 사건으로 끝나지 않는다. 맑스가 말하는 하부구조와 상부구조는 유물론적인 하부의 우선성만이 있는 것이 아니다. 상부구조의 변화도 하부구조에 영향을 미친다.

월남전에서 미국의 도덕성 상실은 물리적 구조의 변화를 초래

월남전에서 미국이 도덕성을 상실했다는 사실, 즉 월드 리더십에 금이 갔다는 사실, 다시 말해서 월맹한테도 지는 나라라는 이 사실은 미국의 권력이 근거한 물리적 여건에도 엄청난 변화를 초래한다. 그 변화 중에서 우리가 가장 먼저 주목해야 할 사실은 미국이 금태환제도를 포기했다는 사실일 것이다. 전쟁으로 너무도 많은 빚을 졌기 때문에, 달러를 하시래도 금으로 바꿔주는 건강한, 어떤 의미에서는 매우 낭만적인 통화제도를 더 이상 유지할 길이 없었다.

달러라는 기축통화의 운명

금태환제도가 포기된 이래 달러는 허구적 숫자가 되었다. 그러나 달러는 여전히 세계의 기축통화로서의 권위를 잃지 않았다. 권력의 핵심은 금력金力과 무력武力이다. 20세기 초에 카네기Andrew

Carnegie의 조직에서 생산되는 철의 양이 전 세계의 철의 생산량을 초과하는데, 이것은 여러모로 미국의 부의 우월성을 상징하는 사건이다. 그러면서도 카네기는 부의 대물림을 혐오했고, "부의 복음"(Gospel of Wealth)을 외치며 3,000여 개의 공공도서관을 지었다. 카네기 때만 해도 미국의 도덕성은 살아있었다. 미국의 무력은 아직도 전 세계의 무력을 합친 것보다도 더 강력하다는 것이 정설이다. 그러나 금력은 월남전에서 이미 깨지기 시작했다. 금태환제도가 포기되면서 온갖 방식의 거품경제가 생겨났다. 그러면 미국은 금태환이 필요없기 때문에 마음놓고 달러지폐를 찍어낼 수 있다. 그러나 금태환이 안되는 달러지폐는 근원적으로 허구적 가치의 유동태이고, 그러한 유동성은 기축통화로서의 달러의 가치를 하락시키는 방향으로 발전하게 마련이다. 달러의 가치를 확보시키는 행위가 더 이상 달러 그 자체로 이루어질 수 없다. 그것이 바로 미국이 무력의 우월성을 유지하는 이유이고 주기적으로 전쟁을 일으켜 주변국가들에게 겁을 주어야만 하는 이유이다. 달러는 전 세계에서 보편적으로 유통되어야만 하고, 교환가치의 기준이 되어야만 한다. 무력과 연동된 기축통화로서의 달러의 가치에 반발하기 시작한 나라가 중국이라고 볼 수 있다. 사실 달러의 신성함은 여러 면에서 이미 깨져나가고 있다. 이것은 100년을 유지해온 미국의 월드 리더십에 본질적인 위상의 변화가 일어나고 있다는 사실인데, 이것은 역易의 철리로 볼 때도 너무나 당연한 것이다.

미국이 중국 배척, 중국은 세계문명의 중재자로 나선다

중국이 중동의 평화와 안정을 도모하는 중재자로 나서고, 유럽의 나라와도 독자적이고도 건설적인 관계를 유지하려 힘쓰고, 또 브릭스(BRICS: 브라질, 러시아, 인도, 중국, 남아프리카공화국의 무역과 협력을 위한 조약체계)도 미국에로의 종속에서 벗어나려는 다양한 길을 모색하려고 노력하고 있다. 과연 미국의 억압적인 달러기축이 유지될 수 있을 것인가? 이러한 상황에서 미국은 중국을 꼭 적대적으로 대해야 하는가? 미국은 우크라이나전쟁을 부추길 필요가 있는가? 득보다 실이 많은 헛짓이 아닐까? 트럼프만 해도 러시아를 품어서 중국에 압박을 가하려 했는데, 러시아와 중국을 모두 배척한다면 그것은 양자의 관계를 돈독하게 만들어주는 결과만 초래할 것은 뻔하다.

미국의 압박 속에 있는 대한민국의 운명,

트루먼 독트린의 부활, 그 동안 번 돈 토해내기

문제는 그 사이에 낀 대한민국의 운명이다. 내가 일일이 그 폐해를 열거할 필요를 느끼지 않는다. 독자들이 나보다 더 잘 알 것이기 때문이다. 문제는 명료한 의식을 갖는다는 데 있다. 그리고 역사를 진지하게 이해해야 한다는 것이다. 이것은 모두 그대들의 실존의 기투企投(*Entwurf*: 미래를 향해 던짐)에 관한 문제이다.

대한민국의 헌법이 선교사들이 가르쳐 준 기초 위에 서 있다구?

마지막으로 윤석열의 연설문에서 넌센스라고 생각되는 이 한마디만 지적하고 본 논의를 마감하려 한다. 그는 미국의 참전이라는 주제를 환상적으로 멋있게 논구한 직후에, 또다시 미국선교사들의 역할을 논한다. 그 문장은 다음과 같다.

19세기 말기에 한국에 온 미국의 선교사들은 자유와 연대의 가치를 한국인에게 광범위하게 소개하였다. 이 가치야말로 대한민국의 헌법의 기초이다. 그리고 그 가치는(선교사가 가르쳐준 가치) 우리의 독립운동과 대한민국의 건국에 엄청난 영향을 끼쳤다.

In the late 19th century, American missionaries helped to widely introduce the values of freedom and solidarity to Korea. These values are the foundations of Korea's Constitution. They have made a huge impact on our independence movement and the founding of Korea.

윤석열은 법학을 공부한 사람이다. 그런데 대한민국의 헌법의 기초가 선교사가 가르쳐준 자유(freedom)와 연대(solidarity: 이 말은 전혀 의미가 없다. 누가 누구와 연대한다는 말인가? 한국민들끼리 단합한다는 뜻인가? 한국인이 미국과 연대한다는 의미인가? 도무지 맥락에서 벗어나는 말이다)라고 한다. 대한민국의 헌법이 고작 자유와 연대라는 두 마디에 종속되고 그것이 선교사가 가르쳐준 것이라니! 고조선의 홍익인간의 정신은 어디로 갔으며, 화랑의 풍류는 어디로 갔으며, 민심이 곧 천심이라고 외치는 기나긴 유교의 민본정신은 어디로 갔으며, 존재의 해탈과 물아物我의 평등을 외치는 불교전통은 어디로 갔으며, 존재의 집인 언어의 외피를 벗고 사람의 마음을 직지直指하는 선불교의 외침은 어디로 갔나? 우리나라의 헌법이 그래 고작 선교사의 좁은 머리에서 나온 자유와 연대란 말이냐? 연대란 무슨 얼어빠진 연대냐? 법치의 폭력과 연대하란 말이냐? 우리나라의 독립운동이 그래 선교사들의 생각의 영향 하에서 진행된 것이란 말이냐? 선교사가 오기 전에 이미 동학이 있었고 선교사가 학교를 세우기 전에 동학의 리더들은 경전을 간행하여 민중을 계도하였다. 그리고 외세에 저항하여 목숨걸고 싸웠고 집강소를 설치하여 꼼뮨을 만들었다. 안중근의 독립운동을 훼방한 사람들이 바로 외국 신부들이었다는 사실도 모르느냐?

부아가 치밀어올라 너 이상 말할 수가 없다. 만년필이 움직이질 않는다. "석열아~ 석열아~ 네가 정말 큰 잘못을 저지르고 있구나!"

2023년 5월 4일 (목요일)

개신교 목사 1,016명 윤석열정부비판 시국선언

오늘 서울 종로구 한국기독교회관에서 개신교 목사 1,016명이 윤석열정부 1년에 대한 시국선언을 했다. 목사들이 깨어있다는 것, 천 명이나 충심에서 우러나와, 이 시대를 걱정하며 서명을 했다는 것은 우리나라의 기독교가 건강한 측면을 보유하고 있다는 것을 증명한다. 선언문은 마태복음 3장 10절을 상징적으로 인용했다: **"이미 도끼가 나무뿌리에 놓였으니 좋은 열매 맺지 아니하는 나무마다 찍어 불에 던지우리라."** 이것은 예수가 세례 요한에게 세례를 받기 직전에, 세례 요한이 사회적 메시지를 던지는 설교장면에 포함되어 있는 구절이다. 윤석열정부가 1년 동안 한 짓을 볼 때 싹수가 노오라니까 아예 뿌리부터 도끼로 찍어내야 한다는 의미이다.

원로목사 김상근의 고언, 사회적 파장 크다

인상 깊은 것은 김상근金祥根 목사님의 고언苦言이다. 김상근 목사님은 한국신학대학을 나오신 분으로 나보다 나이 9살 위인 원로목사님이신데 평생을 민주화운동에 헌신하신 분이다. 기장 총회 총무, KBS이사장직을 역임했다. 아주 차분하고 걱정하는 목소리로 윤석열에게 물었다: **"윤석열 대통령님, 1년이 지났습니다. 감당할 수 있겠습니까? 더 해도 되겠습니까? 솔직합시다. 나라가 거덜날 수도 있습니다. 더 늦기 전에 나라와 국민에게 충성하는 길을 찾으십시오."** 조회수가 100만이 넘었고 격려 댓글이 5천 개가 넘었다.

잇따른 교수들의 시국선언

외국어대, 숙명여대, 대구경북 지역의 교수들도 시국 선언을 했다.

2023년 5월 7일(일요일)

구자범이라는 탁월한 예술가와의 해후

며칠 전, 구자범具自凡, 1970~이라는 사람으로부터 통나무를 통하여 연락이 왔다. 나는 구자범이라는 사람을 만난 적도 없고 들어본 적이 없다. 내가 너무 세상문을 닫고 독서와 저술에 전념하기 때문이기도 할 것이다. 그런데 구자범은 연세대학교 철학과를 다녔다. 89학번이라니까 내가 고려대학교에서 철학교수로서 강의하던 시절보다는 좀 늦은 시기에 철학과를 다닌 것이다. 그런데 본인의 말로 연대 철학과를 다니면서 심취한 것은 내 책이었고, 특히 『동양학 어떻게 할 것인가』라는 한 시대의 획을 긋는 작품으로부터 "번역"이라는 주제에 관한 각별한 통찰력을 얻게 되었다는 것이다. 그는 지휘자가 되고 싶어했는데, 그것은 베토벤의 심포니 9번의 합창을 우리말로 번역하여 지휘하고 싶은 꿈을 품었기 때문이었고, 그 꿈의 발단이 나의 저서로부터 시작된 것이라고 말했다. 그 뒤로부터의 그의 경력은 너무도 찬란하다. 그는 연세대학교 철학과를 졸업한 이듬해 바로 독일로 넘어갔고 만하임 음악대에서 공부한다. 그리고 대학원 지휘과를 수석졸업한다. 지휘과를 수석졸업한다는 것도 대단하지만 그 뒤의 경력이 너무도 찬란하다.

36세에 독일에서 수석상임지휘자가 되다니! 천재의 발현

독일 만하임 국립오페라극장 오페라 코치(1996)로 시작하여 하겐 시립오페라극장 상임지휘자(1998), 다름슈타트 국립오페라극장 상임지휘자(2002)를 거쳐 독일 하노버 국립오페라극장 수석상임지휘자에 이른다(2006). 남의 나라에서 그 나라의 언어로 활동하며 그 많은 오페라단원들을 지휘한다는 것은 나로서는 좀 상상하기 힘들다. 그가 독일 하노버 국립오페라극장 수석상임지휘자가 된 것은 36세의 나이였다. 나는 34살에 고려대학교 부교수가 되었는데, 구자범군의 피눈물나는 노력이 어떠한 것이었는지 나로서는 공감되는 바가 있다. 2009년, 그는 광주시립교향악단 단장이 되어 국내활동을 시작했다. 그리고 2010년에는 경기필하모닉 오케스트라 예술단장 겸 상임지휘자가 되었다. 그는 2006년에 이미 국내에서 투란도트 등 국내무대를 지휘했는데, 그때도 "제2의 정명훈 구자범이 온다"라는 신문의 헤딩으로 관심을 모았다. 하여튼 천재적인 인물이라 할 것이다.

심포니 나인 최초로 지휘, 마음속의 선생님 모시고 싶다

그런데 이 구자범이 오늘 저녁 5시에 예술의전당 콘서트홀에서 평생 소원하던 베토벤 교향곡 9번을 드디어 최초로 연주한다는 것이다(심포니 나인 작곡 200주년. 초연일은 1824년 5월 7일인데 그 날짜에 맞추어 공연했다). 이 연주에 최초의 영감을 불어넣어 주신 도올 선생님을 특별히 초대하고 싶다고, 정중하게 말을 건네온 것이다. 그리고 티켓과 함께 본인이 쓴 상당량의 팜플렛 원고까지 보내왔다. 그 원고내용은 매우 진지했다. 사실 매주 일요일 오후는 도올tv 방송녹화를 뜨기 때문에 내가 움직일 수가 없다. 그러나 나는 그의 정중한 초대를 거절할 수 없었다. 그래서 즉각적으로 가겠다고 대답하고 방송녹화스케쥴을 하루 앞당겼다. 구자범 정도가 되면 나 같은 사람에게 그렇게 신경쓸 처지가 아닐 수도 있는데, 그는 무엇보다도 진실한 인간인가 보다. 가슴속에 묻고 있었던 스승인 나를 생애의 결정적인 순간에 초대하겠다는 것은, 나는 "의리"라고 생각한다.

프랑스혁명, 낭만주의의 시작. 베토벤은 고전주의와 낭만주의의 사이

베토벤, 1770~1827이나 쉴러Johanne Christoph Friedrich von Schiller, 1759~1805나 모두 고전주의시대의 예술가이다. 베토벤은 서양의 고전주의음악을 대표하는 작곡자이고 쉴러는 고전주의 극작가이자 시인이다. 쉴러는 괴테Johanne Wolfgang von Goethe, 1749~1832와 더불어 독일 고전주의 2대 문호로서 꼽힌다. 베토벤은 쉴러보다 11살이 어리고, 쉴러는 괴테보다 10살 어리다. 베토벤은 모차르트보다 14살이 어리다. 베토벤은 모차르트를 만났고 평생 그의 음악을 자신의 음악적 양식으로 삼았다. 이들은 모두 고전주의와 낭만주의의 사이에 끼어있다고도 말할 수 있는데, 그 사이에 있는 것

이 바로 프랑스혁명이었다. 프랑스혁명이란 단지 프랑스의 정치 혁명(정권의 변화)을 의미하는 것이 아니라, 유럽인, 아니 모든 인간의 자유와 평등, 종교, 출판, 결사의 자유 등 인간의 천부적 권리가 장소와 시간을 초월하여 보편적임을 선언한 것이다. 이것은 곧 종교, 출판의 자유 등, 인간의 기본권을 억압하던 로마카톨릭교회를 중심으로 한 모든 앙시앙레짐(구체제)의 종언을 고하는 것이다.

번스타인의 베토벤 심포니 나인 지휘,
베를린장벽이 무너진 직후. 환희를 자유로 바꾸다

『웨스트 사이드 스토리』의 뮤지컬을 작곡했고, 장기간 뉴욕필 하모닉의 음악감독을 한 레오나드 번스타인Leonard Bernstein, 1918~1990(진보적 음악가이며 사상가, 러시아계 유대인, 하바드대학에서 음악을 배움, 월남전 반대)은 1989년 크리스마스 때, 바로 한 달 전 11월 9일 베를린 장벽이 무너진 것을 기념하는 자리에서 베토벤 교향곡 9번을 지휘했다. 번스타인이 지휘한 오케스트라와 합창단은 단일팀이 아니라, 서독과 동독 그리고 영국, 프랑스, 미국, 소련에서 온 사람들로 구성된 혼성팀이었다. 이들은 모두 오랜 세월 서베를린과 동베를린, 서독과 동독, 자본주의진영과 사회주의진영, 반공우파와 빨갱이 좌파를 갈라놓았던 장벽이 무너진 것을 축하하기 위해 전 세계에서 모여든 사람들이었다. 베를린시내 한복판에서 100만 명의 군중을 향해 장엄한 코러스가 울려퍼졌다. 이때, 번스타인은 "환희 *Freude*"라는 말을 "자유*Freiheit*"라는 말로 바꾸어 연주했다.

쉴러가 환희의 송가를 썼을 때의 시대분위기

쉴러는 이 "환희의 송가"를 프랑스대혁명이 일어나기 4년 전인 1785년에 썼다. 26살의 피끓는 젊은 나이에 쓴 것이다. 쉴러는 친구들과 포도주를 마시다가 잔이 깨지자 고수레하듯 술을 땅에 뿌리면서 "이 잔은 저 별 너머에 계신 선한 정신에게!"라고 외쳤다. 그리고 이 시를 쓰기 시작하였는데, 포도주의 아름다운 화염과도 같은 빛은 정치적 메시지를 담은 9련聯의 방대한 시로 발전한다. 베토벤은 이 9련의 시를 부분부분 따서 재구성하였다.

그런데 제9련의 시는 이와같다:

> 폭군의 사슬에서 해방을,
> 악당에게도 관용을,
> 임종의 침상에 희망을,
> 사형대 위에 자비를!
> 죽은 자조차 살아야 한다!
> 벗들이여, 마시고 동의하라.
> 모든 죄인은 용서받을지니,
> 그러면 더 이상 지옥은 없으리라.

이 제9련은 그의 코러스에 들어가지 않았지만, 이 제9련을 보면 이 송가에서 쓴 "환희"라는 말을 실제로 "자유"를 의미한 것으로 간주하지 않을 수 없다는 것이다. 앙시앙레짐에 저항하는 민중의

외침은 자유란 말을 자유롭게 하기까지의 기나긴 가시밭길의 고
통을 말하고 있다는 것이다.

압도적인 예술의전당 콘서트홀 공연

하여튼 구자범의 이날 공연은 감동의 도가니 그 자체였다. 우선
스케일이 압도적이었다. 지휘자를 포함하여 무대에 오른 인원이
336명이었다. 오케스트라 91명, 합창단 240명, 솔로가수 4명이 지
휘자의 지휘봉에 따라 장쾌하게 터져나오는 "자유의 송가"는 청
중 그 누구든지 그 자리에 앉아있기만 하면 감동을 느끼지 않을
수 없는 장엄한 천지의 울림이었다. 한목소리처럼 조금도 튐이 없
는 코러스의 울림은 고조선 영고·동맹의 합창이었다.

쉴러나 베토벤이 구가한 자유는 윤석열의 자유와는 다른 고뇌가 들어있다

그러나 나는 아무래도 좀 아쉽다. 요즈음 "자유"라는 언어가 오
염되었기에 구자범의 "자유"는 시대적 분위기를 멋있게 타질 못
했다. 윤석열의 "자유"는 베를린장벽을 다시 세우기 위한, 부자와
빈자, 강자와 약자, 북한과 남한, 콤뮤니스트와 캐피탈리스트를
갈라놓기 위하여 미국에 아부하고 일본에 아첨하기 위한 자유이기
때문이다.

윤석열이여! 예술가들이 자유롭게 활동할 수 있는 사회분위기를 조성하라!

우리나라의 민중들은 구자범과 같은 예술가들이 계속 발전적인
활동을 할 수 있도록 도와야 한다.

피아노를 치고 있다, 뭔 말인가?

사실 나는 요즈음 피아노를 치고 있다. 도대체 "피아노를 치고 있다"라는 말이 뭔 말이냐? 도올이 언제 피아노를 친 적이 있단 말인가? 나는 나의 생애를 통해 항상 피아노를 치고 싶어했다. 그러나 피아노를 칠 기회가 없었다. 그리고 더더욱 확실한 사실은 악기를 다루는 천부적 재능이 별로 없는 인간이라는 사실이다. 그렇다고 음치는 절대 아니다. 노래하기를 좋아하고 악기 연주하는 것에 대한 동경이 강렬한데, 그것을 못해내는 인간이다. 초등학교 때도 나는 충청남도 도지사상 콩쿠르대회에 나가 입상을 했다. 무슨 "입상"인지는 잘 기억이 나질 않는다. 뜸북뜸북 뜸북새로 시작되는 "오빠생각"이라는 동요가 나의 자유곡이었는데 내가 생각해도 감정을 실어 아주 잘 불렀다. 작곡가 박태준은 방정환이 운영한 『어린이』라는 잡지에 실린 12세의 소녀 최순애가 쓴 동시童詩에다가 곡을 붙였다(최순애는 커서 아동문학가 이원수와 결혼). 그런데 이 노래가 그보다 앞서 발표된 일본동요 "하마치도리浜千鳥"를 표절했다는 의혹이 있어 김이 좀 새기는 하지만, 양자를 비교해보면 반드시 표절로 볼 필요는 없을 것 같다. 하여튼 하마치도리에 비교하면 탁월하게 아름다운 동요이다.

내가 어렸을 때 우리 부모님께서 피아노를 사주셨다면 나는 피아니스트가 되었을지도 모른다. 그러나 우리집이 아무리 여유가 있었다 할지라도 6·25전쟁 직후의 분위기 속에서 천안 읍내의 한 가정 내에 피아노를 들여놓는다는 것은 생각조차, 기획조차 어려웠다. 그러나 피아노를 집에 들여놓고 피아노를 가르치는 개인 교습소는 아주 드물게 존재했다.

나의 생애, 빈곤체험

나는 3대에 걸쳐 매우 유족하게 산 집안의 자식이지만, 빈곤을 체험한 생의 시기도 있었다. 천안 읍내에서 우리집은 가장 큰 병원이었으니까 부富로 말하자면 부족함이 없었다. 그러나 나의 큰형이 천안농고 선생을 지내다가, 서울대 공과대학에 시간강사와 공업연구소에 연구원으로 취직하면서, 자기 화공학 전공을 살려 돈암동 냇가에 큰 공장을 차렸다. 그런데 그 공장을 운영하는 자가 사기꾼이었다. 형은 돈만 대다가 파산하고 모든 것을 갈취당했다. 우리 부모는 지식을 버리게 생겼다 하고, 큰형을 텍사스 A&M 대학교 박사코스로 유학을 보내었고(당시 큰누나가 텍사스여자대학 Texas Woman's University에서 박사를 하고 있었다), 큰형이 진 빚 전체를 몽땅 떠안았다. 나는 큰형을 원망했으나 엄마는 형이 집안을 위해 좋은 일 하려다 그리된 것이니 탓하지 말라는 말만 했다. 그런데 실제로 나의 엄마의 생활은 말이 아니었다. 그 당시는 빚이란 그냥 갚는 것이다. 아버지는 부지런히 벌어대고 엄마는 이자 치러가며 차근차근 갚아나가는 매우 순진한 방식이다. 집안의 체통을 지켜야 하기 때문에 외형상 아무런 변화가 없다. 그러니 대갓집의 규모를 유지하면서 빚을 갚는 과정이란 그저 한 푼이라도 더 절약해서 빨리 갚는 수밖에 없다. 나는 중·고등학교 시절을 통해 엄마가 항상 빚쟁이들에게 시달리는 모습을 많이 보고 자랐다. 그래서 나는 악착같이 한 푼이라도 아껴야 한다는 일념에서 살았다. 이 모든 것이 엄마를 생각해서였다.

나는 서울 돈암동에 큰형이 살림을 차린 서울집이 있어 그곳에서 학교를 다녔지만 주말이면 어김없이 천안을 내려갔다. 그래서 나는 기차통학생들과 같은 그룹에 끼어있었다. 토요일 오후에 내려갔다가 천안에서 시간을 보내고, 일요일 오후에 올라올 수도 있는데 그렇게 올라온 적이 없다. 일초라도 더 엄마 곁에 있고 싶은 것이다. 그래서 반드시 월요일 새벽 4시 20분에 떠나는 통학열차에 몸을 싣는다. 가끔은 아버지께서 나를 천안역까지 바래다주시기도 했지만 매 월요일마다 나를 바래다 준 것은 나와 비슷한 나이의 "약제사," 동식군이었다. 그런데 집을 떠날 때 엄마께서 꼭 1만 원을 손에 집어주시면서 부족함이 없이 쓰라고 당부하시는 것이었다. 당시 1만 원이면 청소년 용돈으로서는 작은 돈이 아니다. 나는 어쩔 수 없이 엄마에게서 돈을 받았지만 천안역에서 동식이에게 그 돈을 꼭 쥐어주면서 엄마가 빚쟁이들에게 시달리시니 꼭 이 돈을 엄마에게 돌려드리라고 당부하면서 동식이에게 주었다. 지금 생각해보면 참으로 묘한 일인데 주고 되돌려드리는 싸이클이 아무 탈이 없는 것처럼 반복되었던 것이다. 나는 엄마의 빚부담을 덜어드린다는 애틋한 마음에만 집착했고 그 순환구조에 대해 일체 의문을 제기하지 않았다. 한 10년이 지나서나 엄마와 얘기하다가 우연히 알게 된 일인데, 동식이는 처음에 내가 돌려드리는 돈을 엄마에게 드렸는데 몹시 야단을 맞은 모양이다. 그래서 그 다음 주부터 내가 준 돈을 돌려드릴 생각을 아예 하지 못한 것이다. 그러니까 내가 천안역에서 어머님께 돌려드린 돈은 6년 동안 어김없이 동식이의 포켓 속으로 들어갔다. 그런데도 엄마는 계속 나에게 용돈을 주셨고, 나는 엄마가 그 돈을 받아보시겠거니 하고 계속 돌려드렸던 것이다.

오묘한 싸이클, 순수의 시대

이것은 정말 오묘한 싸이클인데, 나는 매번 어머니께서 나의 충심을 이해하시고 계속 용돈을 주시는 것으로만 생각했던 것이다. 내가 돌려드린 돈이 정말 엄마에게 돌아갔는지, 그런 것은 확인해볼 생각도 하지 못한 것이다. 엄마와 아들 사이의 애틋한 감정이 엉뚱한 놈의 배만 불리고 있었던 것이다. 그것은 순수의 시대에나 있을 수 있었던 오묘한 우화였다. 그러나 동식군은 행복했을 것 같지는 않다. 테오도라키스의 "기차는 8시에 떠나네"에 담긴 애조와 같은 정감이 나에게는 흐르고 있었지만, 동식군은 관성에 자신을 맡기고 있었던 것이다. 그런데 내가 이런 오묘한 얘기를 하는 것은 피아노와 관련이 있다.

통학길의 피아노교습소

나는 돈을 아끼기 위해서, 중고등학교 시절을 통하여서도 전차나 버스를 타본 적이 없다. 서울역도 웬만하면 걸어 나갔다. 돈암동 우리집에서 혜화동 보성중·고등학교 사이를 아침·저녁으로 걸어 다녔다. 나는 중학교 시절부터 태권도에 미쳐있었기 때문에

(중3 때 청도관 초단획득) 걸어 다니면서 많은 운동을 했다. 그런데 그 통학도보길 한 중간 호젓한 뒷길에 피아노 소리가 띵똥 거리는 교습소가 있었다. 한 40 되어 보이는 아줌마가 운영하고 있었다. 나는 그 앞을 지날 때마다 그 교습소 유리문을 열고 싶었는데, 6년 동안 그 앞에서 여러 번을 머뭇거리다가 결국 단 한 번도 그 문을 열지 못하고 말았다. 지금 생각해보면 동식이가 꿀꺽 먹은 돈이면 충분하고도 남을 텐데, 나는 엄마가 빚쟁이에게 시달리는 그 모습이 안쓰러워 결국 그 문을 열지 못하고 말았던 것이다.

박일환과 베니아미노 질리

그 유리문을 열었다면 나는 아마도 피아노 치면서 노래 부르는 인기 있는 가수는 되었을 것이다. 심심치않게 밤무대에 앉아있을 것이다. 내가 다닌 보성중고등학교에는 유명한 테너가수 음악선생님이 계셨는데 이탈리아의 거장을 방불케 하는 이색적인 외모와 유려한 목소리 때문에 학생들에게 인기가 높았다. 박일환朴逸煥 선생님이라고, 나는 그 분 이름까지 한자로 기억한다. 이 선생님은 이태리의 가수 한 분을 신으로 모시고 살았는데, 그 가수가 바로 베니아미노 질리Beniamino Gigli, 1890~1957였다. 박일환 선생님은 당시 자신을 질리의 화신으로 생각하고 있었다. 질리는 카루소와 같이 웅장하게 내지르는 소리는 아니지만 매우 섬세한 미성으로 고음을 편하게 소화해내는, 매우 여성적이면서도 강렬한 매력이 있는 탁월한 가수였다. 박일환 선생의 턱 끝에서는 움직일 때마다 질리가 나왔다. 실제로 지금 와서 노래를 비교해보면 질리와 박일환의 노래솜씨는 비슷한 데가 있다.

성악과 가라는 충심어린 권고

박 선생님은 나 보고 서울대학교 음악대학 성악과를 가라고 계속 권고해주셨다. 사실 학교선생님으로부터 그런 얘기를 듣는 것은 과히 기분 나쁘지 않다. 박 선생님은 내가 성악을 전공하게 되면 한국의 질리가 될 수 있을 것이라고 항상 말씀하시곤 했다. 심지어 박 선생님은 돈암동 우리집까지 찾아오셔서 질리가 되라고 했다. 하여튼 박 선생님은 나를 끔찍하게 사랑했던 것 같다. 인간적으로 외로운 분이셨던 것 같다.

하여튼 나는 약간의 예능적 재능은 있었으나 전혀 그 재능을 살리지 못했다. 그러한 액운이 나를 질리가 아닌 진리眞理의 길로 떠밀어 보냈을 것이다. 콩나물대가리가 아닌 인간의 언어대가리를 두드리는 인간이 된 것이다. 후회는 없다. 주어지는 최선의 길을 달려왔으니까. 그러나 항상 미련은 남아있었다.

피아노는 연습, 100% 시간투자의 예술

나는 교수를 그만두고 낭인浪人이 된 후로, 나의 예술적 재능을 살리려는 시도를 계속했지만, 결코 모든 것으로부터 자유롭지 못한 나는 집필의 시간에 밀려 피아노수업 같은 것을 제대로 받을 수가 없었다. 한 인간이 먹고사는 방식이 정립된 이후로는 그 원칙은 계속 유지될 수밖에 없는 것이다. 나는 이미 글쟁이가 되어

버렸기 때문에 글쟁이임을 포기하고 피아노에만 매달릴 수가 없다. 양자가 병립되어 있는 상태에서 피아노는 계속 밀릴 수밖에 없다.

서울재즈아카데미에서 수업받다

나는 내 집필실이 있는 곳에서 멀지않은 곳에 SJA(서울재즈아카데미)라는 국제적으로 공신력 있는 음악교육기관이 있는 것을 알게 되었다. 그곳 원장이 바로 키보이스의 기타리스트이며 가수인 김홍탁이었다. 키보이스의 "해변으로 가요"라는 노래는 우리세대의 사람들에게는 잊을 수 없는 명곡이다. 나는 대학교 졸업하기 전에 명동의 대중음악 연주빠에서 직접 감명 깊게 키보이스의 노래를 들은 기억이 있다. 김홍탁 원장은 미국의 권위있는 명문학교 뉴스쿨New School 출신의 박종화 교수를 나에게 소개했다. 그래서 나는 박종화 선생의 수업을 듣게 되었다. 나는 박종화 선생의 수업을 2년가량 들었지만, 그 강의내용이 수준이 너무 높아 나는 따라가질 못했다. 학생들도 대부분 대학교에서 클래식을 전공한 후에 대학원코스의 기분으로 재즈음악수업을 듣는 학생들이었다. 그래도 나는 음악수업이 재미있어서 그냥 궁둥이만 붙이고 앉아있었다. 그리고 필기만 열심히 했다. 그 결과 "Ⅱ→Ⅴ→Ⅰ"이 무엇이라는 것 정도의 지식만을 습득하고, 신비로운 5도권진행(Cycle of Fifth)의 코드는 좀 누를 수 있게 되었다. 텐션이니 보이싱이니 하는 따위의 말도 이해는 할 수 있게 되었다.

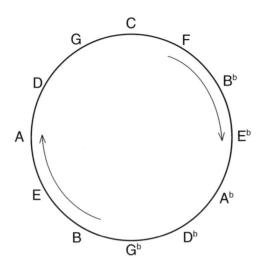

※ 독자들은 알 사람은 알 것이고, 모르는 사람은 몰라도 된다. 알려고 고생할 필요도 없다.

그런데 재즈는 아프리카에서 미국으로 건너온 시나위라고 말할 수 있는데, 그 본연의 성격인 자유로움에 도달하기까지 난관이 너무도 많다는 것, 예외를 너무 많이 허용하다 보니깐 한없이 복잡하게 되었다는 것을 깨닫게 되었다. 기초가 부실한 상태에서는 도저히 재즈의 손놀림을 감당하기 어려웠다. 나는 실격자였다. 그래서 어느샌가 2년 동안의 공업功業을 무화無化시키고 말았다. 그렇다고 미련까지 사라진 것은 아니었다.

70세 생일파티, 동덕여대공연예술센터

지난 2018년 6월 11일, 동숭동 동덕여대공연예술센터 코튼홀에서 70세 생일파티를 열었다. 나는 평생 생일잔치를 해본 적이 없다. 내가 국민학교 학생일 때 엄마가 상 차려주신 것, 몇 번을 기억하지만, 중고등학교 시절이란 빛에 시달린 세월이었고, 대학교 시절은 관절염으로 생활이 엉망이었고, 그 뒤로는 줄곧 11년 유학 생활 동안, 낯선 어드벤쳐에 나자신을 가누지 못했다.

귀국해서도 생일을 기억 못하는 습관 때문에 그냥 날짜가 지나갔다. 자기의 생일이나 부인과의 결혼기념일을 기억하는 사람들이 나에게는 좀 별난 인종으로 느껴졌다. 나의 아내도 내 생일 기억 못하니까, 나도 아내 생일 기억할 일 없다. 인생은 그렇게 그렇게 흘러갔다. 그런데 칠순이 되니까 제자들이 몰려와서 그래도 뭔가 해야겠다고, 자기들이 준비할 테니 일체 신경쓰시지 말라고 하면서 덜컹 동덕여대 코튼홀을 예약해버렸다. 코튼홀은 대관료가 그리 비싸지도 않고, 음향도 좋고, 좌석이 한 500이 되고, 지하철역 가깝고, 예술의 거리 동숭동 한복판에 있어 참 이상적인 곳이었다. 한 달 정도의 기간 안에 갑자기 모든 것을 기획했는데, 생각나는 사람마다 전화를 하면 다 기꺼이 와주겠다고 하는 것이다. 그리고 즐거운 마음으로 공연에 참여하겠다는 것이다. 내 주변에는 각계의 예술친구가 많아 그들을 모두 한자리에 모으려면 몇 억을 들여도 안될 텐데 땡전 한 푼 안 받고 나와주겠다는 것이다.

조영남의 유 레이즈 미 업

그날 조영남의 "You raise me up"이라는 노래로 시작된 공연은 대한민국에서 기획된 어느 쇼보다도 위대한 쇼라고 자부한다. 모든 프로그램이 자발적이고 즉흥적이었기 때문이다. 순서도 막 뒤바뀌면서 진행되었다. 쇼 전체가 하나의 재즈였다. "You raise me up"이라는 노래는 원래 노르웨이—아이리쉬 듀오인 시크리트 가든Secret Garden이 작곡하여 부른 노래(2002)인데, 우리가 현재 듣는 노래는 미국의 송라이터인 조시 그로반Josh Groban이 부른 노래이다. 그런데 당시 조영남은 그림대리작업과정 문제로 사회적으로 지탄을 받고 있었고 재판에 걸려 아주 고통스러운 나날을 보내고 있었던 것이다. 이런 상태에서 내 생일에 나와 노래를 불러준다는 것은 참으로 눈물겨웁게 고마운 일이었다. 조영남은 노래도 잘 부르지만 피아노에도 천재적인 소질이 있다. 자유자재로 건반을 두드리며 노래부르는 솜씨는 천하의 일품이다: "내가 풀이 죽고, 나의 영혼이 지쳐있을 때, 고난이 계속 닥치고 나의 가슴이 메질 때, 나는 조용히 침묵 속에 그대를 기다리네. 그대가 나에게 다가와 고요히 내 곁에 앉아있을 때까지. 나를 일으켜주게. 내가 산꼭대기에 우뚝 설 수 있도록……"

최고의 질 높은 콘서트

사실 이 노래는 조영남 본인의 처절한 심정을 토로한 것이다. 그런데 나의 칠순잔치 서막으로는 그 이상의 열창이 없었다. 모두가 그의 노래에 감동받았다. 그 후에 진행된 2시간의 프로그램에 관해서는 내가 이야기를 꺼낼 수가 없다. 너무도 완벽한 질 높은 공연이었기에 내가 인간의 언어를 써서 기술하는 순간 상도常道로서의 가치를 상실한다. 그날 그 자리에 있었던 600여 명의 손님들,

끝날 때까지 한 분도 자리를 뜨지 않고 긴장된 순간을 이어갔다. 나는 그 분들께 감사할 뿐이다. 그들의 느낌 속에 영원히 남아있을 것이다.

8순잔치 안할 수 있겠소?

그런데 요즈음 문제가 발생했다. 8순잔치를 안할 수 없다는 것이다. 나는 8순잔치를 그냥 넘기고 9순잔치를 하자고 했다. 그런데 제자들이 영 불안스러워 했다. 8순을 해야 9순이 온다는 것이다. 일찍 죽는 것도 축복인데 뭐가 불안할 게 있노! 하여튼 8순은 하고 봅시다! 오케이! 8순? 만 5년이 남았다.

폐를 끼치지 않는 좋은 방법

8순잔치를 놓고 생각해보니, 7순잔치 식으로 기획을 했다가는 도저히 7순잔치의 고퀄리티의 즉흥성과 예술성을 따라잡기 어려울 것 같았다. 최고의 순간은 두 번 반복되지 않는다. 그리고 많은 사람들에게 신세를 져야 한다. 8순에 주변의 예술인들에게 폐를 끼치는 인사를 하기도 미안했다. 그래서 기발한 생각을 했다. 나의 조촐한, 아주 소박한 피아노콘서트를 열면 어떨까? 피아노콘서트라고 해도 임윤찬의 흉내를 낼 것도 아니고, 서투르게라도 몇 곡만 두드리면 될 것이 아닌가? 75세부터 손가락을 풀고, 5년 각고의 고생 끝에 몇 곡 연주한다면 그것 자체로 사람들에게 감동을 주기에는 충분하지 아니할까? 꼭 마스터의 연주만이 연주냐? 감동이 있으면 될 것 아니냐? 감동 없는 수작보다는 감동 있는 졸품이 더 위대한 것 아니냐? 그래! 한번 해보자! 노화방지에도 좋다니깐! 인생의 확실한 목표가 있는 것이 아름답지 아니한가?

결국 소리는 피아노가 낸다

처음에는 비밀스럽게 진행하여 깜짝쇼로 하려고 했는데, 아무래도 피아노선생이 왔다가고 하니깐 사람들이 자연스럽게 알게 되었다. 할 수 없다. 공개적으로 진행하자! 사실 사람들이 내 계획을 아는 것이 좋은 이유는, 또다시 포기할 가능성이 크기 때문이다.

피아노는 정말 어렵다. "시간"이라는 투자를 요구한다. 그런데 나이든 사람으로서 그 요구를 감당한다는 것은 참으로 어려운 일이다. 그래서 강제성이 필요하다. 하루에 최소한 두 시간 이상은 피아노 앞에 앉아있어야 한다.

피아노는 깡통이다. 그러나 결국 소리는 피아노가 낸다. 연주자는 피아노의 소리를 들을 줄 알아야 한다. 내가 아름답게 건드리면 아름답게 소리를 낸다. 세상에 이런 정직성이 있을 수 없다. 거짓으로 가득찬 윤석열의 세상에서 이렇게 정직한 피아노의 소리처럼 맑고 깨끗한 것은 없다. 피아노 소리를 들으며 영혼이 맑아지는 것을 느낀다. 하루하루 희망 속에 산다. 이게 바로 "피아노를 치고 있다"라는 말의 의미이다.

2023년 5월 8일(월요일)

키시다 후미오라는 인물

일본의 총리대신 키시다 후미오岸田文雄, 1957~가 어제 한국에 왔다가 하룻밤 머물고 오늘 돌아갔다. 동경대학 법학부를 들어가려고 애썼으나 세 번 떨어지고 결국 와세다대학 법학부로 들어갔다. 78학번이니까(82년 졸업) 윤석열보다 학번은 1년이 빠르다. 키시다는 대학을 졸업하고 일본장기신용은행 종업원으로 들어가 인생의 행로를 시작하였고, 외무대신, 방위대신 등 고위직을 거쳐 자민당총재·내각총리대신에 이르렀다. 공직선거법 위반, 정치자금규정 위반 등의 의혹이 있고, 장남을 총리대신비서관에 기용한 데 대하여 공사를 혼동했다는 비판이 있다. 사회문제에 대하여 근원적인 대책을 추구하지는 않지만 보수본류 중에서는 그래도 이지적이고 세계를 바라보는 폭넓은 견식이 있다고 보아야 한다. 그래서 어떤 면에선 매우 무서운 인물이다. 키시다 방한에 대하여 아이보시 코오이치相星孝一, 1959~ 주한일본대사는 "톱다운 정치

주도가 아니면 보텀업(상향식)으로는 결코 실현될 수 없었던 그런 일이 성사됐다"라고 말했다. 이것은 결국 구질구질하게 잔챙이들 사이에서 떠드는 것이 아니라, 국민 모르게 윤석열과 키시다 사이에서 주고받는 밀실정치가 효율적으로 운영되고 있다는 것을 공식적으로 긍정하고 있는 것이다. 5년 동안 아주 차가웠던 관계가 호전되고, 12년간 중단되었던 셔틀외교(정상간의 잦은 왕래)가 재개되는 계기라고 말했다.

키시다는 왜 왔나?

언론에서는, 이번 방한이 강제징용피해자·유족지원 및 피해구제에 관한 대법원의 판결에 대하여 일본의 전범기업을 보호해주겠다고 윤석열이 선언한 것을 차질없도록 확인하고 독려하기 위한 것이라는 표면적 이유를 내걸고 있다. 그러나 내가 보기에 이 두 정상 사이에서 오간 끔찍한 밀담의 핵심내용은 후쿠시마원전사고(2011년 3월 11일에 시작)에서 발생한 방사성 핵폐수를 바다로 방출하는 것을 묵인하고 방조하는 것에 관한 것이다(시찰단 파견요청이 그 핵심). 지진이 일어나 쓰나미가 덮치면서 원자로의 전원이 중단되었고, 원자로를 식혀주는 긴급노심냉각장치가 작동을 멈추면서 여러 원자로에서 차례로 수소폭발이 일어나 방사성물질을 포함한 기체가 대량으로 외부로 누출되었다. 원자로 노심보다 농도가 1만 배나 높은 방사성물질이 터빈실 주변에서 검출되었다. 하여튼 전문적인 술어를 내가 쓸 필요가 없다. 히로시마원자폭탄의 400배의 방사능이 유출되었다고 한다(히로시마원폭은 타격중심으로 설계된 것이다. 방사능은 오히려 원자로의 방사능과는 비교되지 않는다). 방사성물질은 근원적으로 처리가 불가능하다. 시간이 해결할 수밖에 없는데 그 시간은 천문학적 숫자의 시간을 의미한다. 그리고 이번 후쿠시마원전사고는 천재天災라기보다는 원자로 운영당사자인 동경전력東京電力의 부실한 대처로 인한 인재人災라고 규정하는 것이 정당하다(※ 원자력발전이라는 개념은 애매하다. 핵발전이라해야 옳다).

방사성 핵폐수는 일본 국토에 머물러야 한다

따라서 이것은 그 책임을 전 세계인민과 대자연에 전가시킬 것이 아니라 일본의 국토와 국민과 일본의 재력이 떠안아야만 하는 최우선의 도덕적 처리사안인 것이다. 방사성 핵폐수를 일본은 지금 바로 일본 근해에 방류하는 것도 아니다. 일본국민 자체가 즉각 오염의 피해를 입기 때문이다. 일본은 핵폐기물 오염수를 해저로 수 킬로 터널을 뚫어 태평양 어디로 방류하는 것이다.

그 "어디"는 공개하지 않는다고 한다. 하여튼 어디다 버리든 그것은 빠른 시간내에 우리 주변 바다에 도착한다. 우리나라의 어업의 파멸은 물론 우리의 식탁과 삶이 모두 파괴되는 것이다. 과연 우리가 멸치를, 굴을, 꼬막을, 김을, 미역을 먹을 수 있을까? 핵폐기물 오염수 내 플루토늄, 세슘, 스트론튬, 아메리슘, 요오드, 삼중수소 등 거의 백가지에 이르는 방사성 물질은 유전자변형, 세포사멸, 생식기능 저하 등 인체에 확고한 영향을 미친다.

시찰단은 위장에 불과, 윤석열의 키시다 돕기

방사성 오염수의 방류는 코로나와는 비교도 되지 않는 구원한 해악을 이 지구 온생명에게 끼칠 것이 분명한데, 지금 윤석열은 키시다의 손을 잡고 아무 대책 없이, 걱정 말라고 하면서 시찰단만 보내면 끝나는 문제라고 웃음짓고 있는 형국이다. 시찰단의 명단조차도 밝히지 않는다고 한다. 잊었는가? 19세기 말, 일본 시찰한다고 파견된 신사유람단 사람들이 결국 나라 팔아먹는 데 앞장섰다는 사실을!

시찰단이 가면 안된다. 가면 방류를 허용할 수밖에 없는 것이다. 과연 이 민족은 칠천량해전의 참변을 다시 맛보기 위해 이순신을 사지로 보내고 있는 것일까! 아~ 아~ 보수임을 자처하는 사람들아! 정치 얘기는 어떻게 말해도 좋다! 그대들은 정녕코 그대들의 손자·손녀들이 오염수를 마시고 기형아를 낳는 꼴을 보기를 원한단 말이냐!

봉준호의 괴물

생각해보라! 봉준호의 『괴물』이 어떻게 생겨났는가를! 용산 미8군(가상적 설정임)연구소에서 버려진 발암물질이 하수구를 타고 한강에 흘러들어가 그것을 먹은 물고기가 변이를 일으킨 상상을 초월하는 괴물체가 아니던가? 얼마나 많은 사람들에게 고통을 주었는가! 이제는 현실 속에서 여기저기 괴물이 생겨나는 꼴을 보고 싶기라도 한단 말이냐?

스승의 날과 김현철

스승의 날이 언제인지는 모르겠으나, 그래도 그런 것이 있어 날 찾는 사람이 있다. 연세대학교 중문과 김현철 교수가 식사를 모시겠다고 해서 아내와 함께 식사처로 갔다. 사실 김현철 교수는 내가 직접 가르친 사람은 아니고, 나의 아내가 길러낸 인물이다. 그러니까 날 대접하겠다고 모신 게 아니라 아내를 모시기 위해 나까지 부른 것이다. 김현철金鉉哲 교수는 연대에서는 보기드물게 통이 큰 사람이다. 우리 시대의 감각으로 말하면 연대맥주파라기보다는 고대막걸리파에 가까운, 매우 수더분하고 대인관계가 원만하고 학문과 삶의 폭이 넓은 사람이다. 그의 전공은 문법이다. 그리고 그렇게 학교를 위하여 일을 열심히 한다. 부인이 좀 고생하겠다고 생각이 들 만큼 사생활을 제키고 학교일을 돌본다. 많은 학생들이 그를 따른다. 그리고 미감味感이 좋아 그가 모시는 곳은 대체로 성공적이다. 연대 후문쪽 연희동에 "평안루平安樓"라는 음식점이 있는데, 차이菜가 매우 정갈하다. 화학조미료를 쓰지 않고 음식을 매우 정성스럽게 만든다. 김 교수는 음식을 미리 특별하게 주문해 놓은 듯하다. 좀 많이 먹은 것 같았는데 뱃속에 불편함이 없었다.

공자학원 이야기

그런데 김 교수로부터 의외의 이야기를 들었다. 서울에 있는 대학에 공자학원孔子學院이 있는 곳은 외대와 한양대, 그리고 연세대 이 3개 대학밖에 없다. 공자학원은 중국정부가 세계각국에 중국의 언어와 문화를 알리기 위하여 교육문화교류합작을 증대하

자는 취지로 적재적소에 설립하는 비영리성의 중외합작中外合作
교육기구이다(그 기구의 프로그램비용은 중국정부가 댄다). 연세대학교
공자학원은 여러모로 좋은 활동을 해온 것으로 알고 있다. 그런
데 대학관계자가 김현철 교수를 보자고 하더니 연세대학교 공자
학원을 폐쇄시키면 어떻겠냐고 하더라는 것이다. 그래서 김현철
이 아무리 시대분위기가 바뀌었다 하더래도 이럴 때일수록 공자
학원은 더 존속시킬 필요가 있는 것이 아니냐고 역설했더니, 그럼
두고 보자고 했다는 것이다.

현 정권하에서 퍼져가는 단세포적 사유

지금 우리사회를 크게 좀먹고 있는 사실은 단세포적 사유다. 우
리나라는 매우 복합적인 국제정세 속에 들어와있는데 윤석열의
등장으로 거꾸로 모든 사유가 단순한, 아니 유치한 이념의 지배하
에 일원화되어가고 있는 것이다. 공자학원을 마치 중국의 스파이
들이 우글거리는 곳이라도 된 듯이, 국힘당 사람들이 쳐다본다는
것이다. 아니, 국힘당 사람들이 그렇게 쳐다보는 듯하다고 정당과
무관한 학문의 전당에 있는 사람들이 미리 겁먹고 그렇게 두뇌를
굴리고 있을지도 모른다. 현재 아무리 미국이 중국을 배제하고 압
박을 가하고 있다 해도, 우리나라는 중국과의 관계를 단절시키고
서는 생존할 수 없는 나라이다(미국은 겉으로 중국을 배제하는 듯 하지만
경제적 실리를 위해서는 중국과 합작한다. 우리만 바보가 되어버리고 마는 것이
다). 그것은 체질이요, 호흡의 조건이요, 역사의 전승이요, 지정학
적 전술이다. 미국은 아무리 강대국이라 한들 우리에게는 최근 몇

년밖에 사귀지 못한 새 친구일 뿐이다. 우리는 정치적으로 경제적으로 문화적으로 중국이라는 지렛대를 활용하지 않고서는 살 수 없다. 아니, "살 수 없다"라고 말하면 프로차이나pro-China의 치우친 발언이라고 말할 테니까. "국제사회에서 불리해진다" 정도로 말해두자!

차이나는 도올, JTBC

나는 2016년(3월 6일~5월 22일) JTBC에서 『차이나는 도올』이라는 국민의 사랑을 받았던, 그리고 매우 시청률이 높았던 문명사적인 강의를 했다. 그때만 해도 중국은 건강하게 보였고 리더십의 선출과정이 매우 합리적인 코스를 밟고 있다고 자부할 수 있었다. 나는 중국공산당의 역사를 전 국민을 향해 매우 객관적으로, 알기 쉽게, 그 득실을 논하며 열강할 수 있었다. 그리고 그 프로의 구성 그 자체가 매우 창의적이었고, 장성규, 박철민, 호란, 조승연, 박재민, 박가원, 알베르토, 신보라, 혜이니 등등의 출연진들이 너무도 날 잘 어시스트해주었다.

당이 국가보다 우위에 있다. 국군 없고 당군만 있다. 격대지정

중국은 국군國軍이 없고 당군黨軍이 있을 뿐이라는 것, 당의 조직이 항상 행정조직 위에 있다는 것, 그래서 당권의 장악이 국가 행정체계의 수반이 되는 것보다 더 중요하다는 것, 중국공산당전국대표대회(全大)가 중화인민공화국 전국인민대표대회(全人大)보다 더 중요하다는 것, 등등의 핵심적 조직사항들을 강의했다. 그러니까 국가주석보다 당총서기가 되는 것이 중요하다(물론 대부분이 양자를 겸임한다). 그런데 당총서기가 되는 과정은 공산당원 1억 명 중에서 중앙위원 205명에 들기까지 엄청난 실적을 쌓아야 하고, 중앙위원에서 정치국위원 25명에 뽑혀야 한다. 또다시 그 25명으로부터 정치국상무위원 7명에 들어야 하고, 또다시 그 7명 중에서 총서기 1명이 선출된다. 그리고 더 중요한 것은 총서기의 임기가 "격대지정隔代指定"이라는 등소평이 만들어놓은 관례에 의하여 10년으로 규정되어 있다는 것이다("격대지정"은 10년의 중간에 다음 대의 리더를 미리 정해놓는다는 뜻). 그렇다면 중국정치는 리더가 되는 매우 엄정하고 객관적인 적우제積優制(정치적 경륜의 우수한 성적이 쌓여지면서 진급한다는 뜻)가 있고 또 주기적인 리더십의 체인지 leadership change가 보장되어 있다면 과연 그것을 공신주의라는 컴컴한 베일로 다 묶어버리고 무시할 수 있겠는가?

시진핑의 격대지정 무시, 세계인의 실망

결국 시진핑이 중국을 긍정적으로 바라보고자 했던 전 세계의 지성인을 실망시킨 것은 그가 격대지정의 관례를 무시하고 10년 임기의 관행을 깨고 영구집권을 선포했다는 데 있다. 나 역시 실망이 컸다. 이러한 실망이 대한민국의 젊은이들에게까지 무의식적으로 전파되었을지도 모른다. 그래서 공자학원 퇴출얘기까지 나올지 모른다. 그러나 그것은 넌센스다! 만약 공자학원이 스파이가 우글거리는 곳이라 한다면, 그곳에서 캐낼 수 있는 정보는 내가 하버드대학 6년 동안에 미국에서 습득한 정보의 만분의 일도

되지 않을 것이다. 문화는 끊임없이 교류되는 것이다. 정보는 어디에나 있다.

시진핑 vs. 바이든

시진핑에 대한 혐오나 실망은 그 나름대로 정당성이 있다는 것을 나는 부정하지 않는다. 그러나 그 혐오나 실망보다 바이든과 윤석열의 등장으로 생겨나는 민주체제에 대한 실망이 훨씬 더 근원적인 문제점으로 우리의 가치판단을 재고하게 만든다. 바이든은 노련한 외교통이고 또 미국의 민주주의체제가 만들어낸 첨단의 산물인데, 정말 하는 행동은 후지고 또 후지다. 과연 우크라이나전쟁을 바이든방식으로 풀어내고 조장할 필요가 있을까? 세계평화를 위하여 그게 과연 미국이 할 짓인가? 트루먼 독트린은 이미 닉슨의 핑퐁외교로 무너지기 시작한 것이고 민권운동에 의하여 그 존립기반을 상실한 것이다. 그런데 바이든은 트루먼 독트린을 부활시켜 새로운 냉전체제를 구축하지 못해 안달이다. 그런데 그 황당한 발상을 전 세계의 리더들이 따라주지 않으니까, 윤석열을 신냉전체제의 영웅으로 부추기고 한국이라는 국가 그 자체를 바이든 독트린의 추종자로 만드는 치졸한 세계사적 기획을 진행시키고 있는 것이다. 바이든과 윤석열은 희대의 짝짜꿍 아삼육이 되어가고 있다.

적우제의 우위

세계로 뻗어나간 중국의 유학생들은 엄청 많다. 우리나라에 온 그 많은 중국유학생들을 생각하면, 미국에서 열심히 공부하고 있는 중국청년들이 얼마나 많을지도 한번 생각해보라! 그런데 이들이 윤석열의 나라에 있으면서 시진핑을 어떻게 바라볼까? 장기집권에 눈이 먼 국가주석으로만 바라볼까? 중국유학생들, 중국의 젊은이들은 우리가 우리나라 정치에 실망하는 것만큼은 자국의 정치에 실망하고 있는 것 같지는 않다. 중국인민들은 중국이라는 대국의 정치책임을 걸머진 사람들이 적우제의 시련을 거쳐 최소한의 도덕성을 확보한 인간이라는 자부감은 보유하고 있는 것이다. 시진핑은 타국에 굽실거리거나, 자기 나라 팔아먹을 짓은 하지 않을 것이다. 그것만으로도 리더의 자격이 있다고 볼 것이다.

키시다의 교활한 복합구조

키시다만 해도 그렇다. 키시다는 결코 바이든의 꼬붕노릇을 하면서 알랑방구 뀌는 것으로 만족할 인물이 아니다. 키시다는 아베와 같은 이념적 선·악이 없다. 다년간 외교수장으로서 단련된 키시다는 국제정세의 줄타기를 자유자재로 할 수 있다. 지금 키시다는 윤석열을 가지고 노는 재미를 만끽하고 있을 것이다. 키시다에게 선·악이 없다. 오직 일본의 국익만 있다. 핵폐기물 오염수를 방출해서 세계인민이 도탄에 빠져도 자기국익에만 도움이 된다면 그것으로 수상의 책임을 다했다고 생각하는 인물이다. 그런 키시다에 비하면 윤석열은 선·악의 이원적 가치만 있다. 미국의 자유주의를 찬양하고 공산주의를 박멸해야 한다는 괴이한 구호로 머릿속이 꽉 차있는 것이다. 대한민국의 국익은 돌아 볼 생각이 없는 것이다. 입으로 내뱉는 말과는 달리 온갖 차원의 계기들을 동시에 계산하고 있는 키시다의 복합구조와는 차원이 다른 것이다.

김상근 목사의 고언

김상근 목사님은 말씀하신다:

> "국민들은 불안에 떨고 후회하고 있습니다. 대통령직 수행할 아무런 준비가 안된 후보를 뽑았던 것이구나! 외교, 국방, 민생, 복지 어떤 분야에 대한 정책연구모임 한 번 해보지 않은 후보를 뽑았던 것이구나! 나라를 통치할 경륜 같은 것 쌓을 기회를 평생 가져보지 못한 후보를 뽑았던 것이구나! 국민은 후회하고 있습니다. 그렇습니다! 윤석열 대통령에게는 대통령직이 역부족일 수밖에 없습니다."

여기서 우리는 질문을 던질 수밖에 없다. 과연 우리는 우리의 바른 리더를 선출하는 바른 정치시스템을 가지고 있는 것일까? 어떻게 저토록 쌩뚱맞은 격에 맞지 않는 인간이 우리의 대통령이 되었단 말이냐? 그러나 아직은 판단을 내리기에는 이르다. 하느님께서 이 민족에게 시련을 주시고 반성하고 배우고 도약하는 기회를 주시는 것이라고 생각하고 싶다. 헤겔이 말한 "이성의 간계奸計"(*List der Vernunft*)를 떠올린다.

2023년 5월 10일(수요일)

님 웨일즈와 김산, 그리고 운암 김성숙

오늘 능화 스님이라는 분으로부터 연락이 왔다. 용건인즉, 운암 김성숙선생기념사업회에서 현충재를 올리는데 기념사 하나를 요청한다는 것이다. 나는 본시 기념사니 축사니 하는 요식행위에 타인과 병렬하여 글을 올리는 일을 하지 않는다. 내가 주관하는 자리이어야 하고, 나의 문장이 깊이있는 주제를 총체적으로 전달하는 자리가 아니면 글을 올리지 않는다. 내가 능화 스님이라는 분과 연락이라도 하게 된 것은 운암 김성숙 선생에 대한 나의 깊은 이해와 존경이 있었기 때문이다. 나는 운암雲嵒을 사랑한다.

많은 사람들이 아름다운 여인 님 웨일즈Nym Wales, 1907~1997 (1932부터 1949까지 에드가 스노우의 부인이었다)가 한국독립운동가 김산金山, 1905~1938(본명은 장지락張志樂, 혹은 장지학張志鶴. 1938년 10월 19일 교활한 강생康生의 지시로 트로츠키분파주의자이자 일본의 간첩이라는 터무니없는 누명을 쓰고 연안에서 처형당한다. 님 웨일즈는 그가 죽기 한 해 전에 연안에서 김산을 인터뷰하여 이 소중한 혁명가 바이오그라피를 만들었다)을 인터뷰하여 만든 『Song of Ariran—A Korean Communist in the Chinese Revolution』이라는 희대의 명저를 기억할 것이다. 이 책은 20세기 전반의 한국인 독립운동가들의 지식이 얼마나 고명했으며, 인품이 얼마나 고매했고, 그들의 활약상이 얼마나 드넓었나 하는 것을 리얼하게 보고한다. 1937년 항일군정대학에서 물리학, 화학, 수학, 일본어, 한국어를 강의하였던, 조선혁명가 중에서도 대표적인 인물인 김산(장지락)은 『아리랑』 속에서 자기에게 공산주의를 가르쳐 준 사람은 금강산에서 온 한 승려였다고 고백하고 있다.

금강산에서 온 붉은 승려

조우화의 번역 때문에 "금강산에서 온 붉은 승려"라고 알려지게 되었다. 중국에서 활약한 한국의 대표적 콤뮤니스트 독립운동가를 사상적으로 지도한 사람이 스님이었다? 요즈음 감각으로는 참 이해하기 어렵다. 그러나 20세기 초엽의 한국불교는 지금보다 훨씬 더 개화되었고, 사상적으로 발랄했고, 활동양식이 매우 현실적이었다. 공산주의니 자유주의니 하는 이념에 구애되지 않았다.

김산이 고백하는 이야기를 들어보자!

나를 공산주의자로 만든 사람은 김충창이었다. 그는 한국청년들의 생활이 가장 어려웠던 시기에 —1922년에서 1925년까지—

운암 김성숙, 1898~1969

내 이론공부를 이끌어 주었다. 내가 1922년에 처음 그를 만났을 때 내 나이는 열 일곱 살이었고 그의 나이는 스물 일곱 살이었다. 그는 지금도 나와 가장 친한 두 명의 벗이자 동지 중의 한 사람이다 — 다른 한 사람은 앞에서 말한 오성륜이다. 김충창은 내가 알게된 사람 중에서 나에게 가장 커다란 영향을 준 사람이다. 그것은 그의 예리한 지성과 훌륭한 인품 때문만이 아니라, 다른 사람의 감화와 신사상의 영향을 가장 받기 쉬운 사춘기의 중요한 형성기에 그를 알게 된 때문이기도 하다.

나는 김충창을 북경에서 만났다. ……

여기에 나오는 "김충창金忠昌"이라는 인물이 바로 운암 김성숙 金星淑이다. "성숙"이라는 이름도 속명처럼 들리지만 그가 1917년 7월 5일 봉선사 전문창화강원專門彰華講院에서 사미과沙彌科를 수료하고 받은 법명이다. 그는 봉선사 주지 월초月初 스님으로부터 강원졸업장을 받았다. 보통 그를 금강산 유점사에서 온 승려라 말 하지만 실은 그는 독립운동하러 신흥무관학교에 가려다가 뜻을 이루지 못하고 금강산 유점사에 잠깐 들렀는데, 그곳에서 마침 와 있던 용문사의 승려 풍곡신원楓谷信元 선사를 만난다.

풍곡신원과의 인연, 월초 문하에 들어가다

선사의 눈에 든 김성숙은 신원信元 스님을 은사로 양평 용문 산 용문사로 들어가 출가하게 된다. 용문사는 본시 봉선사奉先寺 의 말사이므로, 용문사에서 행자생활을 하다가 봉선사에서 사집 과, 대교과를 다 거쳤고, 봉선사의 정신적 기둥인 월초月初 거연巨 淵 대화상의 눈에 뜨여 월초의 특별한 사랑을 받았다. 그의 당호가 태허太虛이다. 그러니까 앞서 말한 월운月雲 스님(『인본욕생경주해』의 저자)의 스승이신 대강백 운허耘虛 스님과 같은 돌림이라는 것을 알 수 있다. 월초의 손제자로서 6허가 있었는데 그 중에서 가장 걸 출한 2허가 운허용하와 태허성숙이었던 것이다. 운암태허는 승려 로서도 우리나라 불교정신사의 대맥을 차지하는 인물이요, 독립 운동사의 사상적 흐름을 주도한 거맥이다. 그러니까 우리나라 선불 교의 중요한 사상맥이 그의 정치투쟁과 일관되게 융합되어 있는 것이다. 운암은 무엇보다 잘 생겼고, 로만티스트였고, 거리낌이 없었고, 정치투쟁의 장벽이 없었다. 운암은 평생 열렬한 투쟁가로서 살았지만 이념의 독주에 빠진 적이 없다. 그는 사랑할 줄 아는 인간이었다. 그는 휴매니스트였다. 그러기에 그의 일생은 투쟁과 화해의 공쏜 속에 날아가버린 비극이었다. 그는 비참하게 살았다.

2023년 5월 11일(목요일)

『스승의 손사래』와 신학자 이정배

지난 주 화요일(5월 2일),『스승의 손사래』라는 책이 나에게 배달되었다. 나는 "손사래"라는 말을 써본 적이 없다. "스승의 가르침" 정도의 의미인 것 같은데 사전을 찾아보면 손사래는 "거절이나 부인의 손짓"으로 나와있다. 저자의 정확한 의도는 알 수가 없다. 이 책은 이정배李正培, 1955~ 라는 우리나라의 중견의 신학자가 신학공부 50년간의 여정 속에서 만난 선생님들을 간략하고 센스있게 기술한 일종의 옴니버스 바이오그라피 같은 책이다. 이 책만 읽어도 신학자 이정배의 인생이 보이고, 한국신학계가 보인다고 말할 수 있다. 1) 신학의 길로 이끄신 선생님들: 박영규, 김유영, 김창락, 장기천. 2) 신학의 바탕을 만들어주신 선생님들: 김철손, 은준관, 윤성범, 변선환, 김흥호, 이신, 프리츠 부리, 하인리히 오트. 3) 신학에 깊이를 더해주신 선생님들: 칼 F. 폰 바이제커, 로즈마리 류터, 류승국, 김용옥, 김경재, 심상태, 손규태, 김승혜, 이

은선. 4) 신학의 지평을 넓혀주신 선생님들: 윤병상, 민영진, 오재식, 이석영, 최완택, 김준우, 장두석, 엄주섭, 김성순 5) 마치는 글: 소금 유동식 선생님.

이 많은 이름 중에 제3부에 내 이름 석자가 들어가 있다. 참으로 황송스러운 일이다.

나는 신학자이다

철학하는 사람들은 철학외부인들이 철학을 이야기한다고 해서 그것을 불쾌하게 생각하지는 않는다. 대체로 무시할지언정 불쾌하게 생각할 필요는 없다. 철학은 근본이 열려있고, 무전제의, 그리고 합목적적 의도기 없는 학문이기 때문이다. 그런데 신학을 하는 사람은 신학서클 외부의 사람이 신학을 얘기하거나 신학서적을 내면 매우 불쾌하게 생각하는 성향이 있다. 합목적적 의도를 깨버리거나 자기들이 생각하는 언어의 규칙에서 벗어나거나 하면 몹시 기분나빠하는 것이다. 나는 나를 신학자가 아니라고 생각해본 적이 없다. 신학대학을 다니다가 철학을 공부했기 때문에 신학에 대한 관심이 자연스럽게 유지되었고, 또 신학방면의 명저서들을 꾸준히 구입하고 독파해왔기 때문이다. 나만큼 골고루 신학책을 자기 서재에 구비한 사람도 많지 않을 것이다.

나의 신학공부, 장형 김용준의 신학의지

나는 신학방면으로 끊임없이 저술을 내었다. 그리고 신학계의 사람들이 이 사실을 불쾌하게 생각한다는 것을 상상해본 적도 없다. 신학은 나의 철학적 탐색의 당연한 여로였다. 나의 이러한 태도는 나의 장형 김용준의 영향이기도 했다. 장형 김용준은 화공학의 석사를 끝낼 때까지도 신학대학을 가고 싶어했다. 아마도 함석헌을 흠모한 나머지 그러한 생각을 떨치지 못했던 것 같다. 나의 부모도 신학을 좋아하는 큰형의 태도에 관하여 단안을 내리지 못했다. 큰형의 지사적인 성품을 존중해 주었기 때문이다. 그런데 우리 부모가 기둥노릇을 하고 있는 천안중앙장로교회에 해군군목을 오래 하다가 제대하고 시무목사로 온 인광식印光植 목사라는 걸출한 인물이 있었다. 우리 부모는 큰형 보고 인광식 목사를 찾아가서 상의해보라고 했다.

큰형이 목사관을 찾아가 인광식을 만나 진지하게 자기의 진로를 상담했을 때 인 목사는 큰형의 손을 꽉 잡고 간절히 말했다고 한다.

"이보시오 용준군! 왜 역사를 후퇴시키려고 합니까? 앞으로 오는 세대에서는 당신이 공부하고 있는 유기화학이 진정한 신학이 될 것이오. 과학 속에서 하나님을 찾으시오. 미래에는 과학이야말로 신학이 될 것이오."

그 말에 큰형은 신학공부 지향을 접었다. 그리고 평생을 신학책을 즐겨 읽었고, 신학자들을 친구 삼아 담론을 즐겼다. 신학적 담론에 항상 과학자는 필요했기 때문에 김용준은 빼놓을 수 없는 약방의 감초였다.

나의 구약폐기론은 정당한 신학담론

이정배 교수는 나의 "구약무용론"이 신학계를 뒤흔들어 놓았다는 이야기를 했다. 하긴 나는 그 문제로 홍콩대학에 있는 중국인 신학자로부터 격려전화까지 받고 세미나에 참석해달라는 요청까지 받았다. 나는 "구약무용론" 정도가 아니라, 구약은 사악한 전승이며 그것은 폐기되어야 한다고 주장했다. 나는 실제로 변명할 필요조차 없는 구약폐기론자였다. 내가 유대인을 향해 구약폐기론을 외칠 이유가 없다. 유대교인에게는 "구약"은 존재하지 않는다. 오직 "바이블"이 있을 뿐이다. 그들이 말하는 유일한 바이블이 곧 우리가 말하는 "구약"이다. 왜 내가 유대인의 성경을 거부하겠는가? 그것은 유대인이 우리의 『삼국유사』를 거부할 이유가 아무것도 없는 것과도 같다.

언론의 소동

내가 한국신학대학을 다닐 때 대학원을 다니면서 강의도 하곤 했던, 아주 마음씨좋고 실력이 짱짱한 선배형이 있었는데, 구약학을 전공하던 김희곤 형이었다. 김희곤은 나를 몹시 귀여워했다. 사실 나는 지금 어떤 맥락에서 나의 구약무용론이 사회적 물의를 일으켰는지, 신학계 사람들이 격노했는지 잘 기억이 나질 않는다. 그러나 그때 김희곤 교수가 신문에서 나를 격렬하게 비판했던 글인지 인터뷰인지 하는 것을 얼핏 읽은 기억이 있다. 그때 나는 좀 어안이 벙벙했다. "나는 그 분에게 그토록 좋은 추억을 가지고 있는데 이렇게 심하게 나를 모멸할 필요까지는 없지 않은가? 내가 구약학 밥줄을 끊을 수 있는 사람도 아니고, 누구보다도 구약학의 가치를 인정하는 사람인데 …… 쯧쯧 ……"

양식사학과 구약성서신학

나는 구약을 사랑한다. 무엇보다 재미있다. 할머니 옛날이야기를 듣는 것처럼 엄청 재미있다. 그리고 메소포타미아 일대의 모든 역사를 추론케 해준다. 그리고 인류의 상상력의 중요한 원천이다. 나는 구약이라는 문헌의 문학적 가치를 누구보다도 깊게 인정한다. 사계의 폰 라드(Gehard von Rad, 1901~71. 하이델베르그대학의 구약학교수)의 『구약성서신학Old Testament Theology』을 나도 읽었다. 그런데 구약폐기론, 구약무용론이라니 그게 뭔 말인가?

내가 구약폐기론의 힌트를 얻은 것은, 안병무 선생이 신학연구소에서 진행한 세미나에서 어느 젊은 교수가 외국에서 갓 돌아와 "양식사학이란 무엇인가?"라는 제목으로 강의를 했는데, 그때 그가 제기한 매우 근원적인 문제로 인해 촉발된 것이다.

구약은 구 계약, 이스라엘민족과 야훼 사이

예수의 복음 자체가 하나의 새로운 약속이라는 것이다. "테스타먼트Testament"라는 말 자체가 "계약," "서약," "약속," "신조"

등의 의미를 갖는다. 구약은 애초로부터 이스라엘민족과 야훼 사이에 성립한 계약이다. 계약은 약속이행을 요구하고 약속을 이행치 않을 때는 처벌을 한다. 그것은 율법인 것이다. 이스라엘민족에게 그 계약은 아직도 유효하다. 그러니까 그냥 계약이지 구약(old testament)일 수가 없는 것이다. 그들에게는 영원한 계약인 것이요, 그것이 그들의 선민의식의 원천인 것이다. 그러니까 야훼는 이스라엘민족의 로칼한 민족적 신앙의 대상인 것이다.

기독교인의 성경은 어디까지나 신약

그러나 기독교인이라 하는 것은 근원적으로 유대인과는 다른 종류의 믿음을 지닌 인간이다. 율법과 계약과 복종과 배타와 처벌을 강요하는 야훼를 신봉하지 않는다. 사랑과 용서와 포용과 관용을 베푸는 아주 색다른 별종의 "하나님"을 믿는다. 크리스챤이라고 하는 것은 역사적 예수를 "그리스도," 즉 "구세주"(메시아라고 한다. 그리스도는 희랍어이고 메시아는 히브리어인데, 양자는 동일)라고 믿는 사람들이다. 따라서 크리스챤은 하나님도, 예수가 믿는 하나님을 통해서 만난다. 예수는 사랑의 하나님을 선포했고 그 하나님의 나라(=질서)를 이 땅에 선포했다. 율법과 증오와 저주와 배타와 억압을 가르치지 않았다. 그래서 민족적 신앙의 대상인 야훼와는 다른 새로운 하나님과의 계약이 필요했다.

새 계약이 유효하려면 헌 계약은 파기되어야 한다

아주 간단히 말하면 이와같다. 우리가 새로운 계약(신약)을 맺었을 때는, 헌 계약(구약)은 자연스럽게 파기되는 것이다.

율법의 하나님에서 사랑의 하나님으로!

새로운 계약을 맺었는데 헌 계약이 그대로 유효하다면 그것은
새 계약이 아니다. 예수를 통해 맺은 새로운 계약이 계약으로서
유효하기 위해서는 전적으로 헌 계약은 파기되어야 하는 것이다.
새로운 계약조건이 이행되어야 하는 것이다. 이것은 크리스챤의
신앙의 본질에 속하는 것이다. 구약이 신약을 이해하기 위한 보조
자료로서 존속하는 것은 허용될 수 있어도, 구약이 신앙의 대상이
될 수는 없는 것이다. 목사가 설교를 해도 구약의 구절을 가지고
크리스챤에게 신앙을 강요할 수는 없는 것이다. 우리나라 대형교
회 목사들이 구약을 사랑하는 이유는 구약에는 신도들을 협박할
수 있는 구절들이 많기 때문이다. 그러나 그것은 효용이 없는, 옛
문서요, 옛 이야기요, 사문화된 찌꺼기이다.

우리나라 감리교단에 구약무용론은 새로운 이야기가 아니다

나는 이정배의 기술을 통하여 새로운 사실을 알게 되었다. 우선
이정배는 나의 구약무용론에 대해 신선한 충격이나 반발심 같은
것을 느끼지 못한 모양이다. 이미 감리교단의 자유로운 풍토 내에
서 그러한 류의 논의가 충분히 있어왔다고 보는 것이다. 특히 유
동식 선생님께서 "풍류신학"을 주창하시면서 한국인이 왜 꼭 구
약을 신약의 배경으로 삼아야 하는가를 반추하시면서, 우리민족
은 유불선이나 고유의 풍류사상을 통해서도 신약의 예수에 이를

수 있다고 외쳤다. 우리나라 크리스챤의 하나님은 고조선의 하나님과 다를 배 없다라는 지론을 펴오셨다. 나도 대학교 때 유동식 선생님께 직접 구약은 몰라도 된다, 구약을 읽을 시간이 있으면 『삼국유사』를 읽어라고 학생들에게 권유하시는 말씀을 들은 적이 있다. 20세기 말까지만 해도 그만큼 한국교계는 열려있었던 것이다.

유동식의 『한국무교의 역사와 구조』, 민속학의 신기원

나는 하바드대학에서 공부할 때, 우리 국학을 주제로 논문을 쓰는 대학원학생으로부터 유동식 교수의 저작인 『한국무교巫教의 역사와 구조』라는 책을 소개받았다. 한국의 무속의 심층적 구조를 매우 단순하고 간결한 도식으로 깊이있게 파헤쳐놓은 명저였다. 무속을 민속학석인 종교제식으로 다루지 않고 본격적인 신학의 틀로서 다룬 것이다. 그러나 그의 파이오니어적인 작업은 이론적으로 치밀하지 못한 측면이 있었다. 그래서 나는 귀국하자마자 『세계의 문학』에 "독서법과 판본학의 입장에서 새롭게 본 기독교"라는 장문의 글을 실으면서 유동식 교수의 저서를 비판적으로 리뷰했다. 그러나 유동식 교수는 나의 비판이 정당하다고 하시면서 내가 제시한 관점들이야말로 한국기독교가 다시 태어나야 할 과제상황이라고 하시면서 나의 신학적 발언을 더욱더 강력하게 추진할 것을 주문하셨다. 오랜만에 동지를 만난 것 같은 태도로 나를 대해주셨다. 이정배 교수의 후담後談을 들어보니까, 결국 나의 구약무용론은 유동식 교수의 외로운 주장에 활력을 불어넣은 셈이 된 것이다.

이정배가 주관한 도올 김용옥 교수 초청 신학대토론회

이정배는 나를 감리교신학대학교 100주년기념관 중강당에 초청하여 "도올 김용옥 교수 초청 신학대토론회"를 열었다(2007년 5월 11일[금] 오후3시~6시). 주제는 "한국교회와 성서"라고 했지만 당시 내가 중앙일보에 연재하여 일반독자지식인들의 관심을 크게 끌어모은 『도마복음』이라는 새로운 성서자료(예수의 로기온자료 모음)의 이해문제와 나의 구약무용론주장에 관한 찬반시비를 가리는, 그러니까 나 도올이라는 문제아 신학자를 놓고 사계의 대가들이 일반대중 앞에서 검증하는 일종의 사상재판같은 것이었다. 이것은 매우 흥미진진한 사건이 아닐 수 없다. 감신대 강당에 전례없이 많은 청중이 바늘 하나 꽂을 수 없이 이층복도에까지 꽉 들어찼다. 신학토론회로서 이렇게 많은 사람이 모인 것은 유례가 없다. 패널의 토론자들은 전 연세대 교수 김광식, 한신대 명예교수 김경재, 감신대 교수 김준우, 성공회대 김은규, 사회자 이정배, 논평자 유동식이었다. 이 모임을 무산시키려는 조직적인 움직임이 있었다고 이정배는 『스승의 손사래』에 쓰고 있다.

토론회를 무산시키려는 교단의 노력. 조직신학회의 용기

이정배는 감신대의 행정상의 중책을 맡고 있었고 또 한국조직신학회의 회장이었다. 그러니까 이 모임은 감신대에서 주최한 것이 아니라 한국조직신학회에서 주최한 것이다. 조직신학은 본시 사회철학적 성격을 가지고 있으니 이런 모임은 해볼 만한 연출이었다. 대흥행을 일으킨 연출이었다. 나로서는 비판받는다는 것은

행복한 일이다. 사계의 중후한 학자들에게 토론의 대상이 된다는 것 자체가 영광이다. 그것은 한국신학의 바른길이다. 내가 똥 되고 영웅 되고 그 따위 논의는 하등의 관심이 될 수가 없다. 그날 토론회는 매우 정중하고 진지하게 진행되었으며 아무 사고도 없었다. 천 명 가깝게 운집한 대중들이 끝까지 지켜보며 한국신학의 아름다운 본 모습을 목도하고 있었다.

제2차 Q복음서 신학심포지움: 채수일, 유태엽, 김명수, 이정배

이정배는 한국조직신학회 주최로 그 다음해 "도올 김용옥과 함께하는 신학심포지움"이라는 토론회를 한 번 더 열었다(2008년 5월 27일[화] 오후5시~8시. 감리교 신학대학교 백주년기념관 중강당. 주최: 한신대 학술원 신학연구소, 감신대 기독교통합학문연구소). 마찬가지로 대성황을 이루었다. 사회는 이정배 교수가 했고, 토론자는 경성대 김명수 교수, 감신대 유태엽 교수, 한신대 채수일 교수였다. 주체는 "Q복음서와 한국교회"였다. 나는 그해(2008년 3월 7일 초판) 한국에서는 처음으로 『큐복음서』라는 책을 펴내었다. 『큐복음서』에 관한 연구 논문은 있었어도 『큐』 자체를 역주한 것은 내가 처음이었다. 나의 『큐복음서』에는 "신약성서 속의 예수의 참 모습, 참 말씀"이라는 부제가 붙어있다. 나의 관심은 "역사적 예수Historical Jesus"였다. 역사적 예수라는 것은 초기기독교의 케리그마(선포양식)에 윤색되지 않은 역사적 인간의 모습을 말하는 것이다.

미국의 예수세미나

미국에는 "예수세미나"(The Jesus Seminar)라는 것이 있다. 1985
년에 로버트 펑크Robert Funk에 의하여 창설되었는데 21세기 초까
지도 매우 액티브한 활동을 벌이고 있다. 신학자 50명과 일반평신
도 100명으로 구성되어 신학토론을 하는데 명료한 주제의식이 있
다. 역사적 예수의 말씀을 성서자료에서 가려내는 것이다. 그것도
150명이 투표로 점수를 매긴다. 성경구절을 빨강으로 표시하면
"그건 진짜 예수말이다"라는 뜻이고, 분홍으로 표시하면 "예수말
처럼 들린다" 정도의 뜻이고, 회색으로 표시하면 "쯧쯧, 가능성은
있다" 정도이고, 까망으로 표시하면 "아니다! 오류의 소산이다!"
라는 뜻이다.

빨강 = 3점
분홍 = 2점
회색 = 1점
까망 = 0점

이렇게 점수를 매기면 총점이 결정될 것이고 자료의 신빙성이
드러날 것이다. 『도마복음서』의 정경적 가치도 인정하지 않을 수
없을 것이다.

프린스턴신학교가 아니고 프린스턴대학의 종교학 교수인 엘레
인 페이겔Elaine Pagels, 1943~ 교수는 이 시도를 "대담하고 매력적

이다Bold and Fascinating"라고 평했다. 이 세미나의 성과인『다섯 개의 복음서들The Five Gospels』이라는 책은 사계의 명저이다. 도마복음을 연구하는 데 큰 도움을 받았다. 미국신학계에서는 신약 자체를 이렇게 칼질을 해대는데 우리나라에서는 나의 구약무용론을 가지고 쩔쩔맨다는 것이 좀 쫄쫄한 얘기가 아니겠는가? 지저스세미나에는 크로쌍을 비롯하여 사계의 정통파대가들이 참여하고 있다.

한신대 신학대학원 교수가 되다

이 두 개의 신학토론회가 열릴 즈음에 나는 한신대 신학대학원에서 정규강의를 맡아달라는 요청을 수락했다. 목사를 키우는 교육자가 된다는 것은 나의 사명감 속의 일환이었다. 나의 어머니는 항상 후학에게 바른 정신을 심어주는 사람이 되라고 말씀하시곤 했다. 내가 한신대에서 강의할 때에 감신대의 대학원 학생들이 이정배 교수님의 제자라고 하면서 방청하기를 원했다. 나는 기꺼이 감신대 학생들의 수강을 수락했다. 나는 화이트헤드의 철학과 노자의 철학을 비교해가면서 과정신학의 요지를 강론했다. 나의 강의는 학생들에게 인기가 있었다. 한신의 기둥인 김경재 교수(1940~ : 덴마크 위트레흐트대학교 철학박사)가 은퇴한 공백을 내가 메꾼 셈이 되었다. 이정배 교수는 내가 감신대에서 강의를 하실 수 있도록 하겠다고 했다. 나는 감신대에서 강의요청이 있으면 조건없이 가겠다고 했다.

그러던 중 나는 중국의 연변대학 석좌교수로 명예롭게 초청되어 갔다. 그리고 중국에서 매우 생산적인 나날을 보냈다. 그리고 귀국하면서 나는 은근히 감신대로 가서 강의하면 좋겠구나 했다. 나는 이정배 교수가 지금쯤은 감신대 대학장이 되어있거니 했다. 그래서 도착하자마자 학교에 전화를 걸었다.

"이정배 교수님 계신가요?"
"그런 사람 여기 없어요."

대답이 너무 퉁명스럽다.

"아니 이정배 교수가 감신대에 없다니 그게 무슨 말입니까?"
"그 사람 나갔어요."
"그래도 대학교의 직원이라면 교수님께서 은퇴를 하셨다든가 뭐 자초지종 친절하게 말씀해주셔야 할 것 아닌가요?"
"은퇴가 아니구 자기 발로 나갔어요."
"전화번호 좀 알 수 있을까요."
"그런 거 우린 몰라요. 이제 학교와 관계가 없다니깐요."

가물가물한 판타지

기가 막혔다. 그래도 감신대 중강당에서 대강연을 한 도올에게 이렇게 몰상식한 답변을 할 수가 있는가? 하여튼 세상은 이와같이 꿈결처럼 지나간다. 중강당의 열기도 머나먼 추억 속의 가물가물한 판타지가 되고 말았다.

이정배라는 신학자

이정배는 사유의 폭이 넓다. 사유의 폭이 넓은 만큼 행동과 사 귐의 폭이 넓다. 그 폭이라는 것이 모든 이념이나 종교의 장벽을 포섭한다. 이정배 같은 신학자가 이 땅에 있다는 것은 정말 하나 님의 은총이다. 이정배가 이 땅에 실존하고 있다는 것은 변선환이 라는 탁월한 사상가를 스승으로 두었기에 가능한 일이다. 변선환 을 모르면 이정배를 이해할 수 없다. 그리고 이정배를 알면 변선 환의 본질이 드러난다. 변선환 선생은 감리교교단에 의해 파문당 했다(1992년 5월 7일). 그리고 울분을 다 삭이기도 전에 우울한 세월 속에 눈을 감으시었다(1995. 8. 8). 변선환 선생님의 종교재판 30년 을 회상하면서 변 선생님의 사상과 믿음이 옳았고, 지금 한국기독 교가 가야 할 바른 길을 예시하신 선각자임을 선포하는 제자들과 지사들의 모임이 있었다(2022년 10월 31일[월] 오후 2:30~5:00, 태평로 한국프레스센타 20층).

이정배 교수가 나에게 이 자리를 기념하는 글을 부탁하여 소론 小論을 썼다. 그러나 글을 부탁한 사람의 의도가 다 충족되었는지 는 모르겠으나, 나와 변선환의 만남의 여정을 밝히고 또 나의 사 유스크린에 비친 변 선생님의 사상의 대강이 잘 드러나 있기 때문 에 가치있는 글이라고 생각된다. 여기에 실리지 않으면 망각되고 말 글이라 생각되어, 변선환이라는 희대의 사상가를 세상에 알려 야겠다는 사명감에 감히 여기 나의 소론을 싣는다.

도올, 변선환을 말한다

TV저널, 김훈, 도올유예

1991년 11월 22일자 『TV저널』이라는 연예잡지의 표지에, 김완선이라는 가수가 매혹적인 포즈를 취하고 있는 모습이 실려있고, 그 한 귀퉁이에는 내 사진과 함께 "김용옥 칼럼 - 구원은 어디에 있나?"라는 표제가 실려있다. 지금은 김훈金薰 하면 지고의 소설가로서 존경받는 인물이 되어있지만, 그 당시는 한국일보 기자생활을 청산한 후 TV저널의 편집부장으로서 활동을 하고 있었다. 나에게 사정사정 애걸하여 "도올유예檮杌遊藝"라는 두 페이지짜리 고정칼럼을 써달라고 하여 나는 그의 청탁을 받아들였다. 그 네 번째 칼럼이 "배타排他는 하나님의 적敵"이라는 제목하에 쓰여진 글이다. 여기 그 전문을 옮길 수는 없겠으나, 역사적인 의미가 있는 글이므로 줄여서 인용하고자 한다.

〈배타는 하나님의 적〉

"이분에게 힘입지 않고는 아무도 구원받을 수 없습니다. 천하 사람에게

주신 이름 가운데 우리를 구원할 수 있는 이름은 이 이름밖에는 없습니다."

이것은 사도행전 4장 12절의 말씀이다. 과연 우리를 구원할 수 있는 주체가 예수 하나뿐일까?

율법의 하나님, 사랑의 하나님 / 배타와 포용

구약적 세계관이든 신약적 세계관이든 서양의 종교전통이 말하는 하나님에게는 서로 공존키 어려운 두 모습이 겹쳐있다. 그리고 그것은 끈질기게 교회사를 괴롭혀왔다. 하나는 배타적인 질투의 하나님이요, 또 하나는 포용적인 사랑의 하나님이다. 전자는 구약의 하나님이요, 후자는 신약의 하나님이라고 말하지만, 결국 예수의 하나님도 구약적 하나님으로 해석되어 모든 그리스도론을 장악했다. 우리 인간의 일상적 정리를 보아도 질투(배타)와 사랑(포용)은 동일한 감정의 두 모습인 것 같다. 남녀의 사랑도 시시각각 무서운 질투로 변한다. 가장 본질적인 문제는 과연 인간을 "구원"받아야 할 존재로 설정해야만 하는가라는 주제와 걸리고 있다. 구원이란 무엇인가? 무엇을 위해, 어떠한 경지에 도달하기 위해 구원을 한다는 것이냐? 교회만 나가면 구원이냐?

노자가 말하는 천지불인, 그리고 불교의 멸집

라오쯔老子는 아예 신 즉 궁극자가 궁극자가 되기 위해서는 사랑을 하면 안된다(天地不仁)라고 갈파했다. 사랑한다는 것은 만들어주고 베풂이 있고 은혜가 있고 함이 있게 된다는 것이다(仁者, 必造立施化, 有恩有爲). 만들어주고 베풂이 있으면 만물이 그 본래 모습을 잃어버릴 것이요, 은혜가 있고 함이 있으면 선택함이 있게 되어 만물이 다같이 구원을 얻을 수 없다는 것이다(造立施化, 則物失其眞; 有恩有爲, 則物不具存). 마치 구약의 역사를 잘 말해주고 있는 듯이 보인다.

그러기 때문에 궁극자는 스스로 그러할 수밖에 없는 것이요, 따라서 만물은 스스로 서로 질서지워질 수밖에 없는 것이라고 했다(天地任自然, 萬物自相治理). 이러한 라오쯔의 생각에는 "구원"이라는 문제가 근원적으로 성립하지 않는다. 라오쯔의 생각은 동아시아문명 전체의 기저이다. 이와 비슷한 생각을 지닌 불교는 인간의 궁극적 조건인 신성, 즉 불성에 도달하기 위해서는 사랑을 멸절시켜야 한다고 생각했다. 사랑은 애착을 낳을 뿐이기 때문이다. 이것이 바로 불교가 말하는 멸집滅執이며, 멸집이야말로 해탈, 진정한 자유의 조건인 것이다.

한국사회의 보수화에 대한 경종

최근 감리교단 특별총회에서 감리교신학의 원로이며 한국기독교의 리버럴한 전통의 존경받는 기수이며 탁월한 학자인 변선환 학장, 그리고 예수의 부활을 육체적으로 해석할 수 없다고 주장하는 홍정수 교수의 교수 및 목사자격 박탈건의를 가결한 것은, 1885년 부활절인 4월 5일, 아펜젤러가 인천항에 첫발을 디딘 이래 처음 있는 일이며, 또 기독교 내·외를 막론하고 한국사회의 보수화에 대하여 경종을 울리게 하는 심히 유감스러운 사태이다.

감리교의 양측면: 리버럴리즘과 성령주의

감리교는 웨슬리John Wesley, 1703~1791가 중심이 된 옥스퍼드대학 학생운동으로서 시작되었으며, 성령의 힘에 의하여 신앙인의 개인적 삶에 근원적 변화가 일어나게 만드는 다양한 방법을 제창하면서 일어난 영적인 부흥운동이었다. 이들은 성령주의를 표방하기는 했지만 산업혁명

초기로부터 발생한 노동자들을 대상으로 하는 광장의 설교(open-air preaching)운동을 대대적으로 전개하는 등 다양한 사회운동에 앞장섰다. 그리고 그 주체세력이 매우 엘리트 그룹이었기 때문에 상당히 리버럴한 신학전통을 성령주의와 동시에 성립시켰다.

정동교회 최초의 목사 최병헌의 리버럴리즘

성령이란 본시 조직이나 형식, 이론이 고착되었을 때 그를 파괴하는 신선한 래디컬리즘으로 등장한다. 성령 그 자체가 보수적인 것은 아니다. 아펜젤러 사후 한국인으로서는 최초로 정동교회 담임목사가 된 최병헌崔炳憲, 1858~1927(1902년 담임목사가 되어 12년 재직)은 훌륭한 유학자였으며 끝내 유학자이기를 버리지 않았다. 서양지천西洋之天과 동양지천東洋之天이 결국 같은 하나님天이라고 생각했으며, 동양지천에는 죄를 용서하시고 사랑하시는 인격성이 좀 부족할 뿐이지만, 공자가 말하는 모든 세속윤리는 기독교인의 신앙체계 즉 삶의 체계로서 받아들여야 한다고 생각했다. 그는 편협한 배타주의 입장을 취하기보다는 각 종교의 역사와 교리를 객관적으로 이해하려는 노력을 기울였다……

기독교교회 밖에도 구원이 있다는 변선환의 주장은 국제사회의 상식

변선환 선생이 주장하는 바, 기독교(교회) 밖에도 하나님의 사람이 있고 구원이 있다는 것은, 지금 새삼스럽게 거론된 바도 아니요, 또 이설을 세우기 좋아해서 외쳐대는 말도 아니다. 그것은 이미 다원화된 한국 종교사회의 현실을 직시하는 정확한 메시지이며, 1951년 위팅겐회의가 교회중심주의, 배타주의, 개종주의 선교를 표방하는 제국주의 즉 서구

식민지주의에서 벗어나야 한다는 것을 선언한 이래 꾸준히 진행되어온 국제 기독교사회의 상식을 반영하는 것이다. 1968년 WCC는 다이얼로 그 가이드라인을 발표했으며 카톨릭에서도 제2차바티칸공의회(Second Vatican Council, 1962~1965)는 맑시스트·무신론자를 포함하여 선의를 가진 다른 종교인도 구원을 받을 수 있다는 것을 선언했다.

교회중심선교에서 하나님중심선교로

1990년 6월, 취리히 옆의 소도시에서 신학자들이 모여 선언한 바아르 스테이트먼트(Baar Statement)는 포괄주의를 지양하고 다원주의로 그 패러다임을 이전시켰다. …… 이제 인류의 종교사는 교회중심선교에서 하나님중심선교(Missio Dei)로 그 패러다임을 전환시켜야 한다는 것이다. …… 하나님이 이 세계를 창조한다면 이 세계 또한 하나님을 창조한다. 하나님이 완전하고 이 세계가 불완전하다면, 이 세계 또한 완전하고 하나님이 불완전하다. 모든 창조와 완전은 과정일 뿐이며 완결된 것일 수 없기 때문이다. 기독교의 역사도 완결된 것일 수 없다.

보수와 진보는 대화의 변증법 속에서 하나님의 평화를 실현해야

보수진영이든 진보진영이든 그 존속 이유가 있는 것이라면, 그 양자의 과정은 오로지 공존과 대화의 변증법 속에서 하나님의 평화를 실현해 나가야 한다. 여기에 "세속의 힘"을 빙자하여 같은 하나님의 사도에게 파문이라는 인위적 폭력의 죄악을 부과하려 한다면 그들이야말로 광주 사태를 일으킨 5공세력보다 더 무서운 우리사회의 암적 존재들이다. 이러한 폭력을 우리는 묵과해서는 안된다. 변선환 목사와 같은 우리 교계의 양심과 양식이 그 날카로운 목소리를 오늘날까지 유지할 수 있었던 것은 바로 그를 지지하는 젊은 학도들, 그리고 그의 트인 생각과 인간됨을 존중하는 우리사회의 모든 휴머니스트들의 보이지 않는 강력한 유대감과 사랑이 엄존하기 때문이다. 이러한 진실에 도전하는 모든 죄악은 결국 그 자체의 논리에 의해 괴멸될 것이다. 배타는 하나님의 적이요 선교의 거부다!

나의 TV저널 글은 변선환 파문에 대한 최초의 공개항변

이 글을 몇 사람이 읽었는지는 모르지만, 감리교회 교단특별총회에서 변선환 선생님의 목사직을 박탈한 것이 1991년 10월 31일의 사건이므로, 그 사건이 있은 지 불과 열흘 만에 나온 이 글은 공적인 사회적 매체를 통하여 일반에게 공개된 글로서는 아마도 최초의 글일 가능성이 높다. 대중매체의 잡지글이라는 것이 매우 촉박한 시간 내에 완성되어야 하므로 충분한 정보수집과 검토와 숙고의 여백이 모자라는 가운데 쓰여지기는 했지만, 그래도 전면 두 페이지라는 문자공간을 확보하여 사태의 전체적인 의미를 대중에게 전달하는 데는 과히 부족함이 없었다고 확신한다. 무엇보다도 당시 이런 글이 즉각적으로 사회평론으로 나갈 수 있었던 것은 김훈이라는 탁월한 식견을 지닌 편집부장이 잡지를 장악하고 있었고, 또 김훈 부장은 나에게 내 컬럼 공간에 대한 전권을 부여해주었고 일체 간섭하지 않았기 때문에 가능한 일이었다. 나는 이 글에 대해서 무한한 자부심을 가졌다.

교단의 대형교회화가 화근이다

내가 평소 존경하는 사상가에게 부과된 터무니없는 정죄의 죄악에 대해 소신껏 항변할 수 있었다는 것이 자랑스러웠다. 때는 노태우정권시절이었으니 긴 겨울이 지나고 봄이 찾아오고 있다는 조짐을 조금이나마 느끼기 시작할 때였다. 그러나 감리교단의 행동은 몰상식의 극한으로 치닫고 있었다. 나는 그때만 해도 변선환 선생의 주변의 인물을 아무도 알지 못했다.

우울 속에 소천, 대인의 우환의식

변선환 문하에서 자라난 이정배와 같은 동량과 개인적 연락이 없었다. 결국 몇 달 후, 1992년 5월 7일, 감리교 서울연회 재판위원회는 다시 종교재판을 열어 변선환의 출교를 결정하였다. 파문이었다! 파문이 그의 학문적 입장이나 정신세계에 어떤 본질적인 파문을 던졌을 리 없지마는 불과 3년 후, 1995년 8월 8일, 그는 홀로 그의 서재에서 원고를 쓰시다가 소천하시었다. 그러나 돌이켜 생각해보면 그의 나이 불과 68세, 지금 나의 처지를 비추어 보아도, 너무 일찍 세상을 뜨셨다는 안타까움이 새삼 분노로 치밀어 오른다. 파문의 충격이 없을 리 없다. 단지 주희朱熹, 1130~1200처럼 글을 쓰시다가 책상에서 좌탈하시었다는 소식은 한없이 부럽게 느껴진다. 주희는『대학장구』를 매만지고 있었다는데, 우리 선생님은 한국역사의 미래를 걱정하는 논문을 쓰고 계셨다: "오늘의 한국은 서구근대화를 피상적으로 모방하지 말고, 한국종교 속에 움트고 있었던 적극적인 요소들과 만나면서 참으로 알찬 한국적으로 토착화된 근대화 모델을 만들어 가야 할 것이다." 그의 최후 일언은 역시 신학함의 주체성을 강조하던 대인大人의 우환의식의 정면正面을 보여주고 있다 할 것이다. 우리역사는 그가 외치던 "토착화된 근대화 모델"로부터 염치없이 멀어만 가고 있다.

강대식 목사와 변선환의 유모어

나의 고전강독집회에 열심히 나오시던 감리교 목사님이 한 분 계셨는데 이 분은 매우 폭넓은 사고와 깊은 지식과 경건한 신앙을 구유하신 분이었다. 이 목사님은 말년에 변선환 선생님과 가깝게 왕래를 하셨다. 그 목사님이 전해주는 한 일화는 변 선생님의 속마음을 잘 드러내고 있다. 변선환 하면, 그 인간을 말해주는 가장 특징적인 면모는 유모어였다. 말 한마디한마디가 매우 웃긴다는 것이다. 신학이라는 학문의 껄끄러움을 유모어로 매끄럽게 다듬고 넘어가는 것이 그의 인생역정이었을지도 모르겠다.

변선환과 강 목사는 강화도 어느 곳을 지나고 있었다. 강 목사의 목회장소가 강화도였다. 거대한 감나무 고목 밑에서 쉬어가게 되었는데, 갑자기 감나무 속이 썩어 텅빈 것을 보자 정색을 하고 몇 발치 떨어져서 나무를 향해 소리를 지르는 것이었다: "나무! 네 이놈! 넌 어찌 목회도 안 해본 놈이 속이 그렇게 썩었느냐?"

조식과 정인홍, 신원 후 부흥

참 기발한 유모어라 하겠으나 변 선생님의 썩은 속을 보여주는 일화라고도 하겠다. 나는 말한다. 감리교는 지금이라도 늦지 않았으니 다시 특별총회를 열어 변 선생님의 신원을 회복하는 결단을 감행해야 할 것이다. 퇴계와 동시대의 사람으로서 퇴계학문에 못지않은 독특한 일가를 형성한 남명南冥 조식曺植, 1501~1572이라는 인물이 있었는데 그의 수제자 래암來庵 정인홍鄭仁弘, 1535~1623이 인조반정으로 참수당함으로써 남명의 학맥도 다 끝나버렸다. 정인홍의 관작이 회복이 안되었기에 남명도 잊혀졌다. 결국 정인홍은 구한말에 이르러서야(1908) 신원되었는데, 하여튼 20세기 말에 이르러서 남명학은 크게 부흥되었다.

변선환의 온전한 복권이 감리교를 살린다

정확한 비유는 아니지만 사상적 성향의 차이 때문에 파문의 결정을 내린다는 것은 감리교 교단의 자체의 파멸을 초래할 수도 있다. 감리교신학의 미래를 생각할 줄 아는 사람이라면 일아一雅 변선환의 정위치를 회복시키는 작업을 언젠가는 반드시 실행해야 할 것이다. 지금은 나의 말이 우습게 들릴지도 모르겠으나 언젠가는 나의 말대로 행하게 될 것이다. 복復에서 하느님의 마음을 본다라는 역易의 언어를 되씹게 될 것이다.

『신학사상』 편집위원으로 변선환을 만나다

나는 1982년에 하버드대학에서 학위를 끝낸 후 고려대학교 철학과 교수로 부임하였는데, 그때 안병무 선생님은 내가 동방고전에 관한 필로로기의 탄탄한 기초를 지닌 학자로서 기독교 신학자들과 대화를 할 수 있는 인물이라는 것을 인지하시고 당신이 발행하는 『신학사상』의 편집위원으로 초대하여 주셨다. 그때 편집위원 중의 한 분이 변선환 선생님이었다. 덕분에 편집회의에서 신학자 선생님 여러분을 만나 대화를 나누고 여러 주제에 관해 토론하는 영광을 누릴 수 있었다. 그리고 그 후에 나는 고려대학을 떠났고 또 1990년부터 원광대학교 한의과대학 학생이 되었는데, 그 시절에 변선환 선생님은 원광대학교 교학대학에서 종교철학을 강의하셨기 때문에 가끔 열차간에서 선생님을 뵈올 수 있었다.

그러나 변 선생님과 학문적 토론을 깊게 할 수 있는 시간을 가진 기억은 별로 없다. 선생님께서는 동양철학에 관해 폭넓은 관심을 가지고 계셨지만, 나와는 관심분야가 일치하지 않았고 언어의 질감이 좀 달랐다. 선생님의 동방학이라고 하는 것은 신학적 담론 속의 동방학이며, 신학적 개념의 필터를 거친 철리의 세계이다. 나는 원칙적으로 철학적 논의를 전개하는 데 있어서 그러한 필터를 전제하지 않는다. 선생님의 언어는 매우 제너럴하고 화려하다. 그런데 비하면 나의 언어는 매우 스페시픽하고 드라이하다. 그렇지만 선생님의 언어는 매우 계발적이다.

안병무와 변선환, 안병무의 성서텍스트는 민중사건

내가 감히 선생님의 정신세계에 관해 무엇을 이야기할 수 있을까보냐마는 내가 느낀 인상을 간략히 기술하면 다음과 같다. 안병무의 신학세계는 매우 구체적인 하나의 텍스트가 있다. 그 텍스트는 성서이며, 성서 중에서도 신약이며, 신약 중에서도 예수의 삶을 담은 복음서이며, 복음서 중에서도 케리그마화되기 이전의 갈릴래아 황토흙이 배인 "사람이야기" 같은 것이다. 불트만은 초대교회의 담론이 아닌, 그 이전의 역사적 담론은 복음서에 남아있지 않다고 본다. 정확히 말하면 그러한 담론에 관해서는 불가지론적인 인식론적 입장을 취한다. 안병무는 그러한 불가지론을 뚫고 갈릴래아 황토흙 배면을 쑤셔댄다. 그리고 그곳에서 민중을 발견한다. 그곳에서 발견된 민중은 "실체*Substanz*"가 아닌 "사건*Ereignis*"이다. 그러니까 안병무의 민중신학은 복음서를 철저히 분해하고 해체하는 과정에서 도달한 결론이다. 그 해체방법의 방법론에는 유니크한 안병무의 실존이 자리잡고 있다. 안병무는 매우 독창적인 사상가이다. 그의 성서는 지구상에 용케 살아남은 희랍어 파편들일 뿐 아니라, 청계천의 전태일의 삶, 북간도 하늬바람의 고난을 홀로 이겨내는 선천댁, 그런 사람들이야말로 바로 진짜 그의 성경이다.

변선환의 텍스트는 모든 종교의 "사이"에 있다

이에 비하면 변선환은 텍스트가 다르다. 변선환의 텍스트는 성서라고 말하기보다는(※물론 성서를 텍스트로 하지않은 신학자는 없다), 신학 그 자체이다. 그가 그의 삶을 통하여 탐구로 삼은 것은 모든 유형의 신학적 디스꾸르이다. 그는 지구상에 존재한 모든 유형의 신학적 사고, 신학적 체계를 탐구의 대상으로 삼았다. 민중신학이 성서를 바라보는 하나의 유니크한 시각이라고 한다면, 인간세의 시공을 통하여 제기된 그와 같은 모든 유니크한 시각들을 탐구의 대상으로 하고 있는 것이다. 변선환은 19세기 말부터 20세기가 끝나갈 때까지 활발하게 진행된 모든 신학담론의 가치를 인정하고 그 모든 것에 안테나역할을 했다. "올꾼이"라는 말에 "바보스럽다"는 의미가 전면에 드러난다지만, 그 배면에는 그야말로 열심히 일하고 부지런떠는 사람이라는 의미도 배어있다 할 것이다. 그러니까 안병무는 철저히 성서 속으로 파고들었지만 변선환은 신학담론들 사이로 파고들었다. 즉 신학담론을 생산해내고 있는 "세계" 속으로 파고든 것이다. 왜 그랬을까?

변선환 생애 최초로 깊은 신앙의 원천을 마련해준 유학자 목사, 신석구

한 사상가의 생애에 있어서 그 사상성향을 지배하는 것은 역시 최초로 자기 삶의 지향점을 발견하는 순간의 영감 같은 것이다. 그것은 그 사상가의 현존의 줄기에 매우 지속적인 패러다임을 형성한다. 그 영감의 원천은 그가 18세 때 만난 늙은 백발의 한 목사님이었다. 3·1독립만세의거 당시 민족대표 33인 한 사람으로, 끝내 6·25전쟁통에 총살당하기까지 신앙의 절개를 한 번도 잃지 않은 순결한 영혼이었다. 변선환은 말한다: "내 영혼의 아버지 신석구 목사님의 위대성은 복음을 동양종교의 콘텍스트 속에서 해석하여 변증하려고 하였던 데 있었다. 동양종교와의 대화 속에서 증거되는 그의 설교는 동양적 신학 또한 한국적으로 토착화한 신학의 원형이다."

토착화가 요구하는 소통

여기 변선환의 신학세계를 대표적으로 이름지우는 "토착화"라는 개념이 등장한다. 내가 신학대학을 다닐 때 즈음, 신학계는 "토착화indigenization"라는 말이 매우 유행하고 있었다. 토착화라는 말이 유행하지 않을 수 없는 이유는 기독교적 삶과 한국인의 토착적 삶이 매우 다른 양상을 지니기 때문이다. 이러한 차이를 일자가 타자를 묵살하고 지나가면 그뿐이겠지만, 도저히 그런 묵살이 불가능할 정도로 양자의 세력이 균형을 이루거나 객관적으로 대등한 가치가 인정될 때에는 어떠한 방식으로든지 소통을 하지 않으면 안된다.

기독교의 역사는 갑질의 역사

인류문명사에서 기독교의 역사는 "갑질"의 역사이다. 어느 시공에 떨어지든지 자기만이 옳고 타자는 무조건 개종이나 구원의 대상이 되어야 한다는 명제를 폭압적으로 강요하는 십자군신학의 역사이다. 그런데 이러한 논리의 부당성을 기독교신앙을 수용한 이들은 느끼지 못한다. 은재殷哉 신석구申錫九, 1875~1950 목사는 깊은 유학자의 소양 속에서 이러한 논리의 부당성을 감지한 심오한 신앙인이었다.

기독교적 삶의 논리는 하여튼 껄끄럽다. 껄끄럽다라는 것은 비인과적이고 비상식적이고 역설적이라는 것이다. 이에 비하면 토착적인 삶은 인과적이고 상식적이고 순리적이라는 것이다. 어린 변선환은 그 껄끄러운 역설들을 삶의 지향처로서 인지하였을 때, 그 파라독스의 강렬함과 과제성을 동시에 느꼈던 것이다. 그의 신학여정은 그러한 껄끄러움을 해결해나가는 실존적 고뇌의 과정이었을 것이다.

변선환의 토착화와 도올의 토착화

토착화문제에 봉착했을 때, 나 도올은 신학을 토착화하는 수고 속에 내 인생을 바치지 않겠다 하고, 토착화할 것이 아니라 내가 진짜 새로운 "토착"이 되면 되지 않겠나 하고 신학대학을 나와버렸다. 그러나 나의 시대와 변선환의 시대는 패러다임이 다르다. 나에게는 여기 이 땅의 본원적인 "토착"이라는 세계가 전 인류의 새로운 비젼으로서 당당한 개벽의 서광을 발하며 다가오고 있었다. 그리고 이미 내가 기독교에 충성심을 지켜야 할 만큼 기독교는 순결한 도덕성을 지니고 있지 않았다.

토착화와 종교다원주의

그러나 토착화를 외친 신학자들에게 기독교는 애착을 버릴 수 없는 소중한 가치를 개화기를 통하여 우리민족에게 전한 정신적 자산이었다. 기독교의 토착화는 그들에게는 성실한 의무였다.

토착화의 전제가 되어있는 "토착"이라는 문제의식은, 그것이 기독교적 가치에 의하여 말살될 수 없는 소중한 가치를 독자적으로 지닌다는 생각을 지닌 자들에게만 다가온다. 그리고 그 토착에는 다원적인 심층의 복합구조가 있으며, 그 복합구조 속에는 기독교에 상응하는 신성Divinity의 자리가 있다는 것을 발견한 자들에게만 다가온다. 이러한 문제의식은 필연적으로 기독교가 기독교를 넘어선 자리에서 새롭게 뿌리를 내려야 한다는 종교의 새지평으로 확대되어 나아가지 않을 수 없게 된다. 다시 말해서 토착화에 천착하게 되면 종교다원주의의 지평으로 나아가지 않을 수 없게 되는 것이다. 이것이 바로 변선환의 신학이 토착화와 종교다원주의라는 두 개의 키워드를 지니게 되는 핵심적 이유이다.

다원주의 신학은 제국주의적 폭력에 저항하는 신학

다원주의는 비빔밥이 아니다. 비빔밥 속에 포함되는 모든 요소를 그 나름대로의 생성의 논리를 따라 정확하게 독자적으로 이해해야 한다. 다원주의는 제국주의적 폭력을 철저히 배격할 때만이 시작될 수 있다. 내가 대학 다닐 때만 해도 "비교"라는 말이 유행했다. 동서문화비교론이니 비교종교학이니 비교철학이니 하는 따위의 말들이 유행했다. 나도 한때 비교철학에 심취했다가, 곧 비교는 할 짓이 아니라고 판결을 내렸다. A와 B를 비교하는 것, 비교 그 자체가 학문이 될 수는 없다. A와 B를 비교할 것이 아니라, 그 시간에 A를 공부하고 B를 공부해야 한다. A와 B는 따로따로 연구되어야 한다.

변선환의 무아

변선환에 대한 나의 추억은 한없이 유머러스한 사람인데, 그의 유모어는 그의 존재의 겸손으로부터 유래하는 것이다. "겸손"이라는 것은 자기를 개방하고 자기를 끝없이 낮추는 것이다. 변선환은 아상我相을 철저히 버렸다. 타 종교를 대할 때에 철저히 나를 버렸다. 그의 낮춤과 개방은 바닥이 없었다. 노자가 말하는 "무無"나 불교가 말하는 "무아Anātman"를 이론으로서가 아니라 자신의 종교다원주의적 삶의 실천 속에서 구현하였다. 그는 그 많은 신학자들 속의 민중이었다. 천대받고 이단시되고 그러면서도 철저히 봉사하는 개방된 고도의 지성이었다.

그의 웃음과 비애와 낮춤은 "20세기의 낭만"으로 영원히 기억될 것이다. 새삼 변선환이 그리워진다.

人無孔子意如同
衆非基督自求脫
南浦書香抱四海
上下攝通易生活

사람이 공자가 아니더라도 그 뜻이
공자와 같을 수 있다고 한 것은 최수운의 말이다.
민중은 그리스도가 아니더라도 스스로
구원을 추구할 수 있다.
진남포의 서향 속에서 자란 일아一雅는
사해의 모든 사유를 가슴에 품었다.

초월과 내재가 하나로 다 통해버리니

생생生生하는 역易의 세계가 생명으로 가득하다.

2022년 10월 11일

이정배 교수의 부탁으로 낙송암에서 붓을 옮기다.

변선환 선생님을 그리워하는 많은 사람들에게 이 소론小論을 바친다.

— ■ — ■ — ■ —

결국 기독교의 최대문제는 "배타"

기독교신학의 최대의 문제는 배타Exclusiveness이다. 사랑과 용서와 관용을 입으로는 말하면서도 실내용에 들어가면 배타를 떠나지 못한다. 배타의 본질은 독선獨善이다. 나의 생각만이 옳고 타인의 생각은 다 틀리다는 것이다. 그것은 결국 기독교교회 속에서만 구원이 존재한다고 믿는 배타적 구원론으로 골인하게 된다. 그러한 구원론이 지배한 것이 서양의 중세기역사였다. 우리나라에 들어온 것은 실상 기독교가 아니라 서양의 중세기 교리였다. 그래서 제사를 우상숭배로 보는 시각이 생겨났고 많은 유학자 기독인들이 희생되었다. 그러니까 우리나라의 기독교는 배타와 함께 들어왔고 배타로 일관되었다. 그것이 오늘날 매우 폭력적인 대형교회로 발전하였고, 또 친미 정치세력으로 발전하였다. 바이든의 정치이념은 러시아와 중국을 견제하자는 배타의 이념이다. 이러한 이념의 확장의 동반자가 키시다의 일본이고 그 동반자의 말잡이가 윤석열이고, 윤석열의 하수인들이 한국의 친미 대형교회 세력이다.

변선환은 배타 속에서 배타를 폭파시키려다 배타당한 선각자

변선환의 출교파문은 감리교단이 몇몇 대형교회세력에 의하여 점령당함으로써 생겨난 불상사이다. 변선환은 배타의 기독교신학틀 내에서 배타를 폭파시키려는 사상혁명을 수행하였다. 그의 다원주의는 모든 종교와의 대화와 화해를 모색하였다. 그의 집회에서는 수녀와 비구니와 정녀가 같이 손잡고 걸었다. 배타 속에서 배타를 배타하다가 결국 배타당한 사람, 우리는 그의 혁명적 신학 노정을 바르게 이해해야 한다.

끊임없는 KKK의 부활

미국에서는 아직도 KKK가 설친다. 흑인이 혐오와 방화, 도륙의 대상이었지만 월남전시대의 흑인민권운동으로 흑인은 그들 못지않게 세력화되었으므로 함부로 건드리지 못한다. 그래서 혐오의 대상은 아시아계로 옮아가고 있다. 며칠 전 텍사스 댈러스 쇼핑몰에서 한국인 변호사(남성, 38세), 치과의사(부인 36세) 부부, 그리고 세 살짜리 아들, 일가족이 이유없이 갑자기 난사당한 것도 못난 놈들의 무의식에 내재해있는 극우 백인우월주의의 발로에 희생당한 것이다. 바이든의 역량은 세계를 공평하게 이끌 수 있는 최강력국가의 리더십에 영 못미친다. 그가 기획하고 있는 미국의

정책은 원초적으로 로마황제교가 둔갑한 기독교의 배타에 근원
하는 것이다.

영화 『취화선』의 배경 이야기

오늘 서도작품 하나를 완성했다. 나는 임권택 감독님과 함께
『취화선醉畵仙』이라는 영화작품을 만들었는데(2002년 작품. 조선말
기의 화인 장승업의 일생을 묘사. 2002년 칸영화제 감독상 수상), 그때 우리
는 최민식의 손을 대신할 진짜 화가를 필요로 했다. 그때 나는 서
울대학교 미술대학 동양화과 교수와 함께 "한국화운동"(동양화라
는 말을 없애자! 그림은 동서의 장벽이 없는 보편예술일 뿐이다. 한국인의 개성
이 실린 그림을 동양화라는 이름으로 서양화와 대비시키는 것은 부당하다)을
리드하고 있었다. 이종상 선생은 당시 동양화과 교수였고 박물관
관장이었기 때문에 임권택 감독이 『취화선』을 만드는 데 필요한
많은 도움을 주었다. 서울대박물관에는 실제로 오원吾園 장승업張
承業, 1843~1897(안견, 김홍도와 함께 조선화단의 3대거장으로 꼽힌다. 도화서
화원화가이며, 그의 작품은 대체로 스스로 터득한 것이다)의 작품이 많이 소
장되어 있었다.

이종상 선생과 나

이종상 선생은 동양철학에 조예가 깊어서 나를 매우 좋아했다.
그리고 독도 의병장이라 자처하며 독도진경전시회를 개최하기도
했고 문제의식이 뚜렷한 작가였다. 이종상 선생은 화가 한 분 소
개해달라고 하니깐, 그의 제자로서 중앙대 교수로 있었던 김선두

金善斗를 소개했다. 김선두는 알고보니 광산김씨였고 나의 손자뻘 되는 사람이었다. 그는 장승업의 대타이니깐 물론 전통적인 조선의 화풍을 대변할 수 있는 실력이 있어야 한다.

그 김선두가 벌써 중앙대 미술학부 한국화전공 교수직을 은퇴할 나이가 되어 송파구 가락동에 화실과 집을 겸한 건물을 지었는데 당호가 필요하다는 것이다. 김선두는 내 전시회에도 꼬박 와서 보고 작품도 가져가곤 했다. 선두는 나 보고 꼭 자기 화실에 와서 자기만 가지고 있는 특별한 노우하우를 배울 필요가 있다고 했다. 자기가 월전, 이종상, 운보 밑에서 배웠으니 내가 자기에게 배우면 한국화의 맥을 골고루 전승받는 셈이 된다는 것이다. 참 사려깊은 말이라고 생각했다. 내가 그림수련을 할 곳의 당호를 짓고 그것을 서도로 써달라는 것이다. 그러면 서도작품은 안에 걸고, 축소된 것을 목각으로 만들어 밖에 걸겠다는 것이다.

이괘의 괘사에서 유래된 관이헌

당호는 발음이 쉬워야 하고, 또 의미가 깊어야 하고, 또 글씨 그 자체가 잘 생겨야 한다. 나는 고민 끝에 이괘頤卦(䷚)의 괘사를 생각해냈다. 그 괘사에서 "관이觀頤"라는 말을 끄집어냈다. 그리고 "관이헌觀頤軒"이라 했다. 의미도 깊고, 발음도 쉽고, 글자 생김새가 폼이 난다. 즉각 붓을 옮겼다. 첫 획에 이미 자신감이 붙었다. 내 생애에서 보기 드물게 나 본인에게 만족감을 주는 서도작품이 탄생되었다(작품의 의미에 관해서는 『도올주역강해』 pp.381~2를 참고할 것).

최근에 내가 나주시에서 요청하여 나주객사 금성관錦城館 바로 뒷쪽에 있는, 사족들의 의회에 해당되는 건물의 당호를 썼는데, 그것도 매우 수작이다: "향사당鄕社堂."

나의 서도철학

우리나라에는 나의 서도를 사랑하는 사람들이 많다. 그도 그럴 것이 나만큼 대중 앞에서 한문서도 실연實演을 많이 한 사람은 없기 때문이다. 단군 이래 내가 가장 많은 작품을 남긴 사람일 것이다. 이렇게 내가 말하면 니까짓게 추사 꼬랑지에나 붙으랴 하겠지만, 나의 서도는 실로 추사와 비교가 되질 않는다. 나의 서도는 물론 붓으로도 한 것도 많지만 대부분 분필로 한 것이다. 어허~ 분필 작대기로 쓴 것이 어찌 서도가 될 수 있으리오, 하겠지만 서도는 본시 붓으로 한 것이 아니다. 최고最古의 한문서도인 은대의 갑골문도 소뼉대귀나 거북배때기 갑골판에 칼로 판 것이다. 딱딱한 분필로 칠판 위에 쓰는 것이, 화선지 위에 하늘하늘한 털끝으로 쓰는 것보다는 본래의 서도書道에 더 접근한다. 나는 역대의 명문들을 수천수만 번을 썼다.

분필서도의 특징

분필서도의 특징은 아무리 멋있는 작품이라도 강의의 진행에 따라 지워진다는 것이다. 즉 물리적 종적을 남기지 않는 것이다. 내가 강의를 하면서 칠판에 가득 휘갈긴 글씨가 천하일품으로 느껴진 가나화랑의 주인 이호재 회장이 임옥상 화백에게 이렇게 말한 적이 있다고 한다: "저 칠판을 통째로 떼어다가 작품화했으면 좋겠는데……"

녹색칠판에 분필로 쓴 작품은 보존이 어렵다. 사실 그 칠판 위의 작품은 곧 없어질 것이라는 전제 위에서 부담없이 흘러내린 몸짓이라는 데 그 예술성과 생명력이 있다. 그것을 지속시키면 이미 대중이 사랑하는 그 모습은 아닌 것이다. 아무렇게나 칠판 위에 휘갈긴 나의 글씨, 예서인지, 해서인지, 행서인지, 지독한 초서인지도 모르는 그 족보 없는 글씨를 사랑하는 우리민중의 미감은 어느 예술평론가의 미감보다도 드높다.

추사와 창암 이삼만

나는 억지로 꾸민 듯한, 치밀한 구성력을 과시하는 추사의 글씨를 별로 좋아하지 않는다. 때로 완당의 고졸한 아취에 놀라는 듯, 그 맛을 음미할 때도 있지만, 나는 원교 이광사의 글씨나 창암蒼巖 이삼만李三晩, 1770~1847의 글씨를 훨씬 더 좋아한다. 예술의 세계에서는 좋아함의 이유나 논리는 없다. 창암의 서도를 보통 유수체流水體라 부르지만, 나는 언제부턴가 그의 서도를 "귀곡체鬼谷體"라 불렀다. "곡"은 "곡신불사谷神不死"의 곡이다. 그는 그의 서도의 지향성을 "일운무적逸雲無跡, 득필천연得筆天然"이라 했는데, 한가로운 구름같이 흔적을 남기지 않고, 붓을 들면 꾸밈이 없이 있는 그대로를 따라갈 뿐이라는 뜻이다. 나의 칠판글씨와 상통하는 점이 있다.

추사와 창암의 해후장면

창암은 전주사람인데 완당과 동시대의 사람이다. 추사보다 나이가 16살 위이므로 엄밀하게 따지면 한 세대 위라고도 말할 수 있다. 추사가 제주도로 유배갈 때 창암의 글씨는 전주지역 사람들에게는 신통력이 있는 것으로 널리 알려져 있기 때문에 전주를 지나

가면서 그냥 지나칠 수가 없었다. 추사는 창암의 제자들이 삥 둘러 싸고 있는 시골집 방구석에 앉아있는 창암과 대면하기에 이르렀다. 창암은 자신의 서첩 하나를 완당에게 보여주면서 평을 부탁했다. 아마도 완당이 국제적으로 노는 큰 인물이니까, 그에게 평을 부탁 함으로써 찾아온 손님인 그를 대접해주는 호의와 겸손을 내보인 것이다. 완당은 한동안 말이 없었다. 침묵 속에 한참을 들여다보 다가, 창암과 그의 제자들이 긴장 속에서 주시하고 있는 판에, 드 디어 입을 연다.

"시골 장바닥에 내놓으면 밥은 먹겠습니다."

추사라는 사람도 젊은날의 도올만큼이나 모가 났던 모양이다. 추사의 입에서 내뱉을 수 있는 최대의 모욕이었다. 그때 추사의 나이 55세였고, 창암의 나이 71세였다. 창암의 제자들이 완당을 두드려패려고 일어서자 창암이 앞을 막으면서 말렸다. 완당은 살짝 문을 열고 사라졌다. 그 뒷모습을 보면서 창암이 이와같이 말했다.

"저 사람이 문장을 쓸지 모르겠으나 글씨는 모르는 사람이구나."

나중에 완당이 제주 대정현 위리안치에서 풀려나고 서울로 돌 아갈 때, 다시 창암을 만나려고 했다. 완당이 제주유배기간을 통 해 조금 철이 든 모양이다. 그러나 이미 창암은 이 세상 사람이 아 니었다. 전 해에 이미 세상을 떠났다.

2023년 5월 12일(금요일)

내 연구실 상공을 배회하는 드론

이날 밤 10시 좀 못되어 하도 어깨가 뻐근하여 집필실 뒷마당에서 가볍게 산보하며 운동을 하고 있는데 집 위로 드론이 날아다닌다. 내가 집필하는 동숭동 지역은 드론촬영금지구역으로 되어있는데 기분이 나빴다. 그래서 곧장 동네의 파출소로 달려갔다.

"이 동네는 순수한 주택가이고 드론촬영이 금지된 곳인데 누가 드론을 띄우고 있는 겁니까?"

"저희도 잘 모르겠습니다만…… 저기 저 함성을 들어보십시오."

가만히 들어보니 엄청난 인파로부터 울려퍼지는 함성이었다.

"지금 성대축제래서요, 워낙 많은 인파가 몰려 그 인파를 정리하기 위해서는 드론도 띄우고 하는 게 아닌가 싶습니다. 이태원에서 워낙 혼쭐이 났기 때문에……"

"알겠습니다."

"저희도 드론촬영을 못하도록 신경쓰겠습니다."

성균관대학교 페스티발 현장

파출소를 나오는데 젊은이들의 함성소리에 발이 끌렸다. 에헤라― 이 시간에 원고지 몇 자 더 긁어본들 뭐하랴! 젊은이들의 소리를 들어야지. 가자! 파출소에서 빠른 걸음으로 가면 성대까지 15분이면 족하다. 나는 뛰다시피 해서 곧 성대 교문에 도착하였는데 학생들의 움직임이 부산하다. 올라가는 사람들, 내려오는 사람들이 성균관 앞길을 메우고 있었다. 군중을 정리하는 안내원도 많았다. 안내원은 경찰이 아니라 학교 자체로 조직된 사람들 같았다. 하여튼 600주년기념관을 지나 언덕길을 더 올라가니까 왼쪽으로 푹 파진 곳에 학생들이 몰려있는 대운동장이 있었다. 그곳에 문자 그대로 2만 명 가량의 인파가 춤을 추고 소리를 지르는데 뭐가뭔지 난 잘 알 수가 없었다. 백내장수술을 한 뒤로 원경遠景은 잘 보이지 않는다. 안경으로도 해결이 되지 않는다.

대운동장 주변 광경

내가 가니까 안내요원들이 나를 알아보고 같이 사진 찍자고 하는 자들은 많은데, 운동장 입장은 절대 안된다고 했다. 자기들 권한을 벗어난다는 것이다. 나도 그런 질서는 지켜야겠다고 생각해서 무리한 시도를 하지는 않았다. 나같이 못 들어가고 운동장 펜스 밖에서 웅성거리며 떼창을 하는 젊은이들만 해도 수천 명이 되었다. 그런데 운동장에서 들리는 노래소리에 맞추어 함성을 지르는데, 놀라운 것은 그 가사나 춤사위가 다 암기되어 있는 듯하다는 것이다. 3년만에 코로나에서 풀려난 젊은이들이 오랜만에 지르는 함성이 오장육부로 스며드는 느낌은 날카로우면서도 웅장하고, 하여튼 몸세포들의 루틴을 뒤바꿔놓는 듯한 혁명적인 것이었다. 안내요원들이 펜스로 접근하는 것조차 막기 때문에 운동장 안에서 뭐가 일어나고 있는지조차 정확히 알 수가 없었다. 내가 운동장의 구조를 파악해서 위쪽으로 올라가니까 내부가 보이는 포인트가 있었다. 그곳에 설치된 철봉펜스에 기대서 환호발광하는 학생들의 군무합창을 들여다보는데 정확히 누가 나왔길래 이토록 환호작약하는지 도무지 알 수가 없었다. 나는 옆에서 철봉을 안고 있는 학생에게 말을 건넸다.

싸이가 나왔다

"누가 나왔길래 저렇게 환호하나?"

"싸이요."

"지금 대학생들이 싸이 노래를 저렇게 다 외우고 있단 말인가? 난 BTS 때문에 싸이는 물건너간 사람인 줄 알았는데……"

"외국에서는 BTS가 더 인기 있을지 모르지만 국내에서는 역시 아직도 싸이죠."

"그래? 싸이가 더 보편적 사랑을 받는다는 뜻이군."

"그렇죠. BTS도 결국 싸이가 휩쓸었기 때문에 가능한 것이구요, 싸이의 개척자적 가치를 인정 안할 수가 없죠."

"자네 참 똘똘한 말을 하는구만, 자네는 여기 성대 학생인가?"

"네, 경제학과 4학년입니다."

"왜 티켓을 안 받구 지금 여기 서있는가?"

"도서관에서 공부하다가 잠깐 나와본 거에요."

"도서관에서 뭔 공부하는데?"

"5급에 도전하고 있습니다."

"5급 공무원시험을 준비하고 있다는 뜻인가?"

"네."

"좋은 직장을 만나겠네. 혹시 자네 나를 아나?"

"우리학교 교수님 아니세요?"

"난 성대에서 강의한 적은 있어도, 교수가 된 적은 없는데……
    도올이라고 들어본 적 없어?"

"에엣?"

그 학생은 한 발자국 물러서서 나를 훑어본다. 그리고 순간
말한다. "어엇, 진짜다! 아니 어떻게 선생님이 여기 계세요? 저의
아버님이 이 세상에서 가장 존경하는 분이라고 항상 말씀하시는
데……"

"씁쓸하구만! 자네 아버님보다도 자네 같은 미래세대가 내 강
    의를 듣고 깨달음을 얻어야 이 나라가 꼴이 될 텐데……"

초라한 나의 실존

순간 나는 2만 명을 흥분시키고 있는 싸이에 비해 나의 실존이

매우 초라하게 느껴졌다.

"한마디만 묻고 싶은데, 대학생의 축제라는 게 결국 가수 한 명 데려다가 대형마이크 설치해놓고 콘서트 하는 게 전부인가?"

"앞에 아이돌그룹이 몇 팀 왔었구요. 마지막으로 싸이가 마무리하는 거에요. 맞아요, 가수들 공연이 다에요. 그것 외에 별것 없어요. 그런 거로 흥분하고 마는 거에요."

나의 고려대학교 교수시절

나는 내가 고려대학교 교수시절에 학생들의 페스티발이 매우 사회비판적인 콘텐츠를 가지고 있었던 것을 기억한다. 나는 1982년도에 고려대학교 철학과 부교수로 부임해왔는데 그때야말로 전두환 군부독재의 최전성기였다. 그런데 그에 못지않게 학생들의 저항도 강렬했다. 나는 많은 학생써클의 지도교수였기에, 페스티발의 공연을 연출하는 팀들과 긴밀한 관계를 지니고 있었다. 학생들의 공연은 인기가수초청공연도 있었지만, 사회비판적 새타이어(풍자극적 요소)가 주선主線을 이루고 있었다. 새타이어는 무엇보다도 강렬한 재미가 있었다.

"일례를 들면, 저런 싸이공연 사이사이에 학생들의 사회비판적 코멘트나 촌극이 끼어있으면 학생들도 더 재미가 있을 테고, 무엇보다 사회의식이 생겨나 좋을 텐데. 대학생 사회에서 새타이어가 없다는 게 말이 되는가?"

"선생님 말씀도 일리가 있지만 그 말씀을 실현할 수 있는 사회구조가 없어요. 우선 그런 비판적 코멘트가 끼어드는 자리에 싸이가 올 리 만무하구요, 또 요즈음은 학생회라는 것이 유명무실해요. 학생회장은 서로 안 하려고 하지요. 그리고 학생들의 부모가 다 강남의 부자들에요. 학생들도 부모의 기득권을 유지시키고 이어받으려고 하죠. 그러니 사회변화의 그랜드 프로젝트에 관심이 없죠. 오직 목전의 취직만을 걱정하죠. 그러다가 가끔 이런 기회에 스트레스 푸는 거에요."

"허긴 80년대 그토록 열렬하게 투쟁하던 지사들이 진보세력을 이루었고, 그 진보세력이 바로 윤석열을 만들어놓았으니 내가 어찌 오늘날의 대학생문화를 탓하랴! 그래도 대학생들이 정신을 차려야 할 텐데. 성대만 해도 교수님들은 성명서를 냈는데 학생들이 잠잠하다니 그게 말이 되는가? 내가 싸이만큼이라도 인기가 있으면 좋겠는데……"

선생님! 왜 그렇게 비관적인 말씀을 하세요?

"선생님! 왜 그렇게 비관적인 말씀을 하세요! 저는 직접 선생님 강의를 듣지는 않았지만 아버님을 통하여 선생님 활동에 관하여 잘 알고 있습니다. 싸이와 선생님은 비교될 수가 없습니다. 싸이는 엔터테이너에요. 지금 여기 2만 명이 모였잖아요. 그런데 선생님의 유튜브강의도 하룻밤에 수만 명이 듣습니다. 일시에 한곳에 안 모였다뿐이지, 선생님의 목소리를 듣는 자들의 함성은 이 카니발 함성과는 비교도 되지 않을 만큼, 크고 심원합니다. 선생님! 계속 말씀해주세요. 싸이는 일시적 흥분을 주지만, 선생님은 세상을 바꾸고 계십니다. 철학도 만만치 않아요."

자정이 다가오고 있었다. 그 학생은 내가 이름을 물어보기도 전에 어둠 속으로 사라졌다. 도서관에 놓아둔 책을 정리하느라고 급히 돌아가야 하는 모양이다.

2023년 5월 13일(토요일)

채수일로부터의 전화

채수일蔡洙一 총장과 전화를 나누었다. 채수일은『기독교사상』
의 발행인이며 편집인인 서진한과 함께 나를 찾아 뵙고 싶다고 했
다. 채수일은 군산 사람인데 평생 나와 묘한 인연이 있다. 나이는
용띠니까 나보다 4살 아래인데 대학선후배관계이다.

내가 한국신학대학에 정식입학 한 것이 1967년 봄의 사건인데,
나는 그때 매우 신체조건이 나빴고 또 부모님의 소망과는 전혀 다
른 선택을 했기 때문에 많은 난관을 뚫고서야 입학할 수 있었다.
당시의 한국신학대학은 말할 수 없이 조용하고 자연 속의 한 폭의
그림과도 같은 아름다운 캠퍼스 속에 자리잡고 있었다. 세잔느의
그림과도 같았다. 화계사에서 내려오는 마알간 시냇물이 캠퍼스
를 관통하며 지즐대는 소리는 스님들의 독경소리 같았다. 그 냇물
을 건너는 다리를 지나면 임마누엘 동산이 나온다. 나는 신학대학

공부의 실내용을 알기도 전에 한국신학대학 캠퍼스의 아름다움에 도취되어 진학을 결심했다.

고려대학교 생물과에서 한국신학대학으로

나는 65년에 고려대학교 생물과에 입학했다. 그런데 고려대학교 학부를 마치기도 전에 신학대학에 들어가겠다고 날뛰는 아들의 모습을 나의 부모님은 편하게 바라볼 수 없었던 것이다. 고려대학교를 때려치고 신학대학을 간다는 것을 터무니없는 퇴행으로 간주한 것이다. 그러나 나의 신학대학행은 절절한 실존적 결단이었다. 그런데 당시 한국신학대학 입학시험에는 수학과목이 없었다. 나는 영어공부와 성경공부는 엄청 많이 했다. 영어는 원서를 사전 없이 죽죽 읽어내리는 수준이었고, 성경은 천안에서 바이블클래스를 지도하면서 류형기 박사가 편해낸 『성서주해』(선교80주년기념 성서주해출판부) 두꺼운 책 두 권(신약부분 Ⅲ. Ⅳ)을 다 읽었다. 류형기가 편해낸 『성서주해』는 지금 와서 봐도 신약학의 세계적인 첨단수준을 다 포섭하는 걸작이었다(집필자들이 김용옥, 류형기, 문상희, 안병무, 전경연, 채위, 허혁이었으니 당대 최고의 신학자들이 다 참여한 셈이다).

신대톱금일하천의 미스테리

당시 입학발표를 알려면 학교로 찾아가야만 했다. 나는 한국신학대학 캠퍼스 임마누엘 본관 앞에 걸려있는 게시판에 내 이름이 걸려있는 것을 확인했는데 수석합격자로서 내 이름이 특화되어 있었다. 나는 내 일생에서 "일등"이라는 것은 이때 처음 해보았다.

"일등"을 하면 그 부작용도 많지만, 기분좋은 것은 자기가 해온 일에 대한 자부심 같은 것을 느끼게 하는 것이다. 그리고 그때는 각 대학 수석합격자들의 명단이 신문에 실렸다. 내 이름이 신문에 난 것도 이때가 처음이었다. 나는 곧바로 수유리 우체국으로 달려가 부모님께 전보를 쳤다. 부모님께서 어떻게 생각하시든지 이 기쁜 소식을 한시각이라도 빨리 알려야만 했다. 그런데 그때 전보는 열 자까지가 제일 싼 가격이었다. 열 자 넘으면 돈이 두 배로 뛴다. 그래서 나는 모스부호를 두드리는 전신사에게 이렇게 쳐달라고 했다: "신대톱금일하천." 일곱 자이니까 문제가 없었다. 그러나 이것은 전보를 받는 사람들에게 풀 수 없는 암호가 되리라는 것을 나는 상상치도 못했다. 받는 즉시 기뻐하시리라고만 생각했다. 나는 곧바로 서울역으로 가서 천안행 완행열차에 몸을 실었다(3시간 좀 더 걸렸다).

집에서는 전보를 놓고 난리가 났다. "금일하천今日下天"(오늘 천안을 내려간다)이라는 한문은 의심할 바 없이 곧 료해가 되었다. 그런데 그 앞에 있는 "신대톱"은 이해될 수가 없었다. 사실 나의 부모님은 내가 신학대학 입학시험에 응시했는지조차도 잘 모르고 있었고, 시험날짜 같은 것에 관심이 없었다. "신대톱"은 "금일하천"의 주어일 수밖에 없고, 신대톱은 "신"을 성으로 가진 사람의 이름일 수밖에 없었다. "신대톱이가 천안에 내려온다." 도대체 세상에 "대톱"이라는 이름을 가진 자가 있느냐! 이 미스테리를 집에서는 풀지 못했다.

그러던 중, 나는 우리집 툇마루가 황혼에 물들을 때쯤, 중문을 세차게 박차며 뛰어들었다. 그러면서 소리쳤다!

"엄마! 나~ 신대톱했어!"

웃음 반 울음 반

그때서야 엄마는 내 전보의 의미를 아셨고 바깥채 병원에서 환자를 보시던 아버지까지 안채로 급히 들어오셨다. 갑자기 집안은 웃음 반, 울음 반, 화기애애한 희비극 속에 황혼에 젖은 무거운 기운을 지나가는 기차의 기적소리가 갈랐다. 툇마루에 부모님을 모셔놓고 큰절을 올리는 나의 눈에는 달기똥 같은 눈물이 떨어졌다. 요새 사람들에게는 이탈리아의 리얼리즘명작,『시네마천국』에나 나올 한 장면의 삽화 같지만 나의 청소년시절만 해도 이런 얘기는 일상적 해프닝이었다.

내가 67년 한국신학대학에 "신대톱"으로 들어갔는데, 68년 고려대학교 철학과에 다시 입학한다. 그간의 복잡한 이야기는 내가 지금 주워삼킬 이유가 없다. 단지 나는 70년 "신대톱"이 채수일이었다는 얘기만 하려는 것이다.

나에게 명예졸업장을 수여한 채수일

나는 채수일을 제일 먼저 감신대 강당에서 만났다. 이정배 교수의 주선으로 열린 두 번째 신학심포지움, "Q복음서와 한국교회"(2008년 5월 27일)에서 채수일은 토론자로서 나와있었다. 나는 그에 대해서 아는 바가 전혀 없었다. 그는 그때 한신대 총장이 되기 전의 평교수였다. 그런데 사람이 몹시 소탈하고 거리낌이 없었다. 하이델베르그대학에서 신학박사학위를 획득했는데 사회철학적 사유가 깊은 사람이었다. 그래서 신앙인의 사회적 관심에 관하여 매우 개방적인 사유를 가지고 있었다. 그는 나의 눈물겨운 신학공부여정을 깊게 이해했다. 그래서 그가 한신대총장이 되었을 때, 개교70주년학위수여식(2011년 2월 17일, 목요일)에서 나에게 한신대학교 명예졸업장을 수여했다. 나에게는 세계적인 대학에서 명예박사를 받는 것보다도 훨씬 더 값어치있는 졸업장을 받는 것이었다. 채수일 총장에게 감사드리고 또 감사드린다.

심원 안병무의 탄생 100주년

작년 2022년은 심원心園 안병무安炳茂의 탄생 100주년이 되는 해이다. 신학계에 있는 사람이라면 안병무가 누구인지를 모르는 사람이 별로 없겠지만, 일반인들에게는 생소한 이름일 수도 있다. 안병무는 향린교회를 창립했고, 민중신학이라는 유니크한 한국인의 신학체계를 정립하여 세계신학계에 그 독자적 학풍의 족적을 남긴 사상가이다. 7·80년대 민주화투쟁에 앞장서면서 그 투쟁에 내재하는 신학적 논리를 성서신학의 해석학적 틀로서 확립시켰다. 존경스러운 석학이요, 인간적으로 매우 따사로운 님이기도 하다.

『기독교사상』의 발행인 서진한

심원 안병무기념사업회 회장 서진한은 나와 채수일의 학교후배이기도 한데 또 동시에 『기독교사상』의 발행인이기도 하다. 서진한과 채수일이 나를 찾아와서 안병무탄신100주년 기념강연이 열리는데 나 보고 꼭 맡아주어야겠다고 간청한다. 나는 그 청을 거절할 이유가 없었다. 나는 진정 안병무 선생님을 존경하기 때문이다. 나의 사유에도 많은 영향을 끼친 분이기도 하다. 2022년 10월 16일(일) 오후 3시 반에 서울YWCA 향린교회 예배처소에서 100주년 기념강연회가 "안병무 민중신학과 조선사상사"라는 제목으로 열렸다. 예배처소를 빈틈없이 메웠고 청중들은 나의 강연을 매우 진지하게 끝까지 경청하였다(그 생생한 기록이 도올tv 유튜브에 올라있다).

그 열기 띤 강연회가 무사히 끝나고, 조용히 쉬고 있는데 서진한 선생이 날 찾아왔다. 나의 강연회내용에 대한 사계의 반응이 좋으니 그것을 문장화하여 『기독교사상』이라는 잡지에 올리면 어떻겠냐는 것이다. 말로 하는 것과 글로 남기는 것은 장르가 다르다. 글로 남기는 작업은 꼼꼼히 조사하는 문서상의 일들이 첨가되기 때문에 수고가 많이 든다. 그러나 『기독교사상』에 대한 나의 좋은 인상 때문에 나는 그 제안을 거절할 수 없었다. 나는 한국신학대학 입학시험공부를 할 때부터 『기독교사상』이라는 잡지를 정기구독했다. 그리고 내가 유학을 떠날 때까지 내내 구독했다. 나의 젊은 시절에는 장준하가 발행하는 『사상계』와 대한기독교서회가 발간하는 『기독교사상』은 쌍벽을 이루는 사상잡지였다. 『사상계』는 1953년 4월에 창간하여 1970년 5월에 205호를 내고 중단되었지만, 『기독교사상』은 1957년에 창간되어 오늘날에 이르기까지 굳세게 지속되고 있는 매우 훌륭한 잡지이다. 교파의 이념에 치우치지 않고, 카톨릭교회까지를 포섭하는 초교파적 리버럴한 잡지로서 신학자들이나 일반지식인이 폭넓게 참여하는 정론지이다. 그래서 나는 쓰기로 했다.

"제가 쓰면 분량이 많아질 텐데요?"

"상관없습니다. 몇 회로 나누어 실으면 되니까 별 문제 없습니다. 써주시기만 하면 저희들이 최선을 다해 편집해서 독자들에게 충실하게 전달하겠습니다."

"제 글은 일체 제 허락 없이 내용상의 변화가 있을 수 없다는 것은 잘 아시지요."

"알고 있습니다."

"좋습니다. 곧 원고를 보내기로 하겠습니다."

이렇게 해서 나는 내가 어려서부터 구독했던 잡지에 50년의 세월이 흐른 뒤에 방대한 논문을 연재할 수 있었다. 희한한 인연이라 하겠다. 편집자들은 나의 글을 잡지에 싣느라고 정성어린 노력을 다해주었다(2022년 12월호, 2023년 1월호, 2월호).

안병무 민중신학과 조선사상사

안병무가 태어난 곳과 을지문덕의 살수대첩

안병무는 1922년 6월 23일, 평안남도 안주군安州郡 신안주면新安州面 운송리雲松里에서 태어났다. 안주는 청천강淸川江변에 있는 도시이고, 청천강이라 하면 수양제의 30만 정예대군을 치밀한 작전을 통해 거의 전멸로 휘몰아간 고구려 을지문덕 장군의 살수대첩을 연상케 한다. 현대사학의 쟁점 중에, 과연 살수가 청천강인가, 또는 살수에 짧은 시간 안에 댐을 설치했다가 그 보를 터뜨려서 대군을 휩쓸어버리는 작전이 진실로 가능했을까 운운하는 논의가 있지만, 아주 명백한 사실은 수양제가 고구려를 향하여 일으킨 백만대군(정사의 기록에 의하면 대군의 숫자는 113만 3800인이요, 치중대를 다 합치면 400만 인에 이른다. 인류사상 유례를 볼 수 없는 대군이었다)이 완벽하게 궤멸되었고, 수나라가 멸망하는 결정적 계기가 되었다는 것이다. 중원의 판세가 바뀌도록 고구려는 강력했던 것이다.

이러한 사건 하나만 해도 왜 수나라가 그토록 막대한 출혈을 감행하면서 고구려를 치려 했는지, 고구려는 과연 어떤 나라이길래, 당대 세계 제1이라고도 말할 수 있는 수나라를 그토록 처절하게 궤멸시킬 수 있었는지에 대한 총체적 견해가 지금 우리의 상념을 뛰어넘는 어떠한 새로운 패러다임 속에서 구성되지 않으면 안된다는 것이다. 그것은 우연도 아니고 미스테리도 아니다! 인식의 전환을 요구하는 것이다.

웅혼한 태허의 기 속에서 성장

하여튼 안병무는 실존적 자각이 있었던 것은 아니었겠지만 이렇게 웅혼한 태허太虛의 기氣 속에서 태어났다. 그리고 두 살 때 어머니 선천댁의 결단에 의하여 만주 북간도의 하늬바람 속으로 삶의 터전을 옮겼다. 광활한 고조선의 흙내음새가 몸에 배이기 시작한 것이다. 20세기의 개명과 더불어 일찍이 기독교를 수용한 사람들 중에는 심원 안병무와 대강 비슷한 삶의 역정을 지닌 사람들이 많다. 함석헌, 김재준, 문익환, 문동환, 강원용……. 이들을 규정짓는 공통된 특질을 이야기하라면, 기존의 틀에 안주하기를 거부한다든가, 기독교를 수용하는 과정에 있어서도 토착적인 자기색깔을 지닌다든가 하는 것을 이야기할 수 있겠지만, 가장 두드러진 특성은 인간의 내음새가 좀 스케일이 크다는 것이다.

제천에서 해남까지, 휘문고보에서 쿄오토오제국대학 의학부까지

나는 안병무보다 한 세대를 격하여 남쪽의 안온한 환경에서 태어났다. 나의 부친은 우리집안의 원적이 충북 제천에 있었다고 했는데 나의 고조부와 증조부가 모두 제천을 탈출하여 과거에 급제하고 높은 벼슬까지 오르는 바람에 본거지가 전라도 해남으로 옮겨졌다. 그런데 나의 할아버지는 나의 아버지가 신학문교육을 받는 것을 원치 않으셨다. 나의 아버지는 할아버지 금고에서 당시로서는 큰돈인 300원을 움켜쥐고 해남을 탈출하여 휘문고보에 들어갔다. 전형필, 이마동, 이태준과 친하게 지냈다. 아버지는 세의전을 들어갔고 쿄오토오제국대학 의학부에 유학까지 하였다. 나의 아버지는 대갓집에서 태어난 사람이지만 자수성가하여 독자적으로 의사가 되었다. 아버지 말씀에 의하면 휘문고보시절에 본인의 의지에 의하여 묘동교회에서 세례를 받았다고 했다. 그리고 아버지 인생에 가장 결정적인 영향을 준 사실은 나의 엄마 풍산 홍씨와 결혼한 사건인데, 나의 어머니야말로 진실하기 그지없는 기독교신앙인이었다. 나의 아버지는 개업의로서 여러곳을 누비다가 결국 천안에 정착하였다. 아버지는 의술이 탁월하였고 충청도 일대에 이름을 떨친 병원을 만들게 된다.

유기화학자 김용준, 다섯 과목을 가르친 천안농고 선생

나의 장형 김용준金容駿, 1927~2019은 어머니의 엄격한 기독교 신앙교육 속에서 자라났고, 경기를 나와 서울공대 화공과를 나온 유기화학자이다. 젊을 때는 매우 래디칼한 좌파사상에도 심취하기도 했지만, 근본적으로는 기독교신앙에 뿌리박고 삶의 의미를 찾아가는 지사형의 인간이었다. 6·25때는 참전하여 압록강까지 올라갔었고, 전쟁이 끝난 후에는 낙향하여 천안농고의 교사가 되었다. 당시 워낙 학교사정이 빈곤하고 선생이 부족하여 여러 과목을 도맡아 가르쳤다. 영어, 수학, 화학, 물리, 독일어, 다섯 과목을 가르쳤다고 했다. 천안의 많은 학생들이 나의 형을 존경하고 따랐다. 전쟁의 폐허 속에서 나의 장형은 그들의 로맨스였고 꿈이었다.

큰형이 일궈낸 천안의 르네상스

우리 병원 2층은 곧 천안의 청년지사들이 모이는 교실이 되었고 장형은 그곳에서 학생들을 열심히 지도했다. 큰형은 새벽 4시면 꼭 일어나서 아랫집 우물에서 냉수마찰을 했다. 여름, 겨울을 변함이 없이 찬물을 몸에 퍼부었다. 나는 그러한 형의 모습에서 몸의 디시플린이라는 것을 배웠다. 나의 어머니는 자신의 아들의 모습을 대견스럽게 여기고 새벽마다 숯불을 지피며 모든 지원을 아끼지 않았다. 당시 우리집은 천안의 지적 센터가 되었고, 놀라운 사실은 당시 천안농고와 여고에서 10명 정도의 학생들이 서울대학을 들어갔다는 사실이다. 내가 이런 얘기를 하는 것은 우리집의 고사를 꺼내기 위한 것이 아니다.

천안에 자리잡은 함석헌의 씨알농장과 유기화학자 김용준

큰형이 천안에서 르네상스를 일으키고 있을 즈음, 때마침 천안에는 놀라운 역사가 시작되고 있었다. 함석헌 선생이 그가 존경하는 마하트마 간디가 아슈람공동체를 만들어 생활했던 것을 모델로 하여, 천안에 씨알농장을 시작했다. 정만수 장로라는 사람이 천안에 있는 자기 땅을 기증하여, 농장이 이루어진 것이다. 그때 마침 천안에는 김용준이 있었다. 우리집은 천안재빼기라는 언덕 위에 있는 큰 집이었는데 서향의 툇마루에 앉아 내려다보면 그 앞으로 경부선 열차가 칙칙폭폭 하면서 내려가고, 그 건너에는 천안 큰 냇갈이 흐르고, 그 건너 벌판 끝에 도립병원 건물이 있었는데 그 옆으로 전개되는 누런 벌판 위에 씨알농장이 있었다. 우리집 툇마루에 앉으면 석양에 물들은 하늘과 함께 황토빛 씨알농장의 모습이 항상 눈에 들어오곤 했다.

한 손에 호미, 한 손에 희랍어 성경

나는 어려서부터 함석헌 할아버지가 씨알농장 황토흙 이랑 사이로 한 손에 호미를 들고, 또 한 손에는 희랍어 성경을 들고 앉아있다는 매우 신화적인 이야기를 듣곤 했는데, 이런 얘기는 결국 나의 청춘의 로맨스에 심오한 영향을 끼쳤다. 나는 기실 어렸을 때 놀러다니기를 좋아했고 논두렁에서 함석헌 선생을 가끔 만났다. 물론 나는 함 선생과 대화할 상대는 아니었다. 멀리서 쳐다만 봤다. 그때 내 기억에 남는 떠도는 소리는, 저 사람이 저렇게 수염을 길게 기르고 다니는 이유는 북한에서 도망쳐 내려올 때 미처 수염 깎을 겨를이 없었다는 것, 그런데 남한으로 와서도 그때 미처 깎지 못한 수염을 그냥 기르게 되었다는 것, 그리고 걸어다닐 때 매우 **빨리** 걷는데 그 이유는 할 일이 많은 인생인데 어슬렁거려 시간을 낭비할 수 없다는 소신 때문에 그토록 빨리 걷는다는 것, 그런 소리였다. 실제로 함 선생은 휙휙 날듯이 빨리 걸었다. 나도 함 선생님을 모방하여 어려서부터 빨리 걷는 습관을 길렀다.

로열한 김용준, 야속한 함석헌

큰형은 천안농고의 학생들을 데리고 함 선생의 씨알농장집회에

빠짐없이 나갔다. 이 세상에 함 선생을 따르고 존경한 사람으로 우리 큰형만큼 극진한 인간은 존재하지 않는다. 함석헌은 큰형의 신神이었고, 가치관의 모든 원천이었다. 무엇보다도 그 향심이 한결같았고 죽는 그날까지 함석헌에 대한 로얄티는 추호의 변화가 없었다. 함석헌이 영면했을 때도 동아일보에 "함석헌 없는 대한민국, 어쩔 것이냐"는 식의 글을 썼다. 그런데 함석헌이 김용준을 바라보는 시선은 나에게는 매우 차가운 듯이 느껴졌다. 함석헌이 퀘이커교도들의 추천으로 노벨평화상 후보가 되었을 때 하바드 대학에 왔다. 큰형이 나에게 전화 걸어 잘 모시라고 해서 함석헌 선생은 나의 집에서 일주일간 기거를 하셨다. 그리고 그레고리 헨더슨과 같은 하바드 주변의 인물들을 소개시켜 드렸다. 나는 큰형이 함석헌 선생의 제1의 수제자라고만 생각했다. 그런데 함석헌 선생이 김용준에 대하여 말하는 것을 들어보면 전혀 무게감이 없었다. 나는 함석헌이 좀 의리가 없는 사람이라고 느꼈다. 물론 이것은 함석헌의 잘못이 아닐 것이다. 김용준의 과도한 로얄티에서 내가 상대적으로 느끼는 감정일지도 모른다.

우찌무라 칸조오의 무교회주의

나의 아버지는 자기 아들이 함석헌을 미친 듯이 흠모하며 살아가는 것을 매우 못마땅하게 여기셨다. 무교회주의는 신앙을 지키는 정도가 아니라고 생각했다. 현실성이 없다는 것이다. 일본 제국대학에 유학을 한 분이라 그런지 우찌무라 칸조오도 별것 아니라고 말씀하시곤 했다. 그러나 나의 어머니는 자기 아들이 함석헌을 흠모하고 따르는 것을 매우 자랑스럽게 생각했다. 당시 천안에 함석헌과 김용준이 같이 살고 있다는 것을 하느님의 축복이라고 생각했다. 나의 어머니는 씨알농장을 위해서도 많은 도움을 주셨다. 함석헌 선생은 씨알농장에서 과일을 수확하면 직접 과일을 지게에 담아 우리집에 가져오시곤 했다. 나는 늦잠을 자다가 여러 번 우리집 안방 윗목에 앉아계시는 함 선생님을 쳐다보곤 했는데, 그때마다 내가 느낀 것은 함석헌 선생이 보기드문 미남자라는 것이었다. 수염을 거두고 보면 그 골격에 이남 사람들에게서 볼 수 없는 대륙적 기상이 서려있었던 것이다.

실존의 장이야말로 신앙의 화엄적 연관구조, 예레미아스의 신학

『기독교사상』이라는 위대한 교섭의 장에 늘어놓고 있는 이 이야기들은 결코 신변한담이 아니다. 신앙이라고 하는 새로운 가치의 정착이 이루어지는 데는 한 사람 개인의 결단도 중요하겠지만 그런 결단을 연출하는 화엄적인 연관구조, 인간관계나 시대정신이나 공동체의 지향성, 이런 모든 것이 이해되는 것이 중요하다. 복음서나 사도행전을 읽을 때도 거기에 나오는 사람들의 삶의 양태를, 예레미아스(Joachim Jeremias, 1900~1979, 괴팅겐대학의 성서신학자)가 파고들 듯이, 다각적으로 이해해야 한다.

정약용 집안의 얽힘구조

예를 들면, 우리나라에서 기독교를 수용한 가장 초기의 인물들도 독립적 개인으로서 독존한 것이 아니라 패밀리공동체로서 연관되어 있었다. 우리나라 최초의 수세자인 이승훈李承薰, 1756~1801은 정약용의 매형(누나의 남편)이며, 공조판서를 지낸 이가환의 조카이다. 가장 열렬한 기독교교리 전파자였던 이벽李檗, 1758~1785은 정약용의 큰형, 정약현의 부인의 동생이다. 그러니까 큰형수의 남동생이다. 그리고 제사문제로 참형을 당한 윤지충은 다산의 외사촌형이다. 그리고 초기 천주교 이론가인 권철신, 권일신은 모두 다산의 큰형수의 동생인 이벽에게서 천주교를 배웠다. 『주교요지』를 쓰고 당당하게 서소문 밖에서 순교당한(신유박해) 정약종丁若鍾, 1760~1801은 다산의 셋째형이며, 신유박해 때 같이 순교한 정철상, 정하상은 정약종의 아들들이다. 이들은 학맥으로 말하자면 모두 성호 이익李瀷, 1681~1763 문하에서 직접 배웠거나 사숙한 제자들이요, 당파로 말하자면 모두 남인이다.

공재 윤두서는 나 도올의 진외가 7대조 할아버지

미켈란젤로의 화풍과 비교되곤 하는 그 유명한 자화상을 그린 공재恭齋 윤두서(尹斗緖, 1668~1715: 윤선도의 증손)의 다섯째아들의 후손이 다산의 외가를 이루었고, 그 집안이 곧 윤지충의 아버지 집안인데, 재미있는 일화를 하나 덧붙이자면 나의 친할머니 해남 윤씨가 바로 같은 집안(윤두서 셋째아들의 후손)의 종녀라는 사실이다. 해남 녹우당을 가면 윤형식 종손어른이 다산이나 도올이나 같은 집안의 외손임을 잊지말라고 순순諄諄히 타이르신다.

정약용이 크리스챤이냐 아니냐? 웃기는 질문

많은 사람들이 도올 김용옥이 크리스챤이냐 아니냐 하고 따져든다. 나를 기독교 교인이라는 잣대에 의하여 존재론적으로 ontologically 규정하려 드는 것이다. 그것은 또다시 정약용이 크리스챤이냐 아니냐 하고 따지는 것과도 같다. 정약용이 과연 기독교신앙을 가졌는가, 배교를 했는가, 이런 질문 자체가 근원적으로 무의미한 질문이라는 것은 상식에 속하는 것이다. 정약용이 하느님을 믿었다면 그 하느님과의 해후가 그의 삶에 어떠한 의미를 가지고 있었는지를 따져보기도 전에 크리스챤이라는 상표를 붙였다 떼었다 하는 것은 최소한 신학이나 진지한 학문의 영역에 속하는 일은 아닐 것이다.

나는 기독교 교인이 아니오. 나는 예수를 본받는 삶을 살았을 뿐이오

우리는 또 질문할 수 있다. 과연 안병무가 기독교인인가 아닌가? 이런 말을 하면 모두가 나를 황당한 눈초리로 쳐다볼 것이다. 아니 20세기 한국신학의 세계적인 이정표를 수립한 안병무에 대하여 기독교인이냐 아니냐를 운운하다니 도올 너는 돈 놈이 아니냐? 그러나 안병무는 나에게 분명하게 말했다: "김군! 나에게 기독교인이라는 굴레를 씌우지 마시오. 나는 기독교인이라는 명사에 갇혀 사는 사람이 아니라오. 나는 오직 예수를 본받는 삶을 살았을 뿐이오. 역사적 예수가 그리스도냐 아니냐? 이런 것도 나에게 묻지 마시오. 나의 그리스도는 오직 민중사건 속에 있소. 김군! 나는 김군이 부럽소. 이런 아폴로지에 구애될 필요가 없는 자리에서 마음껏 공부할 수 있으니 말이오."

나의 경우만 해도, 나는 갓난아기로서 눈을 떴을 때 이미 세례
를 받았고 세상일이 궁금할 때쯤 이미 함석헌을 만났고, 김용준을
만났고, 나의 어머니 손을 잡고 흰눈 쌓인 먼동길을 꼬드득 꼬드
득 밟으면서 새벽기도에 나갔다. 기억나는 일은 큰형이 그토록 애
절하고 충직하게 함석헌을 모셨는데, 함석헌은 그가 받은 사랑을
모두 안병무에게 쏟고 있는 듯했다는 것이다. 안병무도 가끔 씨알
농장에 다녀가곤 했다.

나와 허혁, 허혁은 우리나라 최정상의 불트마니안

나의 기독교신학과의 인연을 말하기 위해서는 반드시 한 사람
을 더 언급해야 한다. 우리나라에 불트만신학을 본격적으로 소개
한 허혁許焃, 1919~1997이라는 특이한 캐릭터에 관한 것이다. 허혁
은 감리회신학교를 다녔고, 그때 칼 바르트의 사상에 도취하여 독
일유학을 갔다. 여러 대학을 전전하다가 뮌스터대학에서 『법과
복음Gesetz und Evangelium』이라는 논문으로 박사학위를 얻고 싼
화물배에 몸을 싣고 귀국했다. 그는 갈 곳이 없었다. 낯선 친구의
소개로 얻은 자리가 보성고등학교 독일어교사자리였다. 보성은
사립학교였고, 그곳의 서원출徐元出, 1898~1965(울산태생, 와세다대학
동양사학과에서 수학) 교장은 자유당 때부터 좌·우익에 구애됨이 없
이 교사들의 사상적 자유를 보장했기 때문에 매우 굵직한 인물들
이 교사로서 재직하고 있었다. 그러나 독일대학 박사학위를 소지

한 인물이 고등학교에서 독일어를 가르친다는 것은 매우 희귀한
사태였다.

허혁에 대한 분노, 그의 미소

그가 처음 출근하여 첫 수업을 행하던 날, 나는 바로 그 자리에
있었다. 1962년 봄이었고, 나는 보성고등학교 1학년생도였다. 나
는 허혁을 보는 순간 분노가 치밀어 올랐다. 나는 학자집안에 태
어나 해외유학을 하고 대학자가 될 꿈을 꾸던 소년이었는데, 내
눈앞에 나타난 독일박사는 너무 초라한 모습이었던 것이다. 선생
님은 교실에 들어오자마자 좀 낯설었는지, 자기에 관해 궁금한
것이 있으면 물어보라고 했다. 나는 다짜고짜 일어나서 질문했다:

"선생님! 선생님은 고작 고등학교선생이 되자고 그 어려운 유
학을 하셨습니까?"

이렇게 철없이 당돌한 질문을 들은 선생님은 빙그레 웃으시며
창밖을 내다보며 아무 말도 하지 않으셨다. 나는 허혁 선생의 독
일어시간을 음미하면서 들었고, 그 분으로부터 신학강의는 못 들
었어도 독일어의 심미적 구조에 관해서 배우는 바가 컸다.

고대 생물학과 시절, 관절염의 고통

나는 고교를 졸업하고 고대 생물학과에 들어갔다. 그런데 고등
학교 때 너무 무술운동을 심하게 하다가 극심한 관절염에 걸렸다.

온 관절이 부어서 활동할 수가 없었기 때문에 나는 낙향할 수밖에 없었다. 나는 천안집에 쑤셔박혀 고통을 잊기 위해 책읽기에 몰두했다. 당시 내가 읽은 책은 주로 소설이었지만 상당량의 세계문학을 섭렵했다. 나는 천안에 있으면서 나홀로 씨알농장을 복원했고 큰형 흉내를 내면서 매일 새벽마다 천안의 남녀 고교생 상대로 바이블클래스를 진행했다. 내가 그들의 영어실력에 얼마큼 도움을 주었는지는 모르지만 나에게는 참으로 위대한 성경공부시간이었다. 왜냐하면 나의 어머니가 빠지지 않고 들으셨고, 어머니는 내가 영어성경으로 해설하는 것이 매우 명료하게 성경을 이해시켜 준다고 좋아하셨다.

그렇게 지내다가 나는 결심을 한다. 사울의 다메섹 도상의 회향을 생각했고, 또 육체에 주어진 가시(고후 12:7)를 생각했다. 가자! 가자! 신학대학으로 가자! 나는 신의 사도로서 내 몸을 바칠 것을 맹세하게 된다. 그러나 그토록 신앙이 돈독하고 평생 번 돈을 모조리 교회에 퍼부은 나의 아버님과 어머님은 나의 신학대학행에 관해서는 완고하게 거부의 의사를 밝혔다. 자신들의 막내자식이 목사가 된다는 것은 있을 수 없는 참사였다. 당신들의 삶의 헌신에서 건진 보람이 없기 때문이리라!

허혁의 중재, 나의 실존이 곧 우리의 실존

그때 내 머리에 스친 미소가 바로 허혁의 미소였다. 나는 나의 실존적 정황을 소개하는 장문의 편지를 허혁 선생님께 보냈다. 허혁 선생님은 나의 학문적 가능성을 예지하고 계셨다. 결국 허혁 선생님과 나의 장형이 나의 문제로 만나게 된다. 그리고 그 둘은 친구가 된다. 나는 한국신학대학에 입학했다.

혹자는 또 물을 것이다. 지금 그대에게 주어진 화두는 안병무의 삶과 사상인데 왜 네 인생이야기를 하고 있으냐고. 옳다! 나 도올은 지금 내 삶의 생생한 이야기를 하고 있는 것이다. 그런데 내 삶의 이야기는 안병무의 삶의 이야기와 얽혀있다. 내 삶의 이야기와 안병무의 삶의 이야기를 합치면 곧 "우리의 삶의 이야기"가 된다. 이 "우리"를 확대해나가면 "민중Minjung"이 된다. 안병무는 분명히 말했다: "민중은 우리다. 나의 실존이 아닌 우리의 실존이다!"

소금 유동식 선생의 풍류신학: 한, 삶, 멋

내가 살고 있는 집, 바로 한 집 건너 옆에 유동식 선생님이 살고 계셨다(최근 작고). 성품이 워낙 젠틀하시기 때문에 나는 소금 素琴 선생님을 존경하고 따랐다. 나는 귀국하자마자 유동식이 쓴 『한국무교의 역사와 구조』(서울: 연세대출판부, 1981)라는 대저에 관하여 그 방면의 전공자로서 보완적 비평을 가하는 매우 신랄한 글을 『세계의 문학』이란 잡지에 발표하였다. 그 글 속에는 이런 구절도 있다: "우리는 예수라는 무당을 무당으로 쳐다볼 때만이 그 무당을 무당됨에서 해방시킬 수 있다."

유 선생님은 한국무교 전반에 관한 유 선생님의 견해를 분석하는 나의 비판을 매우 통렬하게 긍정적으로 받아들이셨고 나를 특별히 귀한 인물로 사랑해주시었다. 그리고 정년퇴임을 하실 때, 그 퇴임연설을 광화문 새문안교회에서 행하셨는데 나 보고 한번 와보라고 하셨다. 그 자리에서 유동식 선생은 기독교가 과연 한국인에게 무엇을 의미하는가라는 질문을 던지면서 이와같이 말씀하시었다:

"최초로 한국에 들어온 선교사 알렌이 인천부두에 정박한 높은 배에서 계단을 밟고 내려올 때, 그 뒤에 서양종 강아지가 한 마리가 따라 내려오고 있었습니다. 기독교가, 기독교가 전파하는 하나님이나 예수가 모두 선교사가 전파함으로써 비로소 이 민족에게서 시작된 것이라고 한다면 예수는 알렌 강아지 뒷꽁무니를 따라 들어왔다는 얘기가 될 것입니다. 나의 신학자로서의 일생은 바로 이 아이러니를 해결하기 위한 노력이었습니다. 예수나 하느님은 전도傳道된 물건이 아니다! 그것은 알렌이나 천주교 신부들이 가져오기 이전, 저 고조선 태고로부터 이 민족을 감싸고 있었던 영성이요, 풍류다! 기독교는 서양 것이 아니라, 우리의 것이다."

성서읽기, 있는 그대로 그 전체를 진실하게 대답하라

"알렌 강아지 뒷꽁무니"라는 신랄한 표현 속에서 이미 종교를 논하는 시공성時空性의 대전환이 일어난다. 기제旣濟와 미제未濟가 맞물려 돌아간다. 유동식의 강연은 정말 진실하게 대답되어야만 하는 화두이다. 성서읽기는 삭제되어서도 아니 되고 발췌되어서도 아니 된다. 있는 그대로의 그 전체를 진실하게 대답해야 한다.

민중신학은 안병무 개인의 창안이 아니라, 고조선의 풍류

오늘 내가 이야기하려고 하는 것은 바로 안병무의 민중신학이 안병무 개인의 창안이 아니라는 것, 그리고 그것은 단지 기독교인들만의 문제가 아니라 고래로부터 내려오는 우리민족 문제의식의 한 변양變樣이라는 것, 기독교라는 통시태에 들어있는 보편적 공시태는 우리 조선사상사의 모든 단면에 이미 내재한다는 것, 즉 "근대Modernity"라는 개념이 기독교와 결부되어야만 한다는 모든 사유의 오류성을 철저히 배제함으로써, 한국 기독교의 새로운 미래가 열린다는 것을 새롭게 선포하려는 것이다.

기독교는 갑질을 장끼로 삼는 종교

기독교는 언제 어디서든지 "갑질"을 잘하는 종교이다. "갑질"이라는 것은 연역적 폭력, 형이상학적 독단, 우월성, 배타성, 구원의 주체로서의 타자의 가치론적 비하, 진리의 독점성을 당연한 것으로 여긴다는 뜻이다. 그러나 기독교의 초기역사는 이와 정반대의 상황이었다. 로마 가이사숭배를 거부하므로 혹독한 박해를 받았다. 박해에 시달리면 시달릴수록 유일신앙의 체계하에서는 병존이나 타협은 있을 수 없었다. 로마의 대원형경기장 사자굴 앞에서 피흘리면서도 즐겁게 주님을 찬송했다. 박해자는 박해를 가하면 가할수록 타락하게 마련이고, 박해를 받는 자는 박해를 받을 수록 더욱 강해지기 마련이다.

안병무, 화이트헤드, 로마황제교의 변태에 대한 비판

3세기의 참혹한 박해의 시련 끝에 기독교는 로마를 삼켜버리고
만다. 복음서의 예수는 "가이사의 것은 가이사에게, 하나님의 것
은 하나님에게"라고 애매한 타협의 입장을 취했지만, 결국 예수
의 하나님은 가이사를 삼켜버리고 만 것이다. 그런데 불행한 사실
은 기독교가 로마라고 하는 권력의 행태를 그대로 둔 채 삼켜버렸
다는 것이다. 로마제국은 사라지고 대신 기독교제국이 들어선 것
이다. 안병무는 이 사건이야말로 세계사의 방향을 결정지운 가장
비극적 사태라고 말한다(『역사와 증언』 p.100). 화이트헤드도 『과정
과 실재』의 마지막 장에서, 갈릴리지평의 겸손과 사랑의 비젼은
어느덧 사라져 버리고, 메시아에 대한 오석誤釋의 관념만 정착되
었고, 하느님을 로마황제의 상相으로 형상화하는 우상숭배를 통해
기독교라는 종교체계를 형성했다고 확언한다. 오늘날의 교회는
대체로 로마황제교의 변태라는 것이다.

마테오 릿치의 토미즘적 논리, 중국철학의 폄하

기독교를 동방에 전한 선교사들 중에 가장 개명하고 심오하고
온건한 인물인 마테오 릿치Matteo Ricci, 1552~1610만 해도, 그의 대
저『천주실의天主實義』를 통해 천주天主 즉 하느님(데우스)은 새로
운 개념이 아니라 이미『상서』나『시경』에 나오는 "상제上帝"의
인격성 속에 구현되어 있는 중국토착적인 사유라는 것을 설득하

고 있지만, 릿치는 그러한 설득을 통하여 중국사상사 전체를 총체적으로 비판하고 폄하한다. 그들이 말하는 토미즘적 논리(Thomism: 중세기의 대표적 신학자 토마스 아퀴나스, 1225~1274가 세운 신학체계. 아리스토텔레스의 4인설에 의한 신의 존재증명이 그 핵심이다)의 이치에 어긋나는 중국철학의 모든 이론은 졸렬한 이론일 뿐이라고 주장하면서, 주자학이고 불교고 모조리 문명의 지주가 될 수 없다고 선언한다.

만물은 스스로 이루어질 수 없다

어찌하여 중국의 대지성이나 조선의 경화사족의 남인의 대가들이 이렇게 자기존재의 그룬트Grund를 부정하고 들어오는 언설에 무릎을 꿇을 수 있단 말인가? 더구나 놀라운 사실은 릿치의 천주에 대한 존재론적 논의가 결국 아주 심플한 디자인 테오리Design theory에 의존하고 있다는 것이다. 나는 대학교 때 이미 『천주실의』(항주중간본杭州重刊本, 1607) 전체를 정독했다. 내 머리에 남은 문구는 이런 것이다: "故物不能自成也。" 만물은 스스로 자기 조직력에 의하여 자기를 이루어나갈 수 없다는 것이다. 그 앞에는 이런 논의가 있다.

凡物不能自成, 必須外爲者, 以成之。樓臺房屋不能自起, 恒成於工匠之手。知此, 則識天地不能自成, 定有所爲制作者, 即吾所謂天主也。(대저 사물이라고 하는 것은 스스로 자기를 이루어나갈 수가 없는 것입니다. 반드시 밖으로부터 작위를 가하는 존재가 있어야만 그것은 이루어질 수 있는 것입니다. 누각 하나 가옥 하나가 스스로 세워지는 것을 본 적이 있습니까? 그것은 항상 목수의 손을 빌어서만 만들어지는 것입니다. 이 명백한 사실을 깨닫는다면 천지가 스스로 이루어질 수 없다는 것을 인식할 수 있고, 반드시 그것을 만든 제작자가 있다는 것을 아실 수 있을 것입니다. 이 제작자가 바로 저 마테오 릿치가 말씀드리는 하느님[=天主]이올시다.)

「계사」 한 구절이면 깰 수 있는 논리에 오히려 깨지다니!

이 세계는 치열한 질서를 가지고 돌아가고 있고 어긋남이 없는데, 그것은 반드시 이러한 질서를 애초로부터 디자인한 존재가 있게 마련이고, 또 그 운행을 관장하는 조타수나 드라이버가 반드시 있게 마련이라는 이런 릿치의 논리에 "천지지대덕왈생天地之大德曰生"(천지의 가장 큰 덕성은 그 자체로 생명력을 가지고 있고 끊임없이 창조를 해낸다는 데 있다), "생생지위역生生之謂易"(생하고 또 생하는 엘랑비탈이 곧 역 즉 우주다), "도법자연道法自然"(이 천지의 궁극적인 하느님은 스스로 그러함을 본받을 뿐이지 외재적 작위에 의존하지 않는다)과 같은 문구를 어려서부터 낭독해온 지성인들이 무릎을 꿇을 수 있단 말인가? 어떻게 동화·이화작용을 통해 스스로 생성하는 풀 한 포기의 자체 신비를 목수의 조립과 같은 저차원의 물리적·기계론적 레벨에서 논의할 수 있겠는가? 나에게는 이러한 모든 문제가 풀리지 않는 숙제였다. 『주역』「계사」상에 있는 이 한마디만 다시 인용해보자!

그러므로 하느님이라 하는 신묘한 존재는 구체적인 장소에 고착되지 않으며, 그 변화무쌍한 운동은 실체화될 수 없는 것이다. 그것은 결국 존재자가 아니다. 끊임없이 음과 양이 번 갈아 들면서 조화로운 법칙을 만들어가는 것, 그 자체가 궁극적인 하느님의 모습일 뿐이다. 그러므로 우리 인간은 하느님의 도를 나의 실존 내로 계승하여 구현해야 한다. 그것이 바로 선(the Good)이요 도덕(Morality)이다. 그 하느님의 도를 나의 존재 내에서 형성해나가는 것이 나의 본성(Human Nature)이다. 故神无方而易无體。一陰一陽之謂道。繼之者, 善也; 成之者, 性也。

기독교를 수용한 남인학자들에게서 풀리지 않는 수수께끼

릿치의 논의와 이러한 동방고경의 논의를 같은 차원에서 얘기한다는 것 자체가 도무지 어불성설이라는 생각이 든다. 자아! 불트만의 양식사학의 치열한 신약학 작품보다 훨씬 더 치열하고 방대한 문헌비평 작품을 낸 다산이, 어떻게 해서 천지의 의타성이라고 하는 단순한 논리에 유학적 양심을 굽히고, 서학西學이 말하는 천주(天主=하느님)를 새로운 신념의 체계로서 수용할 수 있었을까? 나의 동방철리연구의 긴 생애가 젊은 날 들었던 이런 의문점의 해소과정이었을지도 모르겠다.

사단칠정논쟁의 철학사적 맥락

이 문제를 풀어나가기 위해서는 기독교가 들어오기 이전의 우리나라의 정신적 풍토 전반을 써베이할 필요가 있다. 그 작업을 가능케 하는 것이 바로 "사단칠정논쟁四端七情論爭"(Four Seven Debate)이라는 것이다. 우리민족의 지성 거의 모두가 자그마치 400년 이상을 이 논의에 몰빵했기 때문에 안 걸리는 분야가 없다. 자아! 사단칠정이라는 게 도대체 뭐냐?

남미 해방신학의 본모습을 보여주는 홍인식 목사의 책에는 이런 이야기가 실려있다: "해방신학은 인간의 해방을 주제로 하는 신학이 아니다. 그것은 신학을 해방시키는 운동이다." 원래 이 말은 구스따보 구띠에레스(Gustavo Gutiérrez, 1928~, 페루 출생)가 한 말이라는데 나에게는 매우 시원한 얘기로 들린다. 신학을 해방시킨다는 것이 뭔 말인가? 우선 신학을 교회권력이나 기존의 모든 교리로부터 해방시켜야 할 것이다. 그런데 신학해방의 제1과제는 "언어 즉 레토릭으로부터의 해방"이라고 나는 생각한다.

철학과 신학을 모두 레토릭으로부터 해방시켜라! 해방신학의 한 과제

그런데 이런 정황은 신학神學이나 유학儒學이나 똑같다. 신학에도 외국어가 필터로 개재하고, 유학에도 한문이라는 외국어가 장벽을 쌓고 있다. 희랍어나 한문이나 그것을 뚫고 들어간 자들은 자기표현에 독특한 레토릭을 덮어씌우게 마련이다. 우리는 신학적 논의가 도대체 뭔 소리인지 알 수가 없고, 유학적 논의는 더더욱 무슨 잡소리인지 알 수가 없다. 누구나 다 사단칠정을 이야기하지만, 누구나 다 사단칠정이 뭔 소린지 알 수가 없는 것이다. 400년간의 문자업文字業을 건드리게 되면 온갖 잡설만 튀어나오고, 주제의식은 사라지고 만다. 나는 나의 간결한 통찰력만을 전달하고자 한다. 내가 이 주제를 건드리는 것은 바로 안병무의 민중신학의 본래 면목의 통시적·공시적 구조가 여기서 다 드러날 수 있기 때문이다. 민중신학은 어디까지나 이 땅의 신학이다. 안병무는 항상 나에게 이렇게 말씀하곤 했다: "용옥아! 너는 기독교인이 되기 전에 한국인이 되어라!"

사단칠정론의 발단, 유교적 인간론의 심층구조

사단칠정론의 발단은 이퇴계의 제자 중의 한 사람인 정지운(鄭之雲, 1509~1561. 본관 경주. 경기도 고양 출신. 호는 추만秋巒)이 "천명도天命圖"라는 인간학교본(a text of philosophical anthropology)에 해당되는 그림을 그린 데서 출발한다. 우리나라 선현들은 자기의 생각을 도상화해서 간략하게 표현하는 데 특별한 취미가 있었다. 조선사상사는 도상의 역사라 해도 과언이 아닐 만큼 도상의 취미가 컸다. 그런데 이 도상을 잘 들여다보면 인간존재에 관한 유학의 총체적 규정성이 다 드러나있다. 가운데 네모그림을 감싸고 있는 외곽 큰 원의 형상은 끊임없이 질서있게 변화하는 일음일양一陰一陽의 우주의 모습이다. 그리고 그 가운데 있는 네모 속에는 초목(식물), 금수(동물), 인간(만물 중의 최령자最靈者) 세 종류의 존재유형이 그려져 있다. 초목은 역생逆生이라 하여 뿌리를 땅에 박고 있다. 그래서 "전색불통全塞不通"이라 했다(천명을 직접 받지 못한다는 뜻). 운동성이 없다는 것을 나타냈다. 그에 비하여 금수(동물)는 횡생橫生이라 했다. 옆으로 가는 운동성은 있다는 뜻이다. 횡생이기 때문에

"혹통일로或通一路"라 했다. 가냘프게나마 천명과 소통하는 재능이 보장되었다는 뜻이다.

이에 비하면 인간은 두원족방頭圓足方(머리가 둥글고 발바닥이 평평하여 하늘과 땅의 집약태로서 교섭활동할 수 있다)의 형상을 지니고 있기 때문에, 평정직립平正直立(직립인간을 진화론적으로 그려내고 있다)하여 천명과 완전소통이 가능하다. 머리가 땅에 박혀있는 식물과는 달리, 머리가 하늘을 향하고 있는 평정직립의 인간은 이미 서있다는 것, 그 자체로 천명을 받고 있다는 것을 의미하며, 천명을 받는다는 것은 이 우주의 책임있는 경영자로서 도덕적이어야만 하는 운명을 지니고 있다는 것을 의미한다.

그림의 원 아래 제일 꼭대기에 "리理"라는 글자가 반으로 쪼개져 있고 그 사이에 "천명天命"이라는 글자가 들어있다. 이것은, 인간은 "태극의 리太極之理"를 천명으로 받는다는 것을 의미하며, 그 도덕성은 바로 아래의 두 개의 작은 원으로 표현되고 있다. 윗원이 바로 "사단四端"이고, 아랫 원이 "칠정七情"이다. 결국 인간이라는 우주적 존재는 이 사단과 칠정에 의하여 규정되는 것이다. 자아! 사단과 칠정이란 무엇인가?

사단은 네 가지 도덕의 단서
"사단四端"이란 "4개의 단서"라는 뜻인데, 이것은 맹자가 공손추公孫丑라는 제자와 인간의 조건, 즉 인간이 인간다워야 하는

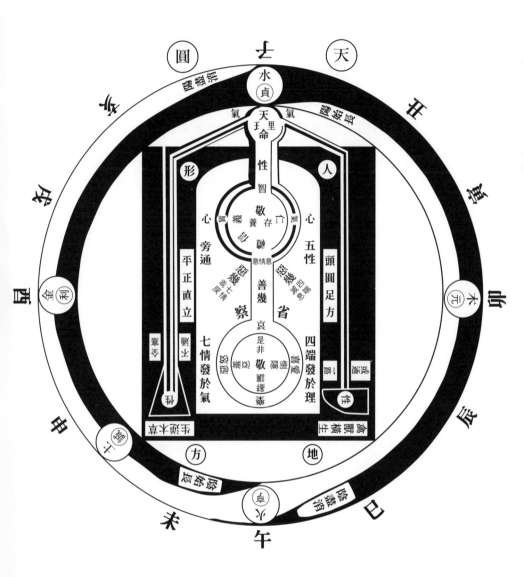

※ **천명도**天命圖는 판본에 따라 그림 모양이 약간씩 다르다. 그리고 현존하는 것들은 모두 복사본들이래서 선명하지 못하고 글자를 알아보기 힘들다. 이 천명구도舊圖(정추만의 오리지날한 그림)는 통나무의 임진권 차장의 노력에 의하여 활자체로 다시 그린 것이다. 매우 분명하게 그 구조를 알 수 있다. 잘 들여다 보면 조선유학의 인간학구조를 다 캐어낼 수 있다. 퇴계는 밑에 있는 동그라미 옆에 있는 "四端發於理, 七情發於氣"를 "四端理之發, 七情氣之發"로 바꾸었다. 리발理發을 언급한 것이 천명신도新圖이다.

도덕적 근거를 인간의 마음에서 찾는 논의를 하는 과정에서 나오고 있는 말이다. 인간은 도덕적 존재이어야 한다. 아니, 도덕적 존재일 수밖에 없다! 인간본성에 내재하는 도덕적 덕성은 인仁·의義·예禮·지智로 범주화될 수 있는데, 그것이 표현되는 마음의 단서가 바로 사단四端이라는 것이다. 측은지심惻隱之心은 인仁의 단서이고, 수오지심羞惡之心은 의義의 단서이고, 사양지심辭讓之心은 예禮의 단서이고, 시비지심是非之心은 지智의 단서이다. 측은한 마음, 부끄러운 마음, 사양하는 마음, 시비를 가리는 마음이 곧 인간의 조건이라는 것이다.

칠정은 일곱가지 감정의 표현

이에 비하여 "칠정七情"이라는 것은 인간존재를 규정하는 매우 자연스러운 감정을 의미하는 것이다. 『주역』에는 함괘咸卦(☶)라는 괘가 있는데 "함咸"은 모든 것(all)이라는 뜻과 동시에 "느낀다感"(Feeling)는 뜻을 내포한다. "모든 존재는 느낀다"는 뜻이다. 느낌은 반드시 칠정으로 표현된다.

사서 중의 하나인 『중용』 1장에는 "희노애락喜怒哀樂"이라는 표현이 있고, 『예기』 「예운禮運」 편에는 "희노애구애오욕喜怒哀懼愛惡欲"이라는 표현이 있다. 전자에는 희노애락이 아직 발현되지 않은 상태를 "중中"이라 한다는 말이 나오고, 후자에는 "희노애구애오욕" 이 7가지 감정은 인간이 "배우지 않아도 능한 것"(불학이능弗學而能)이다라는 말이 나온다. 웃고 우는 것, 미워하고 욕심내는 것은 의도적으로 배워서 되는 것이 아닌 인간의 자연이라는 것이다. 정추만은 사단을 천명도의 윗 원에 배속시켰고 칠정을 아랫 원에 배속시켰다.

정추만의 천명도에 퇴계가 수정문구를 加하다.

퇴계의 수정에 대한 당대학계의 도전

정추만이 천명도를 그린 것은 1543년 초였다(중종 38년). 그로부터 10년이 지난 후에, 추만은 이 그림에 대한 수정을 퇴계에게 요청했다. 퇴계는 아랫 원의 옆에 쓰여져 있는 "사단四端, 발어리發於理; 칠정七情, 발어기發於氣"라는 도설의 어감이 너무 느슨했거나, 좀 애매하다고 생각했는지, 그것을 "사단은 리의 발현이고四端, 理之發, 칠정은 기의 발현七情, 氣之發이다"라고 고치는 것이 좋겠다 했다. 정추만은 퇴계의 견해를 따라 그렇게 새 그림을 그려 서문을 쓴 것이 1554년의 일이었다.

소장학자 기대승의 문제제기

그런데 문제는 여기서 그치지 않았다. 이 그림이 당시 학자들간에 유명해져서 퇴계의 수정을 놓고 많은 왈가왈부가 오갔던 것이다. 정추만의 서문이 나온 지 5년 후, 1559년, 퇴계보다도 26살이나 어린 기대승(奇大升, 1527~1572, 본관 행주, 전라도 광주 출신. 호는 고봉高峰. 1558년 10월 문과급제)이라는 갓 출세한 33세의 청년이 당대의 석학 퇴계에게 도전장을 내밀음으로써 세계적으로 유명해진 이 논쟁이 시작되었다. 당시 퇴계는 경상도 예안에 살았고 기대승은 전라도 광주에 기거했음에도 불구하고 이 둘 사이에 진지한 논쟁

의 서한이 8년간에 걸쳐 오간다. 모든 서한은 부본副本을 남기고
보낸다.

퇴계가 사단과 칠정을 명료하게 리지발理之發, 기지발氣之發로
나눈 것은 사단·칠정이 리·기라는 새로운 우주론적 개념으로 진
입했음을 의미한다. 이것은 중국에서도 별로 논의되지 않았던 과
제상황이다. 인간의 감정의 문제를 우주론적으로 논의하는 것은
유례를 찾기가 쉽지 않다.

뚜 웨이밍이 말하는 조선 철학논쟁의 특질

또 나의 하바드대논문 리더reader, 뚜 웨이밍(杜維明, 1940~. 하바드
대 교수. 북경대 고등인문연구원 원장. 시인 두보의 후손)은 고봉과 퇴계 사
이에 일어난 논쟁의 특질을 이렇게 말한다: "중국 역대의 논쟁은
모두가 자기말을 반복할 뿐, 상대방의 언어에 즉하여 답하지 않는
다. 이러한 정황은 기독교문명에서 일어나는 모든 논쟁에도 적용
된다. 그것은 도그마끼리의 싸움일 뿐이다. 그러나 사칠논쟁은 상
대방의 논의를 한줄한줄 따라가면서 진행된다. 그리고 상대방의
비판을 겸허하게 수용하면서 매우 고통스럽게 자기의 견해를 개진
하고 또 수정한다. 이러한 집요한 논쟁은 세계사에서 유례를 보기
어려운 것이다."

윤사순의 기념비적 논문

내가 대학교 3학년 때 윤사순 교수가 고려대학교 아세아문제연

구소에서 나오는 학술지 『아세아연구』에 "퇴계의 심성관에 관한 연구"라는 기념비적인 논문을 썼다(『아세아연구』 제41호, 1971). 나는 이 논문을 통해 사칠논쟁을 접하게 되었고 평생의 화두로 삼았다.

기氣와 리理의 역사, 주렴계에서 주희까지

기고봉의 도전장을 소개하기 이전에 고봉의 논의를 이해할 수 있는 기본적인 지식이 필요하다. 퇴계가 사단·칠정을 리지발·기지발로 직절直截하게 나누어 이야기한 것은 매우 이례적인 것이다. 동방인에게 있어서 "리理"는 추상적 원리, 도덕적 근원, 보편적 법칙 같은 것을 의미하는데, 이 리理라는 개념이 불교 이전에는 별로 기와 대립되는 우주론적 의미를 지니지 않았다. 그런데 화엄에서 "리사무애법계理事無礙法界"라고 하는 테마를 제시하면서 "리理"는 서양에서 말하는 본체적인 의미를 지니는 것으로서 도약하게 된다. 그리고 주렴계周濂溪, 1017~1073의 『태극도설』 이후에는 리理는 태극太極과 결합된다. 정이程頤(1033~1107, 북송의 리학 대가)는 리理의 절대성·초월성을 강조하였고 그러한 성향을 주희朱熹, 1130~1200는 "천리지공天理之公, 인욕지사人欲之私" 혹은 "도심道心과 인심人心"의 이원론의 일변으로 해석한다(주희에게 리는 천리이고 도심이다).

그런데 리의 순결성을 확보하기 위하여 주희는 리에게 일체의 운동성, 즉 현상성을 부여하지 않는다. 주희는 말한다: "대저 기라는 것이 활동성이 있어서 스스로 능히 응결하고 무엇인가 만들어낼 수가 있다. 그러나 리는 정의情意가 없으며, 계도計度가 없으며, 또 조작造作함이 없다.蓋氣則能凝結造作, 理却無情意, 無計度, 無造作。"

리理는 운동성이 없다, 리는 무위다, 퇴계의 모순

리는 기에 오염되지 않는다. 리는 물리적 운동성을 갖지 않는다. 그래서 도덕적으로 순결하다는 것이다. 그것을 성리학에서는 리理는 무위無爲하다라고 말한다.

그런데 퇴계는 주자정통주의를 고수한다 운운하면서 주자의 이론에 위배되는 논의를 하고 있는 것이다. 리理가 어떻게 스스로, 주체적으로, 독자적으로 발發할 수 있는가? 어떻게 사단이 리理의 발현일 수 있는가? 이것이 기고봉의 반란의 첫 번째 이유였다.

사단과 칠정이 모두 마음의 표현이다.
어찌 리와 기로 나누어 말할 수 있는가?

두 번째 이유는, 사단과 칠정이 모두 인간의 마음의 표현일 뿐인데 어찌 그것을 리理와 기氣로 직절直截하게 구분할 수 있느냐는 것이다. 사단은 도덕적 감정이고 칠정은 인간적 감정인데, 둘 다 인간의 마음에 속하는 것이고 그 뿌리가 다르지 않다는 것이다. 즉 인간적 감정인 희노애락을 사리에 맞게 조화롭게 발현하면 그것이 사단이 되는 것이지, 칠정 밖에 사단이라는 독립적 심의 기능이 따로 있을 수는 없다는 것이다. 자아! 사단의 출전인 맹자본인의 말을 되새겨보자!

惻隱之心, 仁之端也。
측 은 지 심　　인 지 단 야

"인의 단"이라는 말을 정확히 해석하라!

지금 맹자의 주어는 어디까지나 마음(心)이다. 측은한 생각이 드
는 마음이다. 인仁이라는 덕목 그 자체를 가리키고 있지 않다. 그
것은 아무것도 모르고 우물로 엉금엉금 기어가는 어린아이를 볼
때 그냥 달려가 구해주는 마음이다. 심적 현상(드러난 상태)이다. 이
러한 측은지심은 인간의 마음의 도덕적 측면인 "인仁"의 "단端"
이라는 것이다. 인이라는 덕목 그 자체가 아니고, 인이 표현되는
단초, 단서로서의 마음인 것이다. 그러니까 사단四端은 어디까지
나 마음의 문제이며, 감정의 문제이다. 칠정七情과 구분되는 특별
한 존재론적 사태가 아니다. 사단과 칠정이 다같이 사람의 마음의
문제라고 한다면, 리理와 기氣도 존재론적으로 구분될 수 있는 독
자적 실재가 아니다.

리도 기 속에 포섭되는 조리일 뿐이다

리理도 기氣 속에 포섭되는 조리條理일 뿐이다. 기를 초월하고
관장하는 초월적 존재가 아니다. 이렇게 되면 초월론과 내재론이
라는 인류보편사적 문제가 사단과 칠정의 논의에 다 포섭되는 것
이다. 좀 길지만 기고봉의 첫 편지의 핵심적 단락을 여기 소개한다.

대저 리는 기의 주재主宰라고 말하고, 기는 리의 재료材料라고 말합니다. 리와 기, 그 양자는 분명히 구분이 없다고 말할 수 없습니다. 그러나 실제 사물에 있어서 리와 기는 혼륜混淪되어 있어서(엉켜있다) 그것을 나누어 분별해낼 수는 없습니다. 리는 본시 약한 것이며 기는 강한 것입니다. 리는 흔적이 없으나(운동성이 없다) 기는 흔적을 남깁니다(운동성이 있다). 그러기 때문에 리든지 기든지 모두 그것이 유행하여 발현할 때에는 과·불급의 차이가 없을 수가 없습니다. 그러기 때문에 칠정이 발현할 때에도 선하기도 하고 악하기도 하는 불완전한 현상이 있고, 또 인간의 본성의 본체, 즉 사단의 발현에도 완전하지 못한 측면이 있을 수 있습니다. 그렇다고 한다면 선이라고 하는 것은 천명의 본연本然이고, 악이라고 하는 것은 기품氣稟의 과·불급일 뿐입니다. 절대적인 개념이 아니지요. 그러므로 사단과 칠정이라는 것도 처음부터 두 개의 원리가 있는 것이 아닙니다. 근래의 학자들이 맹자孟子가 선 일변을 강조하여 특별히 그 측면을 따로 드러낸 것임을 알아차리지 못하고 그냥 관례적으로 사단과 칠정을 구분해서 논하는 것은 생각이 못미친 병통이라고 생각합니다.

주자는 분명히 말했습니다: "희노애락은 정情이고 그것이 발현되지 않은 본래적 상태가 성性이다." 그리고 성性과 정情을 구분하여 논할 때에도 매번 사덕四德과 사단四端으로써 말했습니다. 사단도 정情의 문제가 되는 것입니다. 사람들이 이런 깊은 속을 알아차리지 못하고 단순하게 기氣로써 성性을 말하는 것을 두려워하였던 것입니다. 배우는 자들은 확실히 알아야 할 것입니다. 리가 기 밖에 따로 있는 것이 아니고, 기가 과불급이 없이 스스로 그러하게 조화롭게 발현하는 마음의 상태가 곧바로 리의 본체가 되는 것입니다. 이러한 뜻을 알고 깊게 공부한다면 인생에 크게 어긋나는 일이 없을 것입니다.

夫理, 氣之主宰也; 氣, 理之材料也. 二者, 固有分矣, 而其在事物也, 則固混淪而不可分開. 但理弱氣强, 理無眹而氣有跡. 故其流行發見之際, 不能無過不及之差. 此所以七情之發, 或善或惡, 而性之本體或有所不能全也. 然其善者, 乃天命之本然, 惡者, 乃氣稟之過不及也. 則所謂四端七情者, 初非有二義也. 近來學者, 不察孟子就善一邊, 剔出指示之意. 例以四端七情別而論之, 愚竊病焉. 朱子曰, 喜怒哀樂情也, 其未發則性也. 及論性情之際, 則每每以四德四端言之. 蓋恐人之不曉, 而以氣言性也. 然學者須知理之不外於氣, 而氣之無過不及自然發見者, 乃理之本體然也. 而用其力焉, 則庶乎其不差矣.

사단은 사덕이 아니다. "단"은 어디까지나 감정이다.

사단이 칠정으로부터 분리되지 않는다

사단칠정논쟁은 장구한 세월을 끌며 치열하게 전개되었지만 실제로 기고봉의 첫 편지에서 이미 끝났다고 나는 생각했다. 고봉의 반론은, 그가 아무리 젊은 학도였다고 해도, 함부로 무시될 수 없는 치열한 논리를 가지고 있다. 정추만이 제기한 문제가 사덕,

즉 인의예지라는 덕성德性 그 자체와 칠정七情을 대비시킨 문제였다고 한다면 퇴계의 이원론적 입장에 승산이 있다. 그러나 애초로부터 문제제기가 사단四端과 칠정七情의 주제로 세팅이 되면 사단 또한 심心의 문제이며 정情의 문제이기 때문에 퇴계에게 승산이 없다. 『중용』의 저자인 자사子思도 희노애락이 발현하지 않은 상태가 중中이요, 그것이 잘 발현되어 상황상황에 잘 들어맞아 조화를 이루면 그것이 곧 화和라 했으므로(發而皆中節, 謂之和), 중과 화는 두 개의 실체일 수 없다. 또한 맹자가 측은지심은 인仁의 단端이라 했으므로 사단의 단端은 어디까지나 측은지심이다. 측은한 마음은 인간의 심적 현상(psychic phenomena)일 뿐, 그것 자체로 본질적 실체(리理)를 형성하는 것은 아니다.

오가는 편지를 보면 퇴계는 계속 자기설을 디펜드하는 아폴로지의 입장에 서있고, 고봉은 퇴계의 논리적 허점을 계속 쑤시고 들어간다. 고봉의 입장은 단단하게 고전에 기초하고 있으므로 양보가 없다. 본시 일원론의 입장(기고봉)이 이원론의 입장(이퇴계)보다는 논리적으로 디펜드하기가 더 편하다.

퇴계가 모순적인 이론을 고집하는 이유가 무엇일까?
그런데 퇴계는 도대체 왜 기지발氣之發, 리지발理之發이라는 이원론을 고집하고 있는 것일까? 퇴계도 물론 기대승의 지식을 뛰어넘는 모든 고전지식을 소유하고 있기 때문에 기대승의 입장을 잘 이해하고 있다. 그런데 왜 리발, 기발을 고집하고 있는 것일까?

사람의 도덕적 타락

이러한 퇴계의 입장은 그가 살고 있던 시대의 문제의식과 관련되어 있다. 이들이 산 시대는 중종 치세로부터 선조시기에 걸쳐있다. 이 시기는 훈구파에 대비되는 사림이 새롭게 등장하여 좌절과 정착의 시련을 거치는 시기였다. 다시 말해서 사림에 의한 문치文治가 사회전반을 장악해가면서 사상도 익어가고 있던 시기였다. 이 시대의 가장 큰 문제는 사림 내부의 당파간의 싸움이기도 했지만 가장 고통스러운 사실은 권력을 장악하는 자들이, 극도의 유식자임에도 불구하고 한결같이 탐욕(칠정)에 빠져 공동체의 선善을 망각한다는 것이다. 퇴계는 사단이라고 하는 도덕적 감정이 칠정의 밸런스로서 해소되는 기일원론적 입장을 수용할 수 없었다. 그것은 매우 쉬운 타협이었다. 그러나 고봉과 같은 젊은 관료의 입장에서 본다면 칠정에 대하여 사단에게 독자적이고도, 절대적 가치를 부여한다는 것을 허용할 수 없었다. 칠정의 정감을 지닌 현실적 인간으로서 조화롭게 사는 것이 곧 리理요, 태극太極이요, 도심道心이라고 생각했다.

퇴계가 찾아낸 『주자어류』의 한 구절

퇴계는 고봉의 끈질긴 추격에 대해 "소종래所從來"라는 개념을 제창한다. "소종래"라는 것은 "……으로부터 나온 바"라는 뜻인데, 그것은 아무리 칠정과 사단이 동일한 마음의 감정이라 할지라도 결국 그것이 발현되게 되는 그 근원, 즉 소종래를 거슬러 올라가면 다른 원천이 있다는 것이다. 그리고 『주자어류』라는 140권

수십만 자의 방대한 언어숲 속에서 "四端是理之發, 七情是氣之發"(중화서국 이학총서판 p.1297)이라는 한 줄의 문장을 찾아낸다(실제로 주희의 언급은 퇴계의 논리와 전혀 무관한 맥락이다). 그리고 사단은 리가 발하여 기가 따라가는 것이고, 칠정은 기가 발하여 리가 올라타는 것이다(四端, 理發而氣隨之; 七情, 氣發而理乘之。)라는 테제를 제시하고, 이는 서로가 동의해야만 할 합의점이라고 후학을 설득한다. 이것을 호발설互發說이라고 하는데, 사단에 주안점을 두면 주리설主理說이 되고 칠정에 주안점을 두면 주기설主氣說이 된다. 주리설은 퇴계를 신봉하는 남인계열로 흘러갔고 주기설은 율곡을 통하여 서인계열로 흘러갔다. 사단칠정론은 퇴계나 고봉이나 서로가 밑 닦지 않은 듯이 찜찜한 과제를 남겨놓고 끝났다.

유학적 담론의 신학적 맥락, 동시성의 문제

그런데 왜 도올은 이런 유학의 담론을 기독교신학을 논하는 자리에서 논구하고 있는가? 인간의 역사에는 동시성contemporaneity이라는 것이 있다. 시대는 다르고 표현은 달라도 결국 같은 문제의식의 담론구조가 동시적으로 되풀이된다는 것이다. 이 동시적 담론을 직선적 발전관(=아포칼립스적 시간관)으로 꿰어버린다는 것은 인간의 사유를 유치하게 만든다. "발전"이라고 뽐내는 사람들을 보면 대체로 "후퇴"하고 있다.

안병무와 몰트만 사이의 민중담론

안병무와 몰트만 사이에서 오간 민중담론이 있다. 안병무는 예수가 곧 민중이고, 민중이 곧 예수라고 말했다. 이에 대해 몰트만은 예수가 곧 민중이라는 것은 가피하나, 민중이 곧 예수일 수는 없다고 말했다. 예수의 아이덴티티를 끝까지 선험적으로, 연역적으로 전제하려는 태도가 몰트만의 담론에 깔려있는 것이다. 정확한 비유는 아니지만, 안병무의 담론은 사단을 칠정으로 해소시키는 기고봉의 사유와 상응하는 측면이 있다. 그리고 몰트만의 담론은 사단의 소종래의 독자성을 강조하는 퇴계의 입장에 가깝다. 이와같이 사단칠정론은 시공을 초월하는 공시적 구조를 지니고 있다. 나는 개인적으로 안병무의 민중신학은 기고봉의 입장과 이퇴계의 입장 모두를 포섭한다고 말하고 싶다.

영어가 인간사유의 기준이 될 수 없다

안병무가 언젠가 이런 말을 한 적이 있다: "한국인들에게는 나(Ich)가 없다. 우리만 있을 뿐이다. 엄밀히 말해서 순결한 우리 말에는 주어가 없다. 주어가 근원적으로 필요없는 것이다." 언어는 오염이 쉽게 된다. 단어는 물론 신택스조차도 마구 변해버린다. 그런데 20세기를 통해 가장 비극적인 사실은 우리 언어 자체가 영어화되어 버렸다는 것이다. 그것을 한국말을 쓰고있는 자들 본인이 알아차리지 못한다. 그래서 국어학조차도 영어학에 종속되는 희한한 현상이 벌어지고 있다. 영어중심주의(English-centrism)가 모든 분야에서 판을 치고 있는 것이다. 그러나 조선조의 부녀자들이 쓴 언문서한들을 보면 거의 주술구조(Subject-Predicate pattern)를 가지고 있지 않다.

참 우리말의 구조

"왜 안 왔니?"

이것은 아주 훌륭한 우리 일상말이다. 그런데 여기는 주어가 없다. 주어는 이미 맞대면하고 있는 공동체상황 속에 들어있는 것이다. 그런데 이것을 주어를 밝혀야 한다는 영어식으로 말해보자!

"너는 왜 안 왔니?"

이것은 "다른 사람들은 왔다"라는 의미를 내포하는 다른 의미 구조의 문장이 되어버린다.

"고려대학은 학생이 많다."

아주 흠없이 훌륭한 우리말이다. 술부의 핵심은 "많다"인데, "많다"의 주어가 학생인가, 고려대학인가?

"미스 김은 눈이 크다."

이것도 아주 훌륭한 우리말이다. 그러나 물어보자! 크다의 주어가 눈인가, 미스 김인가? 사실 "미스 김" "고려대학"은 주어가 아니라 주제Topic로 이해되어야 하며 나머지 부분은 그 주제에 대한 설명(Comment)이라는 것이 현대언어학의 대체적인 이해방식이다.

주어의 의미, 우리말은 주어가 없을수록 아름답고 풍요롭다

인도유러피안 언어에서 주어라는 것은 1) 기본문형의 없어서는 아니 되는 요소이며 2) 어순상 대체로 문두에 오며 3) 동사에 인칭변화를 일으키며 4) 주격이라는 일정한 격을 가지고 나타난다.

우리말에는 그런 식의 주어는 요구되지 않는다. 지금 내가 Y에서 열강하고 있는 사태(민중신학에서는 "사건")를 언어적으로 표현하면 영어로는 이렇게 된다.

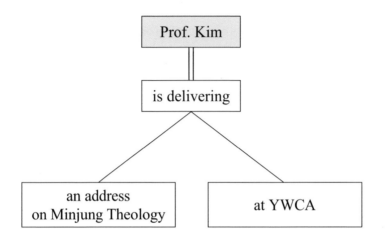

문장이해의 구조가 주어중심이고 수직적이다. 그런데 우리말의 표현은 이렇게 이해될 수도 있다.

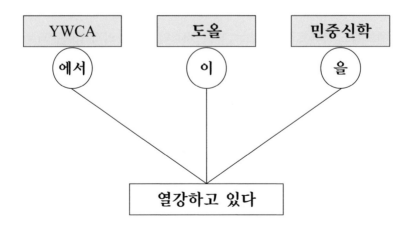

촘스키의 독단: 카르테시안 링귀스틱스, 함괘咸卦의 언어학

"열강하고 있다"라는 사건을 먼저 주축에 놓고 나머지 요소들을 보어로서 이해해도 훌륭한 우리말 이해방식이 된다. 이렇게 술부중심이고 수평적이며 민주적인 이해방식을 촘스키의 변형생성문법은 인정치 아니할 것이다. 그의 언어에 대한 태생적 이해방식이 서구의 굴절어에서 왔기 때문이다. 그는 주어가 없는 언어는 있을 수가 없다라고 생각한다. 그는 자신의 언어학을 "데카르트적 언어학"(Cartesian linguistics)이라고 규정하는데, 그가 말하는 주술구조는 인간의 인식론적인 사유의 보편적 구조이며 그것은 동시에 선험적*a priori*이라고 보기 때문에 "데카르트적"이라고 말하는 것이다.

촘스키와는 다른 언어관: 벤자민 리 볼프, 에드워드 사피르

그는 매우 존경을 받아야 마땅한 위대한 학자이고 또 매우 양심 있는 진보적 정치이론가이지만 그의 언어학은 선험주의적 편견에 사로잡혀 있다. 벤자민 리 볼프Benjamin Lee Whorf, 1897~1941나 에드워드 사피르Edward Sapir, 1884~1939의 상대주의적 언어관과는 영 맛이 다르다. 사피르나 볼프는 세계의 개념화가 언어의 모양새를 이루는데 그 모양새는 문화적 차이에 따라 달라진다고 주장한다. 볼프에 의하면 호피 인디언의 언어에는 시제도 존재하지 않는다고 말한다. 시제가 없으니 창조도 없고 종말도 없을 것이다. 이런 말을 하자면 끝이 없다. 다양한 인류학적 견해는 인간의 언어에 관한 다양한 관점을 제시하고 있기 때문이다.

주술의 문제는 결국 하나님과 세계의 문제다!

언어에 있어서 주술(임자씨 – 풀이씨)의 문제는, 철학에 있어서는 본체noumena와 현상phenomena의 문제로 나타나고, 종교에 있어서는 하나님God과 이 세계World의 문제로 나타나고, 과학에 있어서는 법칙과 현상의 문제로 나타난다는 주제만은 명료히 해둘 필요가 있다. 결국 서양근세철학사라는 것이 서양언어에서 말하는 주어의 발전에 불과한 것이다. 데카르트의 "나는 생각한다. 고로, 나는 존재한다"의 "나"는 사유의 주체로서의 "나"이며 그 나는 물리적, 음양의 세계와는 전혀 무관한 정신적 나, 즉 코기탄스*cogitans*인 것이다. 이 코기탄스가 칸트의 물자체*Ding-an-sich*를 거쳐 헤겔의 절대정신Absolute Geist에까지 발전한 역사를 서구인들은 유일한 가치체계로 생각하였고 근대의 표본으로서 전 인류에게 살포하여온 것이다.

마테오 릿치의 『천주실의』는 서구언어적 주어의 폭력

지금 마테오 릿치가 살포하고 있는 『천주실의』의 언어도 주어가 없고 자족적이고 스스로 자기를 질서지워 나갈 수 있는 동방인의 우주와 인간을 모두 서구적인 주어(Western Subject) 속으로 예속시키려는 노력이다. 이 주술의 문제를 최초로 개념화하여 고민한 사상가가 바로 주희이고 그 적통성을 이은 자가 바로 조선의 이퇴계이다. 근대를 19세기 말의 개화를 중심으로 생각하는 오늘의 국학 학문체계는 보편사의 시각을 결하고 있다. 우리에게는 중세기가 없는데 무슨 근대냐?

주희의 상충되는 두 구절

퇴계의 고뇌의 밑바닥에는 주희의 혼란이 깔려있다. 지금 이 명제는 매우 오묘한 것이다. 『주자어류』에 나오는 주희의 상충되는 두 구절을 한번 상고해보고 다시 논해보자!

1. 천지가 생기기도 전에 필경 이 리理가 존재했다. 이 리理가 먼저 있음으로써 천지가 생겨날 수 있었다. 만약 이 리理가 없다면 천지가 있을 리가 없고, 사람이 있을 수 없고, 사물이 있을 수 없다. 리가 없으면 모든 것이 구비되어 존재할 수가 없는 것이다. 리가 있기에 기氣 또한 유행할 수 있는 것이요, 만물을 발육시킬 수 있는 것이다.

   未有天地之先, 畢竟也只是理。有此理, 便有此天地; 若無此理, 便亦無天地, 無人無物, 都無該載了! 有理, 便有氣流行, 發育萬物。

이 1의 메시지는 구태여 릿치를 들먹이지 않아도, 그보다 4세기 앞서는 주희의 리의 관념이 이미 지극히 초월주의적이고 본체론적이고 물리적 세계를 초월해있는 존재자인 것처럼 보인다. 요한복음의 로고스*Logos*를 방불케 한다. 다시 말해서 릿치의 천주天主를 들먹일 필요가 없이 천주적이라는 느낌이 든다. 그러나 동일한 인물인 주희가 또 다음과 같이 말한다.

2. 리가 있다고 한다면, 기 또한 있는 것이다. 기왕 기가 엄존하는 마당에는 리 또한 기 속에 들어있는 것이다. …… 태극은 리이다. 움직였다 쉬곤 하는 현상세계는 기이다. 기는 항상 생성을 위해 움직일 수밖에 없는 것이니 리 또한 기와 더불어 움직인다. 리와 기, 이 양자는 항상 서로 의존하고 있으며 서로 분리하여 고존孤存할 수 없다. …… 리가 하나의 별도의 물건과 같은 존재는 아니다. 그것은 기 속에 있음으로써만 존재할 수 있는 것이다. 이 기가 없으면 이 리 또한 기댈 곳이 없는 것이며 헛것이 되고 만다. …… 태극은 하나의 별도의 물건이 아니다. 음양에 즉하면 음양에 있게 되고, 오행에 즉하면 오행에 있게 되고, 만물에 즉하면 만물에 있게 된다.

旣有理便有氣。旣有氣則理又在乎氣之中。…… 太極, 理也; 動靜, 氣也。氣行則理亦行。二者常相依, 而未嘗相離也。…… 理又非別爲一物, 卽存乎是氣之中。無是氣, 則是理亦無掛搭處。…… 太極非是別爲一物, 卽陰陽而在陰陽, 卽五行而在五行, 卽萬物而在萬物。

주희의 혼원론: 리기의 모순을 초월, 퇴계의 소종래 논리의 거점

두 번째의 메시지는 같은 사람의 말이라고 보기 어려울 정도로 리理의 내재론적, 비실체적, 비초월적 성격을 강조하며 리가 기에 의존하는 질서개념일 뿐이라는 것을 강조하고 있다. 주희의 이러한 혼란된 모습이 사유의 혼란에서 온 것은 아니며, 지금 우리가

생각하는 논리를 뛰어넘는 어떠한 체계가 있다고 나는 생각한다. 그래서 나는 그것을 "혼원론渾元論"이라는 말로 표현하는데, 퇴계가 사단의 소종래所從來를 초월주의적으로 고집한 것도 주희의 리기론에 그 뿌리가 있다고 할 것이다. 이에 비하면 기고봉의 반론은 독자적인 기일원론의 말끔한 사유의 합리적 표현이라 말할 수 있다.

서양의 초월적 인격신의 개념을 해석하는 정약용의 방식

이러한 퇴계의 문제의식은 다산으로 이어졌다. 다산은『천주실의』를 읽고, 릿치가 "상제上帝"라는 인격신의 관념이 고경의 토착적 관념이라는 것을 강조하는 대목에 관하여, 고경古經의 연구자로서 동감同感을 표시했다. 자아!『중용』의 첫 구절을 한번 되짚어 보자!

> 하늘이 명하는 것, 그것을 일컬어 우리의 본성이라 하고, 그 본성을 충실히 따르는 것, 그것을 도, 즉 우리 삶의 길이라 한다. 그 길을 쉼이 없이 닦는 것, 그것을 일컬어 가르침, 즉 우리의 교육이라고 하는 것이다. 그러니 도道라고 하는 것은 일순간도 우리로부터 떠날 수 없는 것이다. 만약 도가 우리를 떠날 수 있다고 한다면 그것은 도가 아니다. 그러하므로 군자 (참된 인간)는 보이지 않는 데서 계신(경계하고 삼감)할 줄 알아야 하며, 들리지 않는 곳에서도 두려움을 느낄 줄 알아야 하는 것이다. 숨어있는 것처럼 드러나는 것이 없고, 미세한 것처럼 명백한 것이 없다. 은미한 것이야말로 우리 삶의 명백한

기준이다. 그러므로 군자는 홀로 있을 때, 아무도 보지 않을 때, 그때를 삼가고 부끄러운 짓을 하지 않는 것이다.

天命之謂性, 率性之謂道, 脩道之謂教。道也者, 不可須臾離也。可離, 非道也。是故君子戒慎乎其所不睹, 恐懼乎其所不聞。莫見乎隱, 莫顯乎微, 故君子慎其獨也。

『중용』의 신독과 예수의 기도

제아무리 기독교의 성경이 강렬한 언어를 담은 책이라 할지라도, 이『중용』반 페이지 속에 담긴 내용만 해도 기독교성경 전체가 우리에게 요구하는 도덕성의 대강을 압축하고 있다고 해도 과언이 아니다. 천명天命을 받은(혹은 "받는"의 현재형) 인간이 신독愼獨할 줄만 안다고 한다면 기실 기독교가 우리민족을 쑤시고 들어올 구멍이 없다. 여기에는 기독교가 말하는 신앙생활이라든가, 기도라든가, 위선에 대한 항거라든가, 참다운 인간의 삶의 모습에 대한 모든 도덕적 요청이 함축되어 있다. "계신호기소불도戒慎乎其所不睹," 이 한마디만 해도 예수의 기도하는 자세를 더 깊이 잘 말해주고 있는 것이다. 예수는 말한다: **"너는 기도할 때 골방에 들어가 문을 닫고 보이지 않는 네 아버지께 기도하여라. 그러면 숨은 일도 보시는 아버지께서 다 들어주실 것이다."**(마 6:6).

유교는 하느님을 인간의 마음속에서 찾는다, 교회는 필요없다

유교를 종교로서 말한다면, 하느님을 천지자연의 최령자最靈者

인 인간의 마음속에서 찾는 종교라 말할 수 있다. 유교는 교회를 필요로 하지 않는다. 이미 가족(동방은 대가족제도가 발달)이라는 공동체를 교회로서 활용하기 때문이다. 목사의 설교를 필요로 하지 않는다. 부모의 일상적 가르침이 곧 설교이기 때문이다. 천당을 필요로 하지 않는다. 조상에 대한 제사를 통하여 현세적 삶을 영속시키고 있기 때문이다. 사실 유교라는 종교는 이 세상의 어느 종교보다도 더 합리적이고 상식적이고 조화로우며 정교한 종교라 말할 수 있다. 이에 비하면 기독교는 거칠고 비상식적이며 불합리하고 복음의 강요를 당연시하는 좀 왈가닥스러운 에반젤리즘의 종교라 말할 수 있다.

과연 유교공동체는 잘 돌아가고 있는가? 다산의 회의

그런데 유교가 유교로서 잘 기능하기 위해서는, 정교한 만큼의 정교한 사회체제, 즉 일상적 공동체의 윤리가 잘 돌아가야만 한다. 천명天命을 받는다 하는 것이, 과연 그 실내용이 무엇이냐? 천명을 받은 인간의 본성이 제대로 되어있느냐? 그 본성의 감시는 누가 하느냐? 중용을 실천한다 하는 과거급제자들의 생활태도는 어떠하냐? 그들이 벼슬살이해서 과연 신독의 삶을 사느냐? 다산은 유교라는 도덕체계의 위선을 심하게 느꼈다. 남인으로서 느끼는 좌절감은 어느 사족보다도 더 심했을 것이다.

다산은 성균관 수학중 정조가 질의한 70조에 대하여 답한 것을 『중용강의』(1784)라 했는데, 후에 자신의 답변이 부실했다고 느꼈다. 강진에서 유배생활을 하면서 구고舊稿를 수정하면서 정조가 묻지 않은 것도 첨가하여 『중용강의보中庸講義補』라는 저서를 완성한다(1814).

다산의 『중용자잠』, "기소불도"의 해설

그때 『중용』 구절구절을 잠언으로 간주하여 주석을 다는데 그것을 『중용자잠中庸自箴』(1814)으로 펴내었다. 『자잠』에서 "기소불도其所不睹"를 해설하는 언어 중에 이런 신랄한 세평이 들어있다.

아무도 보지 않는 캄캄한 방에서 자기 마음을 속이며 온갖 망념과 사악한 생각을 지어낸다. 간음은 보통 저지르고, 도둑질 또한 마음대로 자행하면서도, 다음날 아침에는 의관을 정제하고 용모를 꾸미고 단아하게 앉아있으면 깨끗하고 흠없는 순수한 군자가 되어버린다. 관장官長들이 이를 알아차릴 리 만무하고 군왕도 그 속내를 살필 길이 없다. 죽을 때까지 사기를 치며 나쁜 짓을 다하여도 당세의 아름다운 이름을 잃지를 않고, 거리낌없이 악을 저지르고서도 능히 후세의 숭앙까지 받는다. 지금 천하에 이런 자들이 즐비하게 깔려있다.

夫暗室欺心, 爲邪思妄念, 爲奸淫爲竊盜。厥明日正其衣冠, 端坐修容, 粹然無瑕君子也。官長莫之知, 君王莫之察。終身行詐而不失當世之美名, 索性造惡而能受後世之宗仰者, 天下蓋比比矣。

다산이 증오하고 고발하는 지식인의 위선과 사기

다산의 문제의식은 바로 도덕적 본성의 소종래에 관한 것이다. 도덕의식이 밖으로부터 강압적으로 이루어지는 것일 수가 없고 내면으로부터 우러나와야 한다는 것이다. 다산은 선생이 가르쳐주어 생기는 공구恐懼는 위공구僞恐懼요, 군주가 명령을 해서 생기는 공구는 사공구詐恐懼라고 말한다. 다산이 지금 증오하는 것은 선비들, 권력자들의 위선과 사기인 것이다.

천명의 인격화가 가져오는 효과

결국 이러한 위선을 바로잡는 것도 인간 내면으로부터 우러나와야 하는데 그것은 사서삼경의 교육만으로는 이루어질 길이 없다. 그래서 다산은 고민 끝에 이런 결론에 이르게 된다: "천명지위성天命之謂性"의 천天을 막연하게 음양의 대자연이라 하지 말고, 그것을 인격화된 하나님으로 바꾸면 어떨까? 그렇게 되면 "천명天命"은 "상제上帝가 명령하는 것"이 된다. 상제는 릿치가 이미 『상서』에 있는 것이라 말했으니 유교선비로서 타교를 받아들이는 것도 아니다. 그리고 그는 심지어 이렇게 말한다:

공구恐懼(양심의 두려움)라는 것이 과연 사기나 위선으로 얻어질 수 있겠는가? 밤에 공동묘지를 지나가면 두려워하지 않으려 해도 저절로 으시시 두려워지니, 그것은 그곳에 도깨비가 있는 것을 알기 때문이다. 밤에 울창한 깊은 산속을 지나려 하면 두려워하지 않으려 해도 저절로 두려움이 엄습한다. 그것은 그곳에 호랑이나 표범이 살고 있다는 것을 알고 있기 때문이다. 군자가 깜깜한 방 속에 혼자 살면서도 전전율율하면서 악한 일을 저지르지 않는 것은 상제께서 나를 굽어보고 계시다는 것을 알기 때문이다.

恐懼而可以詐僞得之乎? 暮行墟墓者, 不期恐而自恐, 知其有魅魈也; 夜行山林者, 不期懼而自懼, 知其有虎豹也。君子處暗室之中, 戰戰栗栗, 不敢爲惡, 知其有上帝臨女也。

다산의 기독교 아폴로지의 핵심과 안병무 신학

결국 이것이 다산의 기독교적 아폴로지의 핵심이다. 인간 내면으로부터 우러나오는 도덕적 실천의 당위성을 강화하기 위하여 그는 또다시 인간외적 존재자의 인격성에 의지했다. 이것은 기독교가 다산과 같은 사상가들에게 던진 도전이자 좌절이었고, 희망이자 절망이었고, 초월이자 한계였다. 인간 내면의 덕성이 상제의 명령으로 확보될 수 있는 것은 아니었다. 안병무의 민중신학은 이 기나긴 조선사상사의 아포리아를 근원적으로 해소하려는 노력이라고 나는 생각한다.

1779년 주어사 세미나, 그리고 이승훈의 수세례受洗禮

우리나라 기독교의 역사는 자랑스러운 측면을 지니고 있다. 외부로부터 전파되어 온 것이 아니고 우리나라 내부로부터의 요구에 의하여 자발적으로 도입되었다는 것이다. 그 최초의 계기로서 항상 거론되는 것이 1779년 겨울 주어사走魚寺(경기도 광주군 퇴촌면

退村面, 우산리牛山里 천진암天眞菴 고허古墟) 강학모임이다. 주어사에 모인 사람들을 열거하면, 권철신, 이벽, 이승훈, 정약전, 정약종, 정약용, 이총억李寵億, 김원성金源星, 권상학權相學 등이다(정약용과 이승훈이 참석하지 않았다는 설도 있다. 참석자와 연도가 차이나는 것은 이들의 모임이 한 차례에 국한된 것이 아니었다는 의견도 있다. 그러나 나는 정약용은 확실히 참석했다고 본다). 이들이 모여서 10여 일 동안 모여서 조선 사절들이 여러 차례에 걸쳐 북경에서 가져온 천주교 교리관계 서적과 과학서적에 관해 세미나를 했다는 것이다.

주어사 모임에 관한 달레의 기술과 다산의 기술

이승훈이 북경에서 세례받고 귀국한 것이 1784년 3월이다. 그러니 이 세미나야말로 이승훈이 자발적으로 북경교당의 장 그라몽 신부에게 세례를 받게 되는 신앙의 원천동력이 되는 모임이며 오늘도 천주교회사는 이 주어사모임을 천주교사의 시발점으로 보고 있다.

물론 이러한 견해는 크게 틀린 것은 아니다. 그러나 이 담론의 내용은 주로 샤를르 달레(Claude-Charles Dallet, 1829~1878. 파리외방전교회의 선구자)가 쓴 『한국천주교회사』(上, pp.300~302)의 기술에 의거하는 것이며, 달레의 이야기는 면밀한 검토를 요구하는 것이다. 그런데 이 사건을 쓴 정약용 본인의 문헌이 두 개나 현존하고 있다. 「선중씨묘지명先仲氏墓誌銘」과 「녹암권철신묘지명鹿菴權哲身墓誌銘」에 그 정황이 자세히 그리고 매우 객관적으로 기술되어 있는 것이다. 당연히 정약용의 기술이 달레의 자료에 우선한다.

주어사 모임은 천주교 모임이라기보다는 정통유학의 모임

주어사에 모인 사람들은 모두 남인이며 성호 이익을 존숭하는 학인들이다. 이 강학모임은 여러 사람이 같이 토론하기 위하여 모인 것이라기보다는, 권철신이 주도한, 권철신의 강론을 듣기 위한 모임이다. 권철신은 모인 타인에 비해 한 세대 윗사람으로 유일하게 성호 이익 문하에서 직접 배웠다. 이 모임은 성호의 학통이 유지되기 위한 모임이었던 것이다. 그런데 「선중씨묘지명」에 보면 (선중씨는 다산의 둘째형 정약전丁若銓이다) 그 모임에 참가한 사람들의 실생활 모습이 잘 그려져 있다. 그런데 주목할 만한 사실은 이 모임은 전혀 천주교와 관련이 없었던 모임이라는 것이다. 이들이 강론한 것은 천주교가 아닌 유학정통의 서물들이었다.

다산이 천주교를 수용하는 계기

다산이 천주교를 마음속에 깊게 받아들인 것은 그로부터 5년이 지난, 자기 향리 마재로부터 서울로 돌아오는 한강의 배 안에서였다(갑진 4월 보름, 1784). 그때 맏형수의 제사가 있었다. 맏형은 정약현이고, 형수의 동생이 이벽이었다. 이벽은 청명한 한강변의 자연을 병풍 삼아 정약용 형제들에게 환상적인 교리를 퍼부었다. 다산은 말한다: "우리 형제들은 덕조德操(이벽)와 같이 한강변을 흘러가면서 배 안에서 그의 유창한 논변을 들었다. 천지조화의 시작이 어떠했으며, 육체와 정신의 문제, 삶과 죽음의 문제, 의아스럽고 충격적인 이야기를 듣고는 마치 가없는 저 은하수를 떠가는 것과도 같았다."(甲辰四月之望, 旣祭丘嫂之忌。余兄弟與李德操, 同舟順流。舟中聞天地造化之始, 形神生死之理。惝怳驚疑, 若河漢之無極。)

주어사 세미나의 실내용

그러니까 그보다 5년 전인 주어사강회에서는 신앙모임을 할 수 있는 상황이 아니다. 달레의 역사기술이 아닌 정약용 본인의 이야기를 들어보자!

> 녹암 권철신이 이 모임에 참가한 자들에게 손수 규정을 만들어 그 규정을 따르게 했다. 새벽에 일어나 얼음을 깨고 냇물을 움켜 세수와 양치질을 하게 했다. 그리고 『숙흥야매잠夙興夜寐箴』을 외웠다. 해가 솟을 때는 『경재잠敬齋箴』을 외웠다. 정오에는 『사물잠四勿箴』을 외웠다. 그리고 해가 질 때는 『서명西銘』을 외웠다. 그 모습이 장엄했고 각별히 삼가고 공경스러웠는데 절대 규율에 어긋남이 없었다.
>
> 鹿菴自授規程: 令晨起掬冰泉盥漱, 誦夙夜箴, 日出誦敬齋箴, 正午誦四勿箴, 日入誦西銘。莊嚴恪恭, 不失規度。

마치 결재하고 있는 스님들의 모습을 연상케 하는데, 여기서는 경전을 암송하는 것이 특징이다. 여기서 언급되고 있는 『숙흥야매잠』, 『경재잠』, 『사물잠』, 『서명』은 모두 오늘 쉽게 구해볼 수 있는 책들인데, 이 책들의 내용을 내가 다 소개하고 싶으나 지면의 제약으로 그리할 수 없음을 유감스럽게 생각한다.『숙야잠』은 송나라 진백이 지은 것인데 우리나라 노수신이 주해를 달았다. 노수신은 이 책을 퇴계에게 보내 질정을 받았다.『경재잠』은 주희의 작품인데 우리나라 이상정이 집설을 내었다. 그런데 이 두 개의 잠은 퇴계의『성학십도』에 들어갔다(제9도 경재잠, 제10도 숙흥야매잠).『사물잠』은『논어』「안연」에 있는 "사물四勿"에 대하여 정이천이 지은 잠언인데 우리나라 허목이 쓴 서첩이 있다.『서명』은 송학의 선하를 이루는 장횡거의 작품인데 유교의 총체적 의미를 축약한 명문으로 알려져 있다.『서명』도『성학십도』의 제2도로 들어갔다.

주어사 세미나 텍스트는 퇴계학정통주의 텍스트. 퇴계학의 상제화

결국 이 모임은 퇴계학정통주의를 표방하는 공부모임인 동시에 수련모임이었던 것임을 알 수 있다. 조선후기의 남인들에게 있어서 퇴계가 표방하는 주자학정통론은 "상제上帝"를 전제로 하는 도덕주의적 리고리즘(rigorism: 엄격주의)으로 잠언화箴言化 되어갔음을 알 수 있다. 이 문헌들 속에는 도덕의 근원으로서의 상제의 존재가 절대화되어 있음을 알 수 있다. 이 주어사모임은 조선왕조 주리론의 극한점이었다. 이 극한점 속에는 이미 기독교교리의 주요측면이 배태되어 있었던 것이다. 이 엄격한 도덕주의에서 기독교로의 전향이라는 것은 결코 어려운 문제가 아니었다.

기독교는 선교사들이 전파한 것이 아니다

기독교는 선교사들이 전파한 것이 아니라 조선인의 심성구조

속에 이미 배태되어 있었던 것이다. 이것이 조선의 행운인지 불행인지는 나는 알지 못한다. 함석헌이 말하는 씨알 속의 뜻인지는 모르겠으나, 조선의 문명은 왕조의 권력은 썩어문드러져 가고 있었지만 그 문화는 보편적 세계사의 모든 전위를 달리고 있었다. 이것은 우리가 되돌아보아야만 하는 사실이다.

개벽이 없고 목민만 있는 애처로운 다산, 최수운의 주어멸절

다산은 조선왕조문명의 라스트 챕터이다. 그러나 불행하게도 그는 새로운 챕터의 리더가 되지 못했다. 그에게는 개벽이 없었고 참된 목민牧民만 있었다. 애처로운 운명이다. 다산의 사후 한 세대 늦게 역사를 뒤집은 거목이 등장한다. 다산이 조선문명의 종장이라면 수운은 개벽세의 서막이다. 다산은 원래 주어가 없던 우리문명에 새로운 주어를 심으려고 노력했다. 그러나 수운은 또다시 주어를 멸절시키려 했다. 수운은 우리민족의 호운이자 세계사의 행운이다. 다산은 기독교를 만났다. 그러나 그의 해후는 어디까지나 조선의 학문 속에서 이루어진 것이다. 그는 개념적 틀 속에서 기독교의 위치를 찾으려 했다. 다산은 서양이라는 권위주의의 틀 속에서 기독교를 수용했다. 그 권위의 원천은 서양의 과학이고 현실적 힘의 우위였다. 기독교가 있었기에 과학이 나올 수 있었고 강력한 물질제패의 힘이 생겨날 수 있다는 것을 알았다. 서구열강 함대의 막강한 위상이 없었더라면 과연 기독교의 전파에 귀를 기울일 자가 있었을까? 다산 형제를 향한 이벽의 설교에도 그런 배경이 깔려있었을 것이다.

수운의 개벽함성, 조선왕조의 멸망이 조선민중의 구원이다

그러나 서구열강의 침탈의 막강한 힘을 극복할 수 있는 힘은 그 위세에 굴복하여 그 정신적 배경을 시급히 수용하는 데 있는 것이 아니라, 바로 그 위세를 생산하고 있는 정신적 구조를 근원적으로 개벽하는 것만이 우리의 살길이라고 외치는 소리가 있었던 것이다. 수운은 아편전쟁으로 이미 중국이 몰락하고 있고, 중국이 몰락하면 조선왕조가 몰락하는 것은 뻔한 이치라고 판단했다. 다산은 끝까지 조선을 살리려 했다. 수운은 조선의 멸망은 조선민중의 구원이라고 생각했다. 왕조는 멸망해도 백성은 멸망하지 않는다. 난군亂君은 있어도 난국亂國은 없다.

기독교는 왕조보다 더 지독한 수직구조.
릿치의 천주는 우주의 설계자, 독재자, 우주를 사유私有

왕조를 멸망시켜야 할 판에 기독교를 수용한다는 것은, 왕조보다 더 지독한 억압의 수직구도를 새로 도입하는 것이다. 왕조는 권위의 억압구조를 가지고 있기 때문에 자기갱생을 할 수가 없는 것이다. 민중이 주체가 되는 새로운 평등사회를 만들 수가 없는 것이다. 그런데 기독교의 하나님은 "하늘 꼭대기 옥경대에 앉아있는 상제꼴로서 세상사람들의 삶을 다 관장한다고 말을 하니 허무지설虛無之說 아닐런가!" 또 하나의 픽션이요, 왕보다 더 무서운, 세계 전체를 파멸로 휘몰아갈 수직과 연역의 폭력이다. 이것을 수용하면 이 민족은 개화하는 것이 아니라 파멸의 길로 들어설 뿐이다. 이 세계는 소유주가 있어서는 아니 된다. 릿치가 말하는 천주는 우주의 설계자로서 소유를 주장하고 있다. 여기에 속지 말라!

다산은 세계를 몰랐다. 수운은 세계를 알았다. 다산은 주어를 도입했고 수운은 주어를 해소시켰다. 다산은 수직적이었고 수운은 수평적이었다. 다산은 기독교교리를 만났지만, 수운은 하느님(＝천주天主)을 직접 만났다. 치열하고 외로운 정신투쟁을 산속 동굴 속에서 거쳤다.

수운의 하느님(상제) 해후

그에게 처음 나타난 하느님은 이렇게 말한다. 수운에게 소리가 들렸다. 수운은 묻는다. "대체 당신이 뉘시오? 왜 나에게 나타나는 거요?" 이때 하느님은 말한다.

"두려워 말라! 공포스러워 하지 말라! 세인世人(세상사람들)들이 나를 상제上帝라고 부르나니라. 너는 상제도 모른단 말이냐?"

이것은 최초의 한문문장인 「포덕문」에 있는 기술인데 릿치가 쓴 "상제"라는 표현을 썼고 그것을 "세상사람들이 말하는 바 상제"라고 하여 우회적인 표현을 썼다. 그런데 그가 두 번째로 쓴 한문문장인 「동학론」에는 표현방식이 한결 더 구체적이고 직접적인 모습을 드러내고 있다. 수운은 말한다:

몸이 춥고 떨리기 시작했다. 밖으로는 영기에 접하는 것 같았고 안으로는 강화降話의 가르침이 있었다. 그러나 보려 해도 보이지 않았고, 들으려 해도 들리지 않았다. 나는 마음을 가다듬고 기를 반듯이 하여 물었다: "이보시오! 내가 왜 이 모양이오?"

그러자 하느님이 이렇게 말했다.

"내 마음이 곧 네 마음이다.吾心卽汝心也。내 마음이 곧 네 마음이라는 이 엄청난 사실을 누가 알겠느냐! 사람들은 천지만 알고 귀신은 모르나니라. 귀신이 곧 나다.知天地而無知鬼神。鬼神者, 吾也。"

귀신은 고스트가 아니다. 천지의 모든 사건에 내재하는 영적 측면

여기서 말하는 귀신은 서양에서 말하는 고스트Ghost가 아니다. 천지는 물리적 사실physical fact이요, 귀신은 천지만물이라는 사건 Ereignis에 내재하는 영적 측면이다. 여기 "내 마음이 곧 네 마음" 이라고 하는 하느님의 주장은 조선왕조 사단칠정논쟁의 근원적 해결을 제시하고 있다. 인간의 마음이 곧 하느님의 마음이라고 한 다면, 하느님의 마음은 사단과 칠정의 분별을 허용하지 않는다. 대신 인간을 하느님으로 대접하고 모시는 새로운 사회구조를 만 들어야 하는 것이다. 그것이 곧 개벽이다!

시천주조화정, 오심즉여심과 민중신학

"오심즉여심"이라고 하는 메시지 속에는 인내천의 모든 가능 성이 함축되어 있다. 동학은 정치혁명을 이룩하기 전에 사상혁명 을 완성했다. 그래서 동학은 어떠한 좌절 속에서도 굴복하지 않을 힘이 있다. "오심즉여심"은 민중신학이 말하는 바, "민중이 곧 예 수이고 예수가 곧 민중이다"라는 주장과 일맥상통한다.

수운과 안병무

수운은 하느님이라는 주어를 사람으로 바꾸었고 안병무는 예수(=하느님)라는 주어를 민중으로 환원시켰다. 과연 민중이 예수라고 한다면 민중 자신은 누가 구원하는가? 안병무는 말한다: "민중은 스스로를 구원한다." 우리는 또 반문할 수 있다: "아니 스스로를 구원한다 하면서 어찌 민중이 자신을 파멸시키는 그런 지도자를 뽑을 수 있단 말이오?" 안병무는 말한다: "시시각각 변하는 민중의 부름에 우리는 참여해야 하오. 우리가 건방지게 민중의 진로의 차트를 설계할 수는 없소. 민중은 자기초월체란 말이오. 민중은 자기파멸의 곤경 속에서도 스스로 하느님의 소리를 듣고 새로운 진로를 개척할 것이오."

수운의 하느님은 이렇게 말한다: "나는 시종일관 천지의 생성에 참여해왔다. 노고가 많았다. 그러나 고생만 했지 공功을 이루지 못했다. 그러나 이제 너를 만났으니 내가 성공成功하려나보다!"

수운의 하느님의 핵심은 "노이무공勞而無功"이라는 이 한마디에 있다. 수운의 하느님은 전지전능한 이스라엘의 야훼가 아니다. 안병무가 말하는 하느님도 전지전능한 하느님이 아니다. 안병무가 말하는 인간세의 역사는 결국 민중과 하느님이 서로 참여하여 만들어가는 과정일 뿐이다.

민중신학의 핵심단어는 "사건"

민중신학의 핵심은 "사건"이라는 이 한마디에 있다. 사건은 실체가 아니라 과정이며, 구체적인 시공에 국한되는 것이 아니라 모든 시공에 걸쳐 일어나는 동시적 사태이다. 어떤 자들이 이렇게 말한다. 민중신학? 한물갔다! 민중이 애매해졌다. 도대체 뭐가 민중이냐? 나는 말한다. 민중신학은 영원하다. 민중이 영원할 수밖에 없기 때문이다.

어느날 안병무가 나에게 이런 말을 했다:

"김군! 세 여인이 찾아간 무덤이 비었다고 했는데, 그 '빔'을 노자철학으로 해석해보라구!"
"장횡거가 태허가 곧 기(太虛卽氣)라고 말했는데, 그 무덤의 빔은 기(=생명)로 가득찬 태허가 아닐까요?"
"글쎄! 너무 빨리 대답하지 말구 두고두고 생각해보라구!"

이것이 내가 들은 살아있는 안병무의 마지막 말이었다.

※ 이 원고는 2022년 11월 5일 밤 탈고된 것이다.

— ■ — ■ — ■ —

다시 읽어보는 거대담론

지금 다시 읽어보니 너무도 방대한 주제를 자세히 다루고 있는 거대담론이라고 생각된다. 기독교 성경의 내용이나 신학적 담론도 결국 우리민족의 기존의 내재적 사유체계 한 가닥으로써 풀어낼 수 있다는 것을 말한 고심의 역작이라 하겠다. 언제 내가 이토록 깊고 넓게 생각했는지, 다시 생각해봐도 가슴이 벅차다. 독자들이 공감해주기만을 기대한다. 언어적 개념을 초월하는 느낌 속에서 우리는 만날 수 있다.

그런데 마지막 부분에서 가슴이 아프다. 나는 묻는다: "아니 민중이 민중 스스로를 구원한다고 안 선생님은 말씀하셨는데, 어째서 민중은 자신을 파멸시키는 그런 인물을 이 험난한 세파를 헤치고 나아가야 할 이 위태로운 시기에 지도자로서 뽑는단 말이오?"

민중이 과연 자기 스스로를 구원할 수 있을까?

그 질문에 대한 안병무 선생님의 대답은 민중은 "자기초월체"라는 말씀이다. 민중은 자기파멸의 곤경 속에서도 스스로 하느님의 소리를 듣고 새로운 진로를 개척할 것이라고 했는데, 안병무의 시대만 해도 낙관의 희망이 남아있었던 시대 같다. 지금은 민중이 하느님의 소리를 들을 수 없도록 망가졌고(물리적으로 귀가 사라졌다) 새로운 역사의 진로를 개척하는 것이 근원적으로 불가능하도록 자연이 망가지고 있다. 방사능물질이 온 천지를 휘감고 있으니 하느님의 소리는 방사능에 의하여 왜곡될 뿐이다. 예레미아도 이런 환경 속에서는 하느님의 소리를 듣지 못할 것이다. 이 민족의 미래에 대한 절망감만 깊어지고 이 땅에서 살아가야 할 후손들의 장래가 걱정스러울 뿐이다.

2023년 5월 14일(일요일)

해목이 스페인 북부 산티아고 성당 앞에서 보내온 사진

해목海木이 산티아고 데 콤포스텔라 대성당(Catedral de Santiago de Compostela) 앞에서 부인과 함께 찍은 사진을 나에게 보내왔다. "산티아고 데 콤포스텔라"는 대성당이 위치한 도시의 이름이다. 스페인 북부 갈리시아Galicia 지방의 중심도시이며 유럽의 문화수도로 선정될 정도로 고색창연한 도시이다. 산티아고는 프랑스 피레네산맥 국경지대에 있는 생장피에드(Saint-Jean-Pied-de-Port)로부터 시작되는 순례길 800km의 종착지로서 유명하다.

해목 부부는 그 장엄한 대성당(예수의 제자 제베대의 아들 야곱의 유해가 모셔져 있다고 함) 앞에서 손을 번쩍 들고 사진을 찍었는데 부인 손에는『나는 예수입니다』가, 해목의 손에는『용담유사—수운이 지은 하느님 노래』가 들려있다. 33일 동안 800km를 걸으며 이 책 두 권을 독파하였다고 한다. 말한다: "예수와 수운의 삶을 명상하며

많이 보고 배우고 담고 돌아
갑니다. 고맙습니다!"

해목이라는 사나이

해목은 누구인가? 해목은
태어나기는 진천에서 태어
났다 하는데, 천안에서 자라
난 순 천안토배기 사람이다.
말띠니깐 나이도 적지 않다.
남산국민학교를 나와 천중
(천안중학교), 천고(천안고등학교)를 거쳐 숭실대학교 철학과를 나왔다.
공부도 착실히 많이 한 사람이다.

나는 천안에서 국민학교는 다녔어도 중·고등학교를 서울에서
다녔기 때문에 천안에 친구들이 형성되어 있질 않았다. 그렇지만
나는 대학을 졸업할 때까지 줄곧 주말이면 천안에 내려가 부모님
과 시간을 보냈기 때문에 나의 성장과정은 천안의 향토색에 젖어
있었다.

그러나 내가 외국유학생활을 끝내고 돌아왔을 때는 부모님이
천안을 떠나셨고 병원은 둘째형이 승계했지만 천안을 내려갈 일
이 거의 없었다. 나는 1982년에 귀국했다고는 하지만 금의환향을
한 것이 아니라, 새로운 유학을 시작했다. 한국이라는 새로운 풍토

속에 새로운 벤쳐를 감행하는 모험의 여로였다. 내가 변했기 때문에 모든 것이 새로웠다. 그래서 나는 과거의 노스탈쟈에 연연할 한가함이 없었다. 그런데 어쩌다가 천안에 오는 나는 괴로운 광경에 몸서리쳐야만 했다. 개발, 발전이라는 이름으로 모든 산하가 파헤쳐지고 변형되었기 때문에 노자적 아나키즘에 심취해있던 나에게는 그 모든 변화가 고통이었다. 쳐다봐주기가 민망했다. 그래서 나는 천안을 마음속에서 잊어가고 있었다. 그리고 나를 내 고향에 연결시켜주는 휴먼 네트워크가 없었다. 천안에서 내가 만나는 사람들은 대부분 대화를 나누기조차 힘든 보수적 인물들이었다. 그런 사람들과 대면하면 서로가 불편할 뿐이다.

천안에 동학농민혁명기념도서관을 세워야 합니다

내가 해목을 처음 만난 것은 "국민총행복과 농산어촌개벽대행진"을 진행하면서 아산에 왔을 때였다(2021년 12월 9일). 어느 지사가 나에게 목천판 『동경대전』을 내밀며, 천안에 동학농민혁명기념도서관의 건립을 추진하고 있는데, 그것은 나의 도움이 없이는 힘들다는 것이었다. 왜냐하면 그 도서관 건립의 발상 자체가 나의 동학연구로부터 시작되었다는 것이다. 물론 동학경전의 최초의 간행소는 강원도 인제(인제 남면 갑둔리 김현수金顯洙의 집)이지만 동학경전을 실제로 민중에게 유포시킨 최초의 대규모 발간은 목천이 중심이라는 것이다(현재 목천은 천안시 행정구역이다). 동학의 실세들의 거점이 목천이었으며 목천 즉 천안을 빼놓고 동학의 민중운동을 논할 수 없다는 것이다. 그는 "천안天安"은 "인내천안人乃天安"

이며 "사람이 하느님이 될 때만이 세상은 편안해진다"는 뜻이라고 역설하였다.

처음에 나는 어리둥절했으나 그의 말 속에는 내가 미처 생각지 못했던 진취적 사유가 들어있었다. 그리고 그는 매우 상식적이고 진지한 인간이었다. 나는 나의 사상적 고뇌와 나의 고향의 노스탈쟈를 연결시키는 어떤 역사의 축이 천안의 역사에 담겨져 있다는 것은 상상도 하지 못했다. 그는 천안이야말로, 동학사상의 발상지로서의 경주와 동학혁명의 진원으로서의 정읍과 함께, 동학경전의 유포지로서 크게 선양되어야 한다고 자긍심을 지니고 말했다.

"선생님께서 도와주시면 대업이 이루어질 수 있습니다."

"나 개인이 무슨 힘이 있겠소만, 힘을 합치면 되겠지요."

나의 고향 노스탈쟈에 엘랑비탈이 생겨나다

그 뒤로 나는 이 군을 수없이 만났는데, 만날 때마다 놀라는 것은 꼭 무슨 새로운 업적을 들고 오는 것이다. 일례를 들면, 『김구응 열사 평전』이 새로 간행되었다고(유관순의 투쟁기는 우리민족의 소중한 자산임에 틀림없으나 그 4·1아우내만세운동의 진정한 주역은 교육자 김구응 선생이었다. 김구응은 현장에서 순국하였다) 들고 오는가 하면, 또 4·19의 거에 희생된 천안(충남) 지역 사람들의 4·19혁명기념비를 제막했다고 소식을 전하기도 하고, 민촌도서관(민촌은 소설가 이기영의 호)의 활동을 말해주기도 하고, 천안 지역에서 일어나는 모든 시민운동, 노동운동에 참여해서 어떤 성과가 있었다고 보고한다. 천안 지역의 모든 시민단체활동에 그가 빠지는 사례가 거의 없는 것 같다. 나는 신학철 화백도 그를 통해 만났다. 나는 그에게 "해목海木"이라는 호를 지어주었는데, "목천의 해월이 되어라"는 뜻이다. 그는 나의 제자로서 해목의 역할을 기필코 해낼 것을 자임했다. 나는 해목을 통하여 천안을 새롭게 발견했다. 그리고 천안에도 건강한 시민의식을 가진 많은 사람들이 있다는 것도 알게 되었다. 나는 해목을 통하여 나의 고향 노스탈쟈에 생명력을 불어넣고 있는 셈이다.

나는 해목의 주선을 통하여 천안 목천판 동경대전·용담유사 간행기념 국회학술대회의 기조강연을 하게 되었다(2022년 11월 29일, 화요일 오후 2시 국회도서관 강당). 천안 국회의원 이정문의 공이 컸다. 그 기조강연 원고가 매우 귀한 내용을 담고 있어 여기 싣는다. 그리고 이 원고는 『창작과 비평』 2023년 봄호 논단에 "동학 경전의 탄생"이라는 제목으로 실렸다는 사실을 밝혀둔다. 동학의 정신을 온누리에 펼치는 데 도움을 주고자 하는 창비 편집팀의 배려에 심심한 감사를 드린다.

동학 초창기 역사에 있어서
천안·목천 사람들의 긴장과 헌신
― 동학혁명의 획기적 계기를 만든 동학경전 목천 목활자본과 목판본 ―

나의 어린 기억에 남아있는 천안과 목천

나 도올은 천안사람이다. 천안읍 대흥동 231번지에서 태어났고, 그곳에서 자라났다. 휴전이 성립하기 전에 재빼기 꼭대기에 자리잡고 있는 제3소학교(나중에 천안중앙국민학교가 됨)에 들어갔다. 59년에 서울에 있는 중학교에 입학하기까지 나는 순 천안토배기로 컸다. 내가 어렸을 때만 해도 천안삼거리는 삼남에서 과거보러 올라가는 사람들이 쉬어가던 연못과 주막집, 그리고 능수버들을 연상케 하는 옛 모습을 지키고 있었다. 삼거리를 지나 진고개라는 꽤 큰 행길이 난 흑성산 옆자락의 고갯길을 넘어가면 목천에 이른다. 국민학교 꼬마들이 이 수십 리 먼 길을 붕어 잡고 멱감는다고 마구 싸다녔다.

거무신 호랑이와 우리 동네 쌔빠또

나는 그렇게 천안의 기를 흠뻑 마시며 컸다. 지금 독립기념관이

들어선 그 산이 흑성산인데, 우리 꼬마들은 토배기 말로 "거무신"이라고 불렀다. "흑성黑城"이라는 한문표기로 보면 그것이 "검다"라는 뜻을 지닌 것으로 볼 수 있겠지만, 당시 씨알농장을 운영하시던 함석헌 선생님께서 집회에서 하신 말씀에 의거하면 "거무신"의 "거무"는 "검다"는 뜻이 아니고 "곰"을 의미한다 하셨다. "거무신"은 "곰신(熊神)," 즉 신성한 경배의 대상이라는 것이다. 천안 사람들은 이 거무신의 외경스러운 기를 받으며 컸던 것이다. 우리 때만 해도 거무신에는 호랑이가 살았다. 내가 국민학교 4학년 때의 일인데 우리 동네 대흥동 석호네집에 엄청 잘생긴 거대한 셰퍼드개가 있었는데 새벽에 거무신 호랑이가 내려와서 물고 사라졌다고 했다. 그 "쌔빠또"는 끝까지 저항하면서 용감히 싸웠는데 마당에 피가 낭자했다. 나는 그 낭자한 핏자국을 해뜬 후에 일어나 보았다. 그 싸움장면은 실제로 여러 사람들이 보았다고 했다.

세성산 전투를 기억하자!

진고개를 넘어 북쪽으로 올라가면 목천향교가 나오는데 개울 옆으로 송덕비 류의 고비古碑들이 주욱 늘어서 있고 주변의 소소蕭蕭한 광경은 매우 고색창연한 역사를 말해주고 있었다. 목천은 지금은 천안에 귀속되어 있지만, 옛날에는 천안 못지않은 넓은 면적의 별도의 고도古都였다. 북으로 성거산聖居山이 있고, 남으로 세성산細城山이 있다. 1894년 10월 21일의 세성산전투는 동학혁명의 진로에 암운을 던진 아쉬운 전투였다. 만약 목천에 집결한 동학농민군 3천여 명이 일본군·관군을 패퇴시켰더라면 우금치전투의 양상도 달라질 수 있었을 것이다. 경사京師로 직향直向한다는 농민혁명군의 꿈이 이루어질 수도 있었을 것이다.

천안삼거리의 의미

하여튼 내가 보고 느끼며 자란 산하가 모두 피맺힌 조선의 운명, 아니 세계사의 찬란한 여명을 가져온 동학과 관련이 있는데도 나는 그런 것을 알지 못하고 컸다. 천안이라는 고을은 본시 천안군과 목천현木川縣, 직산현稷山縣, 이 세 고을이 순치脣齒의 관계를 이루면서 상호 발전, 변천하여 오다가 1914년 일본의 식민지정책의 일환으로 개편된 행정구역상 천안군으로 합군合郡된 것이다. 이 지역은 옛부터 조선대륙의 중요한 센터로서 신라·백제·고구려가 항상 각축을 벌이는 곳이었고, 조선시대에도 교통량이 가장 많은 곳에 속했다. 천안은 이별의 눈물이 뿌려지는 곳이기도 했지만, 또 동시에 만남의 환희로 흥타령이 울려퍼지는 곳이기도 했다.

동학은 경주에서 태어났지만, 그 사상을 온누리에 펼친 곳은 천안

나는 본시 머리가 영민치 못하기도 했지만, 학벌이니, 문벌이니, 족벌이니, 지벌이니, 동창이니 하여 패거리를 운운하는 인간세의 행태가 혐오스러워 일체 그러한 인간관계를 멀리하고 살아왔다. 그래서 고향이라고 해서 일부러 갈 일은 없었다. 그런데 천안의 경우는 발전이라는 이름으로 너무도 처절하게 나의 어릴 적 낭만이 파괴되어 가슴이 아파, 한 발자국 고토를 밟을 마음이 생겨나지 않았다. 그런데 동학을 계기로 하여 고향을 다시 인식하게 되는 인연은 기묘하다면 참으로 기묘하다 할 것이다.

동학은 경주에서 태어나기는 했지만 그 동학을 창도한 사람들의 열망의 원천이 충족되는 계기, 그 간망懇望의 이상이 실현되는 계기는 나의 고향 천안(+목천·병천 지역) 사람들이 제공했다. 1883년 계미년 천안·목천 지역에서의 『동경대전』·『용담유사』의 집중적 발간이라는 이 사건을 계기로 동학은 비로소 오늘 우리가 말하는 동학이 될 수 있었고, 무극대도無極大道의 사명을 다할 수 있게 되었다. 동학은 물론 하나의 종교로서 시작된 운동은 아니다. 그 것은 종교임을 거부하는 완전히 새로운 개념의 혁명운동이다. 수운은 "다시개벽"이라는 말을 썼는데 이 "개벽開闢"이라는 단어야 말로 서양식 "종교Religion"를 대신할 수 있는 우리식 표현이라 말할 수 있다.

수운의 문제의식: 수직적 종교사유와 수직적 권력구조의 상응성

서양의 종교는 "초월적 절대자의 존재성"을 전제하고 그 존재에게 나의 운명을 맡기는 절대적 복속을 "신앙Belief"으로 삼는다. 그러나 동학은 "무위이화無爲而化"를 전제로 한다. 그것은 하느님 자체가 세계와의 관계에서 조작적인 개입(爲)이 없이 스스로 그러한 변화를 추구한다는 것이다. 하느님과 인간은 세계생성의 동반자일 뿐이다. 하느님은 인격적인 존재Being인 동시에 철저히 비인격적인 생성Becoming이다.

보국안민에서 개벽으로

수운의 사상은 매우 심오하다. 많은 사람들이 그가 말하는 진리에 동참할 때 동학은 생명력을 얻는다. 수운은 동학에 대한 발상을 서학에 대한 반성으로부터 시작하였다. 수운에게 제일 먼저 다가온 테제는 "보국안민輔國安民"이었다. 보국안민이란 외부로부터 우리민족에게 부과되는 순망치한脣亡齒寒의 위협으로부터 어떻게 이 민족을 보전할까 하는 아슬아슬한 테제였다. 수운에게는 이 위협을 극복하는 길은 물리적인 대응이 아니라 우리에게 위협을 가하고 있는 힘을 생성하고 있는 그 핵심적 구조의 허점을 파악하고 그 죄악을 개벽함으로써 우리문명의 건강성을 회복하는 새로운 정신혁명을 의미했다. 그것은 우주적인 과업이었다. 보국輔國의 "보"는 "바로잡는다"는 뜻이다. 그것은 구극적으로 "우리민중의 의식을 바로잡는다"는 뜻이다. 그것은 서양문명의 초월이었고, 기독교, 서학, 모든 절대적 존재를 전제로 하는 황제적 종교체제의 초극이었다. 모든 불연不然(비상식)은 기연其然(상식)으로 회귀되어야 하는 것이다.

수운의 헤지라

그의 사상은 난해했고, 주변사람들에게나 후대인들에게 제대로 이해되질 않았다. 그리고 그의 사상이 조선의 원래적 도덕풍토에서 나온 것임에도 불구하고 영남의 유생들은 그를 "서학쟁이"로 휘몰았다. 수운은 마치 무함마드가 메카를 떠나 메디나로 거점을 옮기는 성천聖遷(헤지라Hegira)을 단행하듯이, 낯선 전라도 남원

땅으로 거점을 옮긴다. 수운은 그곳에서 홀로 고독을 씹으며 방대한 저작을 할 수 있었다. 수운의 저술이 남원체류기간 동안에 다 이루어진 것은 아니지만, 「교훈가」, 「도수사」, 「권학가」, 「동학론」, 「수덕문」, 「몽중노소문답가」 등 매우 핵심적인 저작이 이루어졌다. 이 행위의 의미를 우리는 명료히 이해해야 한다.

수운이 해월에게 도통을 전한 것은
자신이 지은 경전을 출판하라는 사명을 전한 것이다

수운은 자신의 대각과 설법의 내용이 주변사람들에게 일시적으로 정확하게 전달되는 것은 불가능하다는 것을 깨달았다. 그리고 자기 사상이 조선왕조체제의 근원적 부정 위에 서있기 때문에 왕조에 수용될 수 없다는 것도 확실히 깨달았다. 따라서 자신의 육신은, 모든 의로운 순절자들이 그러하듯이, 죽임을 당함으로써 그 온전한 가치를 드러낼 수 있다고 믿게 된다. 대신 그의 사상은 그의 저작을 통하여 한 글자의 왜곡도 없이 후세에 전달되어야 한다는 사명감을 불태운다. 그래서 수운은 파접罷接을 통하여(접주제도를 취소함) 후계자 체제를 한 사람으로 일원화시키고 그에게 자기 원고의 상재上梓를 부탁한다.

수운에게 있어서 "도통의 전수"라는 것은 선종禪宗에서 말하는 바와 같은 추상적이고도 상징적인 의발의 전수가 아니고, 매우 구체적인 물리적 사명이다: "내 원고를 한 글자 오석誤釋이나 변형이 없이 있는 그대로 인쇄하여 세상에 유통시켜라."

정직하고 충직한 해월이라는 인물

이 사명을 받은 자가 경주 동촌 황오리_{皇吾里}에서 태어난 해월
海月 최경상崔慶翔(1827~1898: 교형으로 돌아가심. 72세)이다.

4복음서나 바울의 서한이 없이는 오늘날의 기독교는 존재할 수
없었다. 성경이 없이 종교가 존속할 수 없는 것이다. 무함마드의
계시도 꾸란으로 남았기 때문에 이슬람이 있을 수 있는 것이다.
동학도 『용담유사』나 『동경대전』이 있기 때문에 그 생명력이 지금
여기서 굽이치고 있는 것이다.

동학은 인류종교사에서 케리그마가 없는 유일한 종교

그런데 동학경전은 타 종교경전과 견주어 말할 수 없는 유니크
한 특징이 있다. 그것은 "케리그마Kerygma"의 필터를 거치지 않
았다는 사실이다. "케리그마"란 20세기 초 성서신학에서 생겨난
말이긴 하지만, 그것은 모든 종교영역에 적용될 수 있는 유용한
개념이다. 케리그마는 문자 그대로는 "선포Proclamation"라는 뜻인
데, 초기신봉자들(초대교회)이 자기들의 교주에 대해 갈망하는 이
미지를 선포하기 위하여 경전의 언어를 구성한다는 뜻이다. 예수
의 경우, 그 케리그마는 "그리스도" 즉 구세주(=메시아), 혹은 "하
나님의 아들"이라는 선포이다. 이 케리그마의 필터를 거치면 인
간 예수, 역사적 예수Historical Jesus는 사라지고, 케리그마 즉 그
리스도라는 이미지, 즉 초대교회의 갈망만 남는다. 다시 말해서
2천 년 동안의 기독교의 역사는 역사적 예수를 말한 것이 아니라,

초대교회에서 형성된 그리스도를 선포한 것이다. 사실 오늘날의 기독교라는 것은 이런 허구화된 예수를 말하고 있는 것이다. 케리그마가 경전을 지배한 결과인 것이다.

케리그마는 허구, 수운의 삶은 시종 있는 그대로

최수운은 기독교(＝천주교＝서학)와의 대결에서 모든 신비나 이적이나 예언, 사람을 홀리게 만드는 "조화造化"를 거부하고 "성誠・경敬・신信"이라는 상식적 일상도덕의 가르침을 주장했다. 그래서 그는 그의 가르침에 역행하는 신비주의자들의 "홀림"의 위태로움을 잘 알고 있었고, 이들이 초기교단을 형성하게 되면 그의 가르침은 그들의 케리그마에 의하여 왜곡되고 타락되고 신비화되리라는 것을 정확히 예견했다(「흥비가」). 모든 대각의 종교운동은 초기집단을 노리는 사기꾼들에 의하여 왜곡되는 것이다.

최수운은 "지식의 허구성"을 잘 알고 있었다. 그의 후계자로서 지식이 출중한 인물은 사도 바울과 같이 오히려 케리그마를 조직적으로 형성하여 동학의 진로를 바꿀 우려가 있었다. 그가 한문으로만 저술을 하지 않고 동시에 한글가사를 지었다는 것도 민중에게 직접 개벽의 복음을 전파해야 한다는 사명을 가졌기 때문이다. 다산이 단 한 건의 한글서한이나 시조 한 수도 남기지 않았다는 사실, 그의 형 약전이 서민을 위한 서민생활의 『자산어보』를 집필하면서도 물고기의 한글이름 한 자도 써넣지 않았다는 것은 그들의 의식구조가 어디까지나 망해가는 조선왕조의 기력회복(목민牧

民)에 머물렀다는 것을 의미한다. 수운의 문제의식과는 소양지판
이었다.

해월의 비개념적 통찰력, 인간적 순수성, 자기 선생님에 대한 충성심

해월은 지식인이 아니다. 그러나 이 말에는 좀 어폐가 있다. 해
월은 진리의 화신일 뿐, 세속적 학식으로 다져진 인간이 아니라
는 뜻이다. 한문으로 글을 지을 능력이 부족한 수준의 학식이었
다 해도, 그의 관찰력과 통찰력, 이해력은 그 어느 누구보다도 뛰
어났다. 개념적 사유를 하지 않으나 일상적 언어의 구사는 학식을
소유한 자들이 미칠 수 없는 고경高境을 달렸다. 그는 무엇보다도
"순박純樸"한 인간이었고, 결단Entscheidung의 지사였고, 의리의
사나이였고, 고매한 인격자였다.

수운은 자기말을 고지식하게, 왜곡없이 결행할 수 있는 인물을
찾았고, 해월은 "큰선생님"(大先生主: 동학은 교주니, 구세주니 하는 따위
의 말을 쓰지 않는다. 이것은 수운 본인이 호칭을 규정해준 것이다. "선생님" 이
상의 호칭을 허락지 않았다. 수운이 죽고난 후, 해월이 "선생님"으로 불리자 수
운은 "큰선생님"으로 자연스럽게 호칭된 것이다. 대신사大神師니 신사니, 성사
聖師니 하는 말들은 모두 천도교 종교교단 성립 이후에 만들어진 것이며, 교도가
아닌 일반인들이 사용할 필요는 없는 명칭이다)의 말씀을 어김없이 실천
하는 데, 이 지상에서 찾을 수 있는 더없는 인물이었다.

수운과 해월의 만남은 무극대도의 필연이었고, 조선민족의 행

운이었고, 전 인류의 서광이었다. 이 두 사람 사이에서 이루어진 언약은, 순결한 동학의 언어와 정신을 어떠한 케리그마의 왜곡도 침투할 수 없도록 그 원모습을 후세에 전하는 사업을 내용으로 하는 것이었다. 수운은 죽으면서도 해월에게 "고비원주高飛遠走"를 명했다. 그의 저작원고를 등보따리에 지고 빨리 멀리멀리 튀라는 훈시였다. 추상적인 메시지가 아니었다.

전봉준이 증언하는 최보따리의 의미: 남접, 북접은 존재하지 않았다

동학혁명을 연구하는 학인들이 "남접"이니 "북접"이니 하는 개념들을 함부로 남발하여 마치 동학조직이 남·북접으로 이원화되어 있었던 것 같이 말하고 있는데, 그것은 당시 언론이나 소수 기술자記述者들이 방편적으로 쓴 국부적 언사를 확대해석하는 데서 생겨난 오류이다. 동학혁명 당시도 모든 지휘권이나 결정권은 해월 최시형 한 사람에게 있었다. 전봉준 장군이 붙잡혀서 취조를 받을 때의 기록을 한번 살펴보자!

> 問(일본영사): 동학도 중 접주의 직위를 부여할 수 있는 자가 누구이냐?(東徒中差出接主, 是誰之爲?)
>
> 供(전봉준): 동학의 모든 접주직함은 오로지 최법헌崔法軒 한 사람으로부터만 나올 수 있는 것이다.(皆出於崔法軒。)
>
> 問: 그대가 동학접주가 된 것도 해월 최시형이 임명한 것이냐?(汝之爲接主, 亦崔之差出乎?)
>
> 供: 그렇다.(然矣。)

問: 묻건대 동학접주라고 하는 것은 모두 최법헌 한 사람에게서만 나올 수 있는 것이냐?(東學接主, 皆出於崔乎?)

供: 그렇다.(然矣。)

問: 호남, 호서를 막론하고 모두가 최법헌의 임명을 받는다는 것이냐?(湖南湖西, 一切同然乎?)

供: 그렇다.(然矣。)

이것은 1895년 3월 7일(음력)의 문초기록이다. 이때 해월은 도바리중이었고 아직 잡히질 않은 시기였다. 하여튼 이때만 해도 전봉준의 입에서 동학의 전국조직을 관장하는 것은 최해월 한 사람이며, 자기는 해월에게서 접주임명을 받은 전라도 지역의 국부적 접주 한 사람일 뿐이라고 명료한 언설을 발하고 있는 것이다. 연구자들은 이러한 명료한 언설을 깊게 이해하여야 한다. 동학을 함부로 분열시키고, 흠집내는 짓을 해서는 아니될 것이다.

최보따리 = 최버퍼리 = 최법헌

그런데 우리의 주목을 끄는 것은 "최법헌崔法軒"이라는 명칭이다. "법헌"은 동학조직의 최고지도자라는 뜻이겠지만, 내가 표영삼 선생님으로부터 들은 바에 의하면 그것은 아주 소박한 해월의 별명에서 유래되었다는 것이다. 해월은 항상 수운 선생님의 수고 手稿를 등짐에 지고 다녔기에 별칭이 "최보따리"였다는 것이다. 물론 사람들은 그것이 큰선생님의 원고라는 것을 몰랐어도, 항상 해월이 보따리를 소중하게 간직하였고 잘 때도 끼고 잤기 때문에

"최보따리"라는 별명을 애칭으로 불렀다는 것이다.

그런데 강원도 산골 지역 사투리에서는 "보따리"를 "버퍼리"라고 했는데, 그래서 자연스럽게 "최버퍼리"가 되었고, "최버퍼리"라는 명칭이 한자의 용법과 오버랩되면서 "최법헌"이라고 부르게 되었다는 것이다. 이것은 표영삼 선생이 전하는, 초기 동학 교인들 사이에서 전해 내려오는 확실한 민간전승이다. 해월에게는 수운 선생님 원고와 그것의 간행이 중요한 과제였다는 것을 입증하는 사연을 간직한 이름인 것이다. 그 보따리는 1880년(포덕 21년) 인제 갑둔리에서 개간(開刊)할 때까지(5월 11일), 옹고로시 보존되었다.

해월은 수운의 수고手稿를 출판 그날까지 온전히 보존했다:

해월은 최장기 도바리꾼

해월은 햇수로 36년 동안 계속해서 산간마을을 전전하며 "도바리"를 쳤지만 단 한 번도 체포된 적이 없다. 조선왕조 조정은 세 번이나 집중적인 체포령을 내렸어도 그를 검거하지 못했다. 그가 최후로 체포된 것도 도주의 시운이 다했다고 생각했기 때문에 스스로 체포된 것이다(1898년 4월 5일). 대부분의 수배자들이 체포되는 과정은 내부의 밀고자에 의한 것이다. 그러나 그의 주변에는 단 한 명의 배신자도 없었다. 그만큼 그는 민중의 신실한 친구였고 민중의 보호를 받는 위대한 리더였다. 해월은 조직을 운영하는 귀재였지만 그것은 모두 내면의 도덕에서 우러나오는 것이다. 따라서 보따리가 위험에 처한 적은 없었다(최초 간행까지는 17년간). 그러나 만약 분실의 위험이 있었다 해도 해월이 그 원고를 보존하는 것은 결코 어려운 문제는 아니었을 것이다. 많은 분량이 아니었기 때문에 부본副本을 만들어 여러 군데 나누어 보관하는 것도 그리 큰 수고가 드는 문제가 아니었다. 어떠한 경우에도 수고를 상실한다는 것은 있을 수가 없는 문제였다.

구송설이라는 낭설

『동경대전』이 원고대로 보존되어 오늘 우리에게 원본 그대로 전달되었다는 사실은 동학을 위대하게 만드는 종국적인 사실이며 세계종교사에 유례가 없다. 그런데 "구송설" 운운하는 것은 20세기 천도교단의 몰지각한 지성의 신비주의에서 유래된 낭설이며 동학의 역사의 제반 사실은 그것을 수용할 여지를 남기지 않는다.

출판 당시의 기록인 『도원기서』의 증언, 구송설은 그림자도 보이지 않는다

1880년 경진판(인제 갑둔리판)의 간행 대사건을 당시에 기록한 매우 오리지날한 역사문헌이 남아있다. 『도원기서道源記書』라는 문헌은 『대선생주문집大先生主文集』(수운의 출생부터 사망에 이르기까지의 역사)과 그 이후 해월 중심의 교단의 역사를 실제체험에 즉하여 기술한 원사료인데, 후반부는 동학의 도차주道次主 강시원姜時元(영덕 출신의 대지식인, 해월의 단짝친구와도 같은 성실한 사람. 해월 보필의 일등공신. 1894년 청주전투에서 피체, 12월 청주병영에서 처형됨)이 1879년 11월 10일부터 집필하여 12월 말경에 탈고하였다. 다음 해 경진판간행

사건까지 나중에 첨가하였다. 그러니까 참으로 오리지날한 당대의 문헌이다.

이『도원기서』의 기록에 해월이 수운의 원고를 분실하여 특별한 계시를 받아 다시 지어내었다는 이른바 "구송설口誦說"은 일말의 그림자도 보이지 않는다. 뿐만 아니라, 비교적 초기문헌으로서 권위있는 근거자료인『해월선생문집』(1906년 이전),『본교역사本教歷史』(추암秋菴 오상준吳尚俊 집필. 1910년 8월~1914년 11월),『천도교회사초고天道敎會史草稿』(1920년, 천도교청년교리 강연부講演部에서 교리강의안으로 작성) 등에 그러한 이야기는 냄새도 비추지 않는다. 하다못해 1920년에 최유현이 쓴『시천교역사侍天敎歷史』에도 그런 내음새를 비추지 않는다.

해월은 원고를 분실했다면 자살이라도 할 사람이다!

만약 인제에서『동경대전』초판본을 간행할 때, 최수운 큰선생님의 초고가 유실되었거나 여하한 이유로든지 존재하지 않았다면, 반드시 그 사연을 기록하였을 것이다. 아마도 간행할 엄두도 못 냈을 것이다. 그리고 하늘에 고유식을 올리는 당당한 치성제致誠祭도 지냈을 리 만무하다. 아마도 해월이 큰선생님의 수고를 분실하였다고 한다면, 그리고 영원히 찾을 수 없는 회록지재回祿之災를 당하였다고 한다면 선생님 뵐 면목없다고 자살이라도 하였을 것이다. 그것은 교단의 와해를 의미한다. 이 사안이 그만큼 중대하다는 것을 오늘의 사가나 학자, 연구자들이 알아차리지 못하고 있는 것이다.

수운이 상재上梓를 맡긴 것은 왜곡을 방지하기 위함이다. 단순한 전달이라면 필사의 방식도 가능했을 것이다. 그러나 수운이 판각인쇄를 부탁한 것은 움직일 수 없는 공적公的인 정본正本을 남기기 위한 것이다. 그러나 당시 인쇄라는 것은 간단한 작업이 아니었다.

역사적 예수는 없다. 그러나 역사적 수운은 있다.

예수의 복음서는 물론 예수 본인이 집필한 것이 아니다. 제자가 집필한 것도 아니다. 제자들은 저술능력이 없는 사람들뿐이었다. 그것은 초대교회의 지식인들이 예수를 사람들에게 알리기 위하여 기존의 말씀자료들을 모아 구성한 드라마양식이다. 즉 로기온(말씀자료)과 내러티브가 결합한 매우 특수한 문학양식이다. 문학이라는 것은 오늘의 연속방송극처럼 기본이 픽션이다. 예수라는 드라마는 예수라는 사실(역사적 실존)과 일치될 필요가 없다. 케리그마의 상像을 확대시키는 것이 상책이다.

수운은 드라마를 원치 않았다, 해월은 리얼리티 그 자체를 보존했다

그러나 수운은 바로 이런 드라마를 원치 않았다. 자신의 삶의 열정과 진실과 지혜, 그리고 민족의 앞날에 대한 우환을 살아있는 모습에 담겨있는 그대로 전달하려 했다. 수운은 해월에게 그 인쇄업무를 종단조직형성보다 더 우선적 과제로 주었다. 그러나 해월은 그 과제를 안고 도바리행각을 벌이면서도 위대한 포접제도의 전국 조직을 구축했다. 그의 조직의 힘이 책 1종을 간행할 정도로 안전하게 구축된 시점이 바로 1880년경이었다. 20년 가까운 세월을 통해 경전간행의 힘을 축적해왔던 것이다.

구송설이라는 망언의 정체: 이제 그 망언은 사라져야 한다!

그런데 도대체 이 "구송설口誦說"이라는 것은 어디서 생겨난 망언妄言인가? 1920년에 교단의 공식적 역사로서 쓰여진 『천도교회사』에까지도 언급된 바 없는 이 망언이 도대체 어떻게 생겨난 것일까? 이 망언의 출처는 내가 조사해본 바로는 『천도교서』라는 문헌이 유일하다. 『천도교서』는 1921년 4월 5일에 발행된 것인데 "박인호저朴寅浩著"라고 표지에 박혀있다. 춘암春菴 박인호, 1855~1940는 예산 사람으로 의암 손병희孫秉熙(1861~1922, 청주 사람)를 뒤이어 천도교의 제4대 교조가 된 사람인데 그는 3·1만세독립운동 직후 내외의 압력으로 교단이 극히 불안정할 때 이 교리서를 집필한 것으로 알려져 있다. 기존의 교리서와 다른 점은 손병희시대의 역사를 소상하게 다루었다는 것이다. 춘암은 1882년 동학에 입도했는데, 기실 손병희도 같은 시기에 손병희의 조카 송암松菴 손천민孫天民의 손에 이끌려 들어왔다. 그러니까 춘암과 의암은 동기생이다. 그런데 춘암은 의암보다 나이가 6살이나 위다. 그런데도 춘암은 의암을 깍듯이 선생으로 모셨다. 춘암은 동학혁명 당시 덕산대접주 자격으로 충청도 홍성, 예산, 신례원 지역에서 동학군을 이끌고 맹렬히 싸웠다. 춘암은 우직한 사람이고 최린과 같은 인간과는 달리, 투철한 항일정신을 끝내 버리지 않았다. 춘암은 손병희시대의 천도교 내부사정에 밝았다.

춘암의 인간됨에 관해서는 내가 부정적으로 할 말이 없으나, 『천도교서』를 집필한 그의 내면의 욕구나 의도에 관해서는 잘못된 시각이 있다고 말할 수밖에 없다(사실 이『천도교서』는 춘암이 직접 쓴 것은 아니라고 한다. 그러나 필자들의 의도를 방조했을 가능성은 있다). 그는 해월 선생을 "신적인 존재"로 만들려 했다. 춘암이『천도교서』를 쓸 때 의암은 옥고를 치르고 병상에 누워있었고 교단은 분열되는 기미를 보이고 있었다. 춘암은 이러한 분열을 막기 위해 "수운-해월-의암"을 모두 신격화시키려 했던 것이다.

『천도교서』의 황당한 기술: 소저간책이 다 탔다

『천도교서』제2편 제11장의 기술은 이러하다:

포덕21년布德二十一年(1880) 경진5월庚辰五月에, 신사神師, 경문간행소經文刊行所를 인제군갑둔리麟蹄郡甲遁里 김현수가金顯洙家에 설설하시다. 대구참변大邱慘變 후後로, 대신사大神師의 소저所著 간책簡策이 화신중火燼中에 소진소진燒盡되고 일一도 가고可考할바 무無하더니, 시시是時에 신사神師, 친친親히 수집蒐輯하실새 본래本來 문식文識이 무無함으로 기술記述치 못하시고 천사天師께 고告하사, 강화降話의 교教로써 경문經文을 구송口誦하야, 인人으로 하야금 서書케하야 창간創刊하시다.

참으로 황당한 논리가 아닐 수 없다. 만약 "대구참변"이 기대치 못했던 특정한 사건이었다면 모르겠으나, 이 "대구참변"은 최수운이 1864년 3월 10일 대구 남문 밖 관덕당 장대將臺에서 참수된 그 사건을 명료하게 지칭하고 있다. 이 사건은 전해 12월 10일 용담에서 수운이 체포된 이래 4개월의 시간을 경과하며 그 추이가 예정되었던 사태였고, 이 시기에 용담에 화재가 나서 수운 선생이 직접 지으신 간책이 모두 불에 탔다는 이야기는 전혀 사실이 아니다. 무엇보다도 박인호는 1882년에 이르러 입도한 사람이므로 수운 선생과 해월의 정신적 내면의 관계를 전혀 알지 못한다.

수운의 저서는 어느 누구도 구송할 수 없는 특이한 문법구조를 가지고 있다

그리고 수운의 소저所著는 한문용법이나 그 내용이 특이하고 수운 자신의 독특한 구문론, 의미론으로 구성되어 있기 때문에 문자를 모르는 자가 "하늘에 계신 스승님의 강화降話의 가르침"으로 구송口誦할 수 있는 그런 성격의 문헌이 아니다. 더구나 문자에 어두운 해월이 그 뜻을 모르는 채 구송하는 것을 옆에 있는 타인이 받아적어 문서로 만들어 그것으로 창간刱刊하였다는 것은 도무지 논리적으로나 현실적으로 있을 수 있는 사태가 아니다. 춘암의 이 언급은 그 전체가 불성실하고, 사실의 근거가 없으며, 어불성설, 논리가 성립하지 않는다.

그 다음 12장에는 또 다음과 같은 이야기가 실려있다.

제군들이여! 요즈음 오도吾道에 들어오는 자는 많으나, 도道를 아는 자는 적음을 한恨하노라. 도道를 안다고 하는 것은 자기가 자기를 아는 것이요, 자기를 알지 아니하고 먼저 타인을 알려고 하는 사람은 어찌 민망치 아니하뇨……

내가 독공篤工할 때에 큰비 속에 있어도 내 옷이 젖질 아니하였으며, 능히 90리 밖에 있는 사람이 보였으며, 또 사기邪氣를 멈추게 할 수 있었으며, 기적을 행하기도 하였으나, 지금은 이 모든 것을 돈연頓然히 끊었노라. 원래 이따위 것들은 소사小事에 지나지 않는 것이요, 결코 대도大道의 정리正理가 아니라. 고로 큰선생님께서 조화를 거부하신 것도 이에 원인原因한 바니라. 도는 고원난행高遠難行한 곳에 있는 것이 아니라 일용행사日用行事가 다 도道아님이 없나니, 천지신명이 다 물物로 더불어 추이推移하는 것이다.

그러므로 지성이면 감천이니, 제군은 인人이 부지不知함을 환患치 말고, 오직 사事에 처하는 도道에 통通하지 못함을 환患하라!

수운은 이적을 거부하였다고 해월은 증언한다. 구송의 이적은 넌센스이다 천사강화天師降話를 논한 글, 바로 옆에는 또 기적이나 조화나 비술祕術을 금하는 상식적 언어가 적혀있다. 구송설이 얼마나 엉터리없이 지어낸 말인지, 그 자가당착의 논리에 의하여서도 입증되는 것이다. 동학은 상식인데, 그 상식을 전하는 경전이 비상식적인 신비로운 강화降話에 의한 것이라니 도대체 말이 되는가?

구송설은 이슬람『꾸란』성립을 모방한 신비주의 낭설,

해월은 원고 그대로 우리에게 전했다

당시 우리나라에도 이슬람종교가 소개되어 히람동굴 같은 얘기가 퍽 많이 유포되었는데, 이 강화구송 이야기는 무함마드의 체험과 상통하는 바가 있다. 이슬람도 무함마드가 글을 모르는 사람이라는 것을 강조한다. 그리고 끊임없이 들려오는 천사 가브리엘의 말을 완전히 자기의식을 상실한 상태에서 타자로서 이야기하는 신비스러운 언어를 주변 글 잘 아는 제자들이 집필한 것을 집대성한 것이 꾸란이라는 것이다.

그런데 이 꾸란의 경우는 AD 610년(무함마드 40세)부터 AD 632년까지 자그마치 23년에 걸친 계시의 기록이다. 계시라도 23년 동안의 꾸준한 계시라는 것은 계시라 말하기 어려운 것이다. 이것은 차라리 무함마드의 삶의 기록이다. 그리고 탁월한 상인이며 전략가였던 무함마드가 글을 몰랐다는 것도 말이 되지 않는다. 하여튼 무함마드에게 내려진 알라의 계시도 상식적으로 설명이 가능하다. 『동경대전』은 알라의 계시가 아니다. 수운의 삶의 대각의 언어이다. 그리고 그것을 해월이 원고 그대로 우리에게 전했다. 이것이 최종적 사실일 뿐이다.

야뢰 이돈화의 의도적 왜곡

이 강화구송설이 춘암의 허언虛言에 머물렀다면, 그냥 춘암의 귀여운 제스처로 넘길 수도 있었을 것이다. 그런데 이것을 재탕삼

탕해서 구라를 피운 장본인이 바로 야뢰夜雷 이돈화李敦和(1884~ 1950. 함경남도 고원군에서 태어나 19세 때 동학에 입도. 『개벽』 주간. 최린이 주도한 천도교 신파의 이론가. 조선임전보국단에 참여, 조선청년을 전선으로 내보내는 연설을 적극적으로 함. 내선일체의 정신을 고취. 열렬하게 친일행각을 남겼다. 『친일인명사전』에 오름)였다. 춘암의 『천도교서』는 본 사람이 적으나 이돈화의 『천도교창건사天道敎創建史』(1933)는 베스트셀러 중의 하나였다. 그 영향은 압도적이었다. 야뢰의 글은 춘암의 『천도교서』(1921)보다 12년 늦게 나온 것이다. 그러나 춘암 이름으로 된 『천도교서』를 베꼈고 문장은 더 좋다. 그 많은 역사책이 있는데 하필 왜 춘암을 베꼈을까? 무함마드식의 구송설이 더 사람들에게 신비감을 자아내고 신앙심을 돈독하게 만드는 데 기여한다고 생각했을 것이다. 다음을 보라!

경진 4월 5일에 대신사의 향례享禮를 마치시고, 5월에 신사, 경전간행소를 인제군 갑둔리 김현수가金顯洙家에 설설設設하시다. 원래 대구참변大邱慘變 후에 대신사의 소저간책所著刊冊이 화신火燼 중에 다 소실燒失되고 일문일자一文一字도 가고 가고可考할 바 없더니, 이때에 신사 친히 수집修輯하실세, 본래 문식文識이 없음으로 글로 기술치 못하시고, 경전經傳을 친히 암송暗誦한 후에 사람으로 하여금 대서代書케하야 개간한지 일개월에 흘공訖工하니 이것이 곧 『동경대전東經大典』이었으며, 그 이듬해(1881) 포덕22년 신사辛巳 6월에 신사, 다시 개간소開刊所를 단양군丹陽郡 남면南面 천동泉洞 여규덕가呂圭德家에 개설하시고, 조선문 가사 8편을 구송口誦하야 간행케하시니 이것이 곧『용담유사龍潭遺詞』이었다.

(『천도교창건사』 제2편 p.30).

표영삼 선생이 밝히는 눈물어린 진실:

동학은 종교꾼들의 언어로 기술될 수 없다

야뢰는 아예 이듬해 여규덕가에서 발간된『용담유사』까지도 "구송"으로 해버렸다. 과연 야뢰라는 사람이 수운과 해월의 삶의 고뇌를, 그 긴장과 헌신과 끊임없이 닥치는 위기상황의 흑암黑暗을 눈꼽만큼이라도 이해했을까? 참으로 한심하다. 표영삼 선생님은 말씀하신다:

"수운과 해월의 비젼을 춘암─야뢰의 격格에서 논한다는 것 자체가 참 부끄러운 일입니다. 구송설 하나만 해도, 내가 왜 이렇게 애타게 말이 안되는 소리라고 외치는지를 주변의 학자라는 사람들이 이해하지 못해요. 구송설은 동학의 원래적 가치를 근원적으로 파멸시키는 낭설입니다.『동경대전』이 해월의 암송이라면 동학은 해월 것이 되어버려요. 동학의 역사에 끼어들 수 없는 파국입니다. 그런데도 아직도 학인들이 절충안을 운운하며 학식을 과시하고 있어요."

이야기할 필요도 없는 것을 이야기한다는 것 자체가 지극히 피곤한 일이다. 그러나 동학을 이해하기 위해서는 이러한 하찮은

듯이 보이는 문제가 동학의 가치를 근원적으로 무화無化시킨다는 사실을 깨달아야만 한다. 수운은 이미 죽기 전에 케리그마의 폭력을 예언하고 대비한 것이다. 신약성서 속에 예수는 없다. 예수에 관한 말잔치만 있을 뿐이다. 그런데 동경대전 속에는 수운이 있다. 잔치는 없고 역사적 그 인간(其人)의 피눈물만 있는 것이다. 세계종교사의 가장 유니크한 특성이다. 그 특성을 우리 천안·목천 사람들이 발현시킨 것이다. 동학을 사랑하는 우리 천안·목천 사람들은 개화기 천도교 지성들의 굴절과 굴욕과 굴요屈撓로부터 근원적으로 벗어나야 한다.

몽양 여운형도 동학 집안에서 탄생: 여규덕, 여규신 모두 해월의 직계

여기 언급된 단양군 남면 천동의 여규덕呂圭德은 근세 정도를 지킨 존경스러운 정치인 몽양 여운형呂運亨, 1886~1947의 작은할아버지임을 밝힌다. 그리고 계미 3월에 해월을 찾아간 사람 명단 중에 있는 여규신呂圭信은 몽양의 친조부이며 여규덕의 형님이다. 몽양도 결국 동학의 기氣 속에서 자라난 인물이다.

자아! 이제 목천판에 관한 이야기를 해보자! 여러분들은 이제 경전간행이라는 것이 얼마나 중요한 문제인지 깨달았을 것이다. 『동경대전』 판본에 관한 문제는 이미 나의 대저大著, 『동경대전』 1·2와 『용담유사』, 총 3권의 책 속에 상술詳述되어 있다. 현재 『동경대전』 간본의 주요판본들이 다 노출되어 있고, 그 판본 5종이 모두 나의 책 『동경대전』1 후미에 수록되어 있다.

『동경대전』주요판본 5종

1. 인제경진초판본麟蹄庚辰初版本(1880년 6월)
2. 목천계미중춘판木川癸未仲春版(1883년 2월)
3. 경주계미중하판慶州癸未仲夏版(1883년 5월)
4. 인제무자계춘판麟蹄戊子季春版(1888년 3월)
5. 신묘중춘중간판辛卯仲春重刊版(1891년 2월)

연구자들에게는 더없이 행복한 라이브러리라고 생각된다. 원본이 다 공개되었으니 왈가왈부할 건덕지가 없다. 원 사료를 공개하지 않는 상태에서 임의의 주석을 달거나 비교논문을 쓰는 것은 양심 있는 학인이 할 짓이 아니다. 이제 동학경전의 경우는 누구나 귀한 원전을 갖게 되었으니 판본에 관한 것은 암중모색을 할 나위가 없다.

『동경대전』은 모두 목판본이 아닌 목활자본이다!

나의 연구과정에서 드러난 최초의, 그리고 막중한 오류발견의 사건은 간행된 『동경대전』의 모든 판본이 "목판본"이 아니라 "목활자본"이라는 사실이다. 이것은 움직일 수 없는 사실이며, 여태까지 전제해왔던 많은 상념常念이나 논리적 전제가 무너질 수밖에 없는 사건이다. 서지학 전문가들의 눈에는 인쇄과정을 운운하지 않아도, 인쇄된 책만 가지고도 그것이 목판본인지 목활자본인지를 쉽고 정확하게 식별할 수 있다. 이것은 "주장"의 테마가 아니라 "과학적 사실"(scientific fact)의 영역에 속하는 것이다. 이론異論의 여지가 없다.

목판본은 우선 "목판"을 만들어야 하고 또 "목각"을 해야하는데, 이것은 시간과 공이 엄청 들어가는 작업이다. 해인사 경판 한 장을 만드는 데 최소한 3년의 세월이 걸린다고 하는데, 과연 관헌의 눈을 피해 도주중에 있는 사람들이 할 짓인가? 그리고 다시 도장을 파듯이 한 글자 한 글자 목판 위에 새겨넣어야 하는데(좌우가 뒤집어진 글씨) 과연 일반 동학도들 중에서 몇 명이나 그러한 특별기술을 소유하고 있을까? 최초의 간행소식을 전하는 『도원기서』는 다음과 같이 말하고 있다:

"5월 9일(1880년) 각판소刻板所를 설치하였고, 5월 11일에 개간開刊하기 시작하여, 6월 14일에 이르러 인출印出하기를 마치었다. 15일에 별도로 제사를 지내었다(※ 여기 '제사'는 수운 선생님께 드리는 제사다).

五月初九日, 設爲刻板所, 而十一日爲始開刊. 至於六月十四日, 畢爲印出. 十五日別爲設祭."

목판본과 목활자본의 차이

자아! 한번 생각해보라! 이 대공사가 1880년 5월 11일에 시작하여 6월 14일에 완성되었다. 그리고 6월 15일에는 수운 선생님께 역사적 대업을 완수했다는 제사를 지냈다는 것이다. 그러니까

『동경대전』최초의 판각이라는 대사업이 불과 한 달 사나흘밖에는 안 걸렸다는 것이다. 해월 선생 일생을 기록한 유일한 문헌인 『해월선생문집』(1898년부터 1906년 사이에 성립한 매우 초기의 진실한 문헌)에, 이 사실에 관하여 "간출대전백여권刊出大全百餘卷"(『동경대전』100여 권을 간출해내었다)이라는 기록을 남겨놓고 있다. 그러니까 최초의 간출인쇄부수는 100부 정도였다는 것을 알 수 있다. 100부는 매우 합리적인 숫자이다. 그러나 100부를 찍기 위해서 목판을 만든다는 것은 있을 수 없는 일이고, 또 물리적으로 몇 년이고 걸려야 하는 사업이 단 한 달 만에 이루어졌다는 것은 어불성설이다. 이것은 일종의 "벼락치기 인쇄"인데, 이 사업을 달성할 수 있는 방법은 "목활자본" 인쇄방식밖에는 없다.

잘못된 것은 고치면 그만,

목판본의 역사기술은 모두 목활자본으로 고쳐야 한다

목활자본은 목판이 필요없고, 문선과 식자, 조판작업으로 끝나며 소수분량을 찍고나면 금방 해판解版해버려 자취를 남기지 않는다. 공정의 수고를 줄이고, 비밀리에 진행하며, 기간을 단축시킬 수 있는 방법은 목활자본의 방법밖에는 없다. 그리고 금속활자는 관에 독점되어 있지만 목활자는 민간에서 자유롭게 활용되었고, 19세기 후반에는 목활자업자들이 족보인쇄 등으로 성업을 누리고 있어서 컨택만 되면 금방 와서 모든 채비를 차려주었다. 인제판, 목천판, …… 이후의 모든 『동경대전』인쇄는 목활자본이다. 이 사실을 아무도 주목하지 못했다. 표영삼 선생조차도 이 사실을 알아차리지 못했다. 나는 한국학중앙연구원의 박철민 박사(서지학 전공), 그리고 국립중앙도서관의 관계자들의 도움을 얻어 움직일 수 없는 이 사실을 밝혀냈다.

"성주현 박사! 잘못된 것 아냐? 인제군 학술세미나자료를 보니까 뭐 목판보관 서고까지 있었다고 써놓고 있는데 그게 다 거짓말이 되잖아! 목판은 아예 존재하지 않았다구! 당신두 신나게 목판본을 운운했던데 어떻게 하지?"

성 박사의 답변은 명쾌했다.

"고치면 되죠. 잘못된 것인데 고쳐야죠. 그게 뭐 어려운 일인가요. 인제 유적간판부터 싹 갈아야 돼요."

성 박사의 답변은 명쾌했다. "과즉물탄개過則勿憚改"(잘못된 것은 고치기를 두려워해서는 아니 된다)라는 『논어』(1-8)의 말씀처럼 그 해결책은 명료한 것이다. 그러나 학인이라 자칭하는 자들은 성 박사와 같은 정직한 이야기를 하지 않는다. 지금도 "탄개憚改"하고 있다. 한심하다! 물론 목천판도 다 목활자본이다.

목천판 출판 대사업에 대한 김화성의 진술: 진실의 한 측면

목천판 인쇄대업(※ 내가 "판각"이라는 말을 쓰지 않고 "인쇄"라는 말을 쓰는 것은 목활자본을 염두에 두고 하는 말이다)에 관한 최초의 기록은 1894년 갑오년 10월 27일, 세성산전투에서 붙잡힌 동학혁명군 리더 중의 한 사람인 김화성金化成의 진술이다(『순무선봉진등록巡撫先鋒陣謄錄』에 실림. 관군 장위영壯衛營 부영관副領官 이두황李斗璜의 문초 기록이다). 김화성은 말한다:

"저는 계미년(1883년) 초에 보은에서 최시형에게 동학의 도를 전수받아 목천木川 복구정伏龜亭(지명)에 사는 대접주 김용희金鏞熙·김성지金成之(대접주라는 말이 김용희에게만 걸린다고 보아야 할 것 같다)와 한마음으로 결의를 맺고, 스스로 '삼로三老'라 칭하였습니다. 그리고 동과 서에 각기 포包를 설하여 동학의 도를 널리 펼 것을 도모하였습니다. 먼저 대접주 김용희와 더불어 포에 있는 돈 6,000냥을 거두어 모은 후에 『동경대전東經大傳』(온전 전全 자가 아니다) 100권을 개간하였습니다. 그 중 30권은 최시형에게 보내주었고, 나머지 70권은 저와 용희가 반씩 나누어 배포하였습니다.

癸未年分受道於報恩崔時亨, 許與木川伏龜亭大接主金鏞熙金成之同心結誼, 自稱三老, 各設東西包, 謀其廣布。爲先與鏞熙收斂包中錢六千兩, 鳩聚後開刊東經大傳一百卷。其中三十卷, 送于崔時亨。處以七十卷矣, 身與鏞熙分半而以矣。"

목천 지역의 삼로

이 심문기록에 의하면 목천 지역에서 열렬하게 동학운동을 하던 삼로三老가 있었는데, 이들은 보은에 있던 최시형으로부터 직접 도를 전수받아 포접활동을 전개하였다는 사실이 드러난다. 삼로는 해월과 연락망을 구축하고 있었고, 또 그 정성과 신념이 확실했고, 또 자금력이 있는 사람들이었다. 삼로는 1) 김용희金鏞熙 2) 김성지金成之 3) 김화성金化成이다. 이 중 김용희가 리더였고 자금동원력이 있었다. 해월은 인제에서 『동경대전』 간출작업을 하기는 했어도, 그것이 최초의 작업이었고, 또 과연 『동경대전』의 내용을 어떠한 형식 속에서 구성할지에 관하여 확고한 틀이 짜이질 않은 상태에서 이룩한 작업이었기 때문에 미흡한 점이 많았다.

인제초판본의 개인문집의 체제, 목천판에서 비로소 경전체제 갖춤

인제초판본은 동학경전이라기보다는 수운 선생 개인문집의 개념으로 접근했던 것이다. 그래서 재간행사업의 필요성을 절감하던 중, 목천이라는 새로운 거점에 눈을 뜨게 된다. 목천 사람들은 의리가 있었고 또 재력이 있는 사람이 많았다. 변통變通이 있는 사람들이었다. 그리고 작업을 위해 사람들이 모일 수 있는 접근성도 좋았지만, 엄폐도 쉬웠고, 또 사방으로 도망갈 수 있는 지형적 이점이 많았다. 무엇보다도 목천현은 재력가가 많았다. 당대 목천현은 지금 독립기념관이 자리잡고 있는 그 작은 동네가 아니라, 병천, 수신, 성남, 동면, 북면, 목천 동부 6개 면을 포섭하는 큰 단위였다. 『순무선봉진등록』의 기록 중에 가장 리얼한 부분은 돈 6천 냥을 모아 단시간 내에 100부를 개간하였고, 그 중 30권은 최시형에게 갔고, 나머지 70권은 김화성과 김용희가 나누어 배포하였다는 사실이다. 이미 살펴본 대로 인제에서 간행한 부수가 100부였다면, 목천판도 역시 그 범위였을 것이다. 당시 종이를 많이 구한 다는 것은 쉬운 일이 아니었다.

하여튼 이 삼로 쪽의 기록을 염두에 두고 다시 여타 쪽의 기록을 살펴보자!

목천판 간행에 대한 교단측의 기사들: 삼로 대신 김은경, 100부 대신 1,000부
초기문헌 중 『해월선생문집』에는 목천판 기사가 없다. 그리고 추암 오상준이 집필한 『본교역사』(1910~1914)에도 목천판 이야기가 없다. 그런데 1920년에 천도교청년교리강연부에서 집필한 『천도교회사초고』에 목천판이야기가 실려있다. 최초의 언급인 것 같다. 그러니까 목천판 『동경대전』은 37년이 지난 1920년에나 최초로 공식적으로 언급된 것이다. 그런데 이 교단의 언급은 김화성의 진술과 출입이 있다. 『천도교회사초고』의 기사는 다음과 같다.

> 포덕24년(계미癸未, 1883) 2월에 신사, 동경대전간행소東經大全刊行所를 충청도 목천군木川郡 구내리區內里 김은경가金殷卿家에 개설開設하시고, 『동경대전東經大全』 천여부千餘部를 발간發刊하시다.

이것이 목천판에 관한 최초의 기록이다. 그런데 이 기록은 간행의 주체를 삼로三老로 밝히지 않는다. 그 대신 김은경金殷卿이라는 인물이 아필된다. 『등록』에 "목천복구정대접주김용희木川伏龜

亭大接主金鏞熙"라는 표현이 있지만 "복구정"이 동경대전간행소
일 필요는 없다. 그리고 김용희는 보통 "접주"라 할 수 있는 인물
이며 목천군 내에서 재력이 꽤 있었던 사람임에는 틀림이 없다(지
방사학자들의 연구에 의거). 이것은 삼로 중의 한 사람인 김화성의 진
술이기 때문에 삼로의 역할을 좀 과장했을 가능성이 있다. 하여튼
삼로의 거사와 김은경의 간행사건은 별도의 두 개의 사건일 수는
없다.

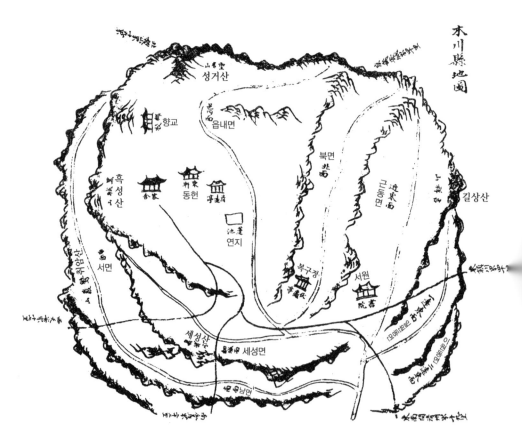

『여지도서輿地圖書』에 있는 목천현 지도, 1757~1765

그리고 교단측의 발행부수 1,000권과 삼로의 진술 100권 중에서 무게는 당연히 100권에 실린다. 당시 1,000권을 인출한다는 것은 불가능에 속하는 일이었다. 현재의 출판사 사정으로도 책 1천권 인쇄는 쉬운 일이 아니다. 교단의 기록은 아무래도 교단의 사업을 융성한 것으로 과장하기 마련이다. 한마디로 1,000권은 낭설이다! 그런데 『본교역사』와 『천도교회사초고』에 모두 김은경에 관한 중요한 기사가 실려있다. 『본교역사』는 말한다:

포덕22년 신사辛巳 8월에 유경순柳敬順, 윤상오尹相五, 김영식金榮植, 김은경金殷卿, 김성지金成之, 내알신사來謁神師하야 문도수절차問道修節次하다.

『교회사초고』는 말한다.

포덕22년(신사) 8월에 유경순, 김은경, 윤상오, 김영식, 김성지 등이 신사神師에 내알來謁하야 수도修道하는 절차節次를 문문하다.

완전히 동일한 내용이 실려있다. 『초고』는 『본교역사』를 참고한 것이다. 그런데 이때는 매우 중요한 시기였다. 1880년 6월에 인제 갑둔리에서 역사적인 간행을 한 후, 교세는 점점 확장일로에 있었다. 해월은 다음 해(1881년) 6월, 장소를 단양의 여규덕 집으로 바꾸어 『용담유사』를 발간하였다. 당시 상황으로 볼 때 이것 역시 목활자본이었을 것이다(애석하게 이 판본은 전하지 않는다). 『용담유사』의 발간은 동학이 직접 민중과 소통하게 되는 위대한 계기가 마련되었다는 것을 의미했다. 민중은 뜻을 몰라도 『용담유사』를 읽고 암송하고 또 전사할 수 있었다. 『용담유사』는 순식간에 전파되어 나갔다. 나도 이 시기에 쓰여진 『용담유사』 수사본 하나를 보관하고 있다.

김은경과 해월의 교감: 해월은 목천에 왔다

해월은 교세의 확장에 따라 새롭게 경전을 발간할 계기를 모색하고 있었다. 바로 이때 매우 믿음직한 목천 사람이 찾아온 것이다. 김은경은 실제로 병천並川 사람으로 상당한 재력가였으며 학식과 인품이 출중한 인물이었다. 여기 "수도절차에 관하여 문의하였다"라고 했지만 실제로는 해월과 김은경 사이에서 『동경대전』의 중간重刊 논의가 오갔던 것이다. 그리고 해월은 어느 시기 목천을 방문하여 그 구체적 정황을 점검하고 사람들을 만났을 것이다. 목천판은 체재體裁의 변화가 있기 때문에 지도부의 직접지도가 없이는 이루어질 수 없는 사업이었다. 목천판 『동경대전』 간행에 관한 가장 포괄적인 논의는 『초고』와 같은 시기에 쓰여진 『시천교역사』(1920)에 잘 표현되어 있다.

> 『동경대전』을 중간重刊하여 각 포에 배포하다.
> 인간소印刊所를 목천군 구내리 김은경가에 다시 설치하고,
> 『동경대전』 천여 부를 다시 간행하여 각 포에 반급하였다.

해월 선생님께서 권말에 발문을 쓰시어 그 의의를 밝히시었다. 이때에 우리 도를 흠모하여 입교하는 자들이 각 처에서 몰려들었다. 충추, 청풍, 괴산, 연풍, 목천, 진천, 청주, 공주, 연기 등 군에서 교세가 불어났다. 그때 초창기의 사람들을 대강 거명하면 다음과 같다. 손성렬, 안교선, 김영식, 김상호, 김은경, 안명익, 윤상오, 이일원, 여규덕, 여규신, 유경순, 이성모 등은 입교자들의 효시가 되는 인물들이다.

重刊東經大全, 頒于各包:
重設印刊所, 于木川郡、區內里、金殷卿家。又刊東經大全千餘部, 頒給于各包。師跋于篇末。是時嚮風入敎者, 如忠州、淸風、槐山、延豐、木川、鎭川、淸州、公州、燕岐等郡也。槩擧其人曰, 孫星烈、安敎善、金榮植、金相浩、金殷卿、安明益、尹相五、李一元、呂圭德、呂圭信、劉(柳?)敬順、李聖模等, 爲入敎之嚆矢也。

『천도교창건사』에 언급된 간행기록, 도운의 융성

후대에 성립한 『천도교창건사』는 다음과 같은 말로 이때의 분위기를 총정리하고 있다.

포덕24년 계미 2월에 신사, 다시 간행소刊行所를 충청도 목천군 내리(※ "木川郡內里"라고 쓰여있는데 "목천 군내리"로 읽을 수도 있다. 그러나 "구내리區內里"에서 "구區" 자를 빼먹은 것으로 봐야 할 것이다. 야뢰의 기술은 부정확한 곳이 많다) 김은경가에 설設하시고 『동경대전』 천여 부를 간행하사 각 포에 반급頒給하니, 이때에 도운道運이 충청경기에 파급하야 포덕이 날로 융성隆盛하였었다.

해월의 말을 통해서만 듣던 수운의 외침을 지식인은 한문으로, 대중은 한글로 직접 접하는 감격은 어마어마했을 것이다. 그 열망을 불러일으킨 진원이 바로 번화한 천안삼거리를 살짝 비껴난 아우내에 있었던 것이다. 해월은 『동경대전』 초간 이듬해, 여규덕가에서 다시 『용담유사』를 간행하고 바로 두 달 후에 병천 사람 김은경을 만났던 것이다(1881년 8월). 그리고 김은경의 인품과 역량을 믿고 재차 간행의 대업을 부탁한다. 김은경은 해월 알현 후 목천으로 돌아와서 김용희를 만나고 삼로들의 적극적인 협조를 부탁한다. 하여튼 목천 간행소는 구내리 김은경가에 설치된 것이 분명하다.

동학은 출판을 통하여 근세 최대의 전투를 감행하였다

여기 "구내리區內里"라는 것은 순 이두식의 한문표기이다. 구내리의 "구"는 "아홉"이다. "내"는 "냇갈"을 의미한다. 원래 "병천並川"이 여러 냇갈이 만나 어우러지는 곳이라 하여 토속우리말로는 "아우내"라 불렀던 것이다. 그러니까 "구내리"는 실상 병천 지역을 가리키는 것이다. 이 지역에는 "구계九溪"라는 이름도 있고, "죽계竹溪"라는 이름도 있다. 모두 우리말을 한자화하는 데서 생겨나는 이름들이다.

우리의 최종적 결론은 이러하다. 이 전체사업에 있어서 제일 중요한 사람은 "아우내의 김은경"이다. 김은경은 이러한 대업을 이룩하고서도 천수를 다하고 갔다. 강릉김씨 족보에 의하면 김은경은 77세까지 살았다(1855년에 태어나 1931년에 돌아감). 그러니까 김은경은 목천의 대공사를 마치고 세성산전투에는 참여하지 아니한 것이다. 그가 전투에 참여하지 않았다 해서 그를 탓할 수 없다. 오히려 그는 보호되어야만 할 인물이었다. 그러나 세성산전투에서 포로가 되어 죽음을 직면한 삼로의 한 사람 김화성金化成의 입장에서는 아무래도 생사를 같이한 사람들의 시각으로 사태를 바라보기 마련이다. 그래서 김용희가 전적으로 이 간경刊經사업을 주도한 것으로 인식하고 진술한 것이다.

삼로의 배경은 김은경, 김은경의 배경은 해월

그러나 이 삼로의 헌신을 가능케 한 총체적 바탕을 마련한 것은 김은경이었고 김은경의 배후에는 해월이 있었다. 목천간경사업은 해월이 직접 김은경을 통해 주도한 것이다. 목천간행의 부수는 100부래야 맞다. 김화성의 진술(진술 후에 곧 총살됨)은 진실된 것이다. 김화성의 진술 속에는 원래 간행소의 위치에 관한 언급이 없다. 그리고 삼로만의 사업으로 진술한 것도 김은경을 보호하기 위한 것임에 분명하다. 김은경은 당시 40세였고 굳건한 동학의 포스트였다. 그러니까 목천간경사업은 김은경과 삼로가 합심해서 이룩한 쾌거였다. 뿐만 아니라 천안·목천 지역의 수많은 동지들이 한마음으로 뜻을 모았다는 것이다.

자아! 과연 간경소刊經所는 과연 어디에 있었을까? "구내리區內里"라는 것은 아우내(병천) 지역을 가리키는 말이므로, 그 말로써는 구체적인 장소를 파악할 수 없다. 통나무에서 나온 표영삼 지음 『동학2』111쪽을 보면 표 선생님이 김은경이라는 인물의 아이덴티티를 추적하는 과정이 실려있다. 표 선생님은 호적과 족보 등의 자료를 통해 동면 죽계리에서 김은경을 찾아내고, 또 평기리 면실마을에서 김은경을 찾아낸다. 그리고 이 양자를 별도의 인물로 간주하고 동학접주는 면실마을에만 있었다고 추정한다.

죽계리 450번지: 아우내 총본산: 전투의 지휘소

그러나 그 후 지방사 연구가들이 밝혀낸 바에 의하면 면실마을의 김은경과 죽계리의 김은경은 동일인물이며, 동학에 헌신한 재력가임이 밝혀졌다. 면실마을이 본가고, 죽계리에도 땅이 있었다. 김은경은 산소가 죽계리에 인접한 덕성리德星里(일명 바타니)에 현존하고 있으며, 그 증손자가 아직도 생존하고 있어 많은 자료를 일러주었다. 면실마을은 바로 유관순 열사가 거사를 한 아우내장터에서 멀지 않은 곳이며 간행소로서는 부적합하다. 많은 고증과 비정을 거쳐 간행소는 현재 주소로 말하자면 천안시 동남구 **동면 죽계리 450번지**라는 것이 밝혀졌다. 이 주제를 탐색하며 연구를 진행한 지방사학자들과 모든 정보를 취합하여 나에게 전해준 시민운동가 이용길李鏞吉(동학농민혁명기념도서관건립 추진위원장) 선생의 노고에 심심한 사의를 표한다.

죽계리 450번지, 우리민족 민주사상의 기념비적 성소

"죽계리 450번지"는 우리민족 인내천 민주사상의 한 기념비적 성소로써 추앙되어야 할 것이다. 이곳에서 간행한 서적은 목천판 『동경대전』에 국한되지 않는다. 1883년 한 해에 이루어진 대업은 나의 『용담유사』(서울: 통나무, 2022) 42쪽 전후에 잘 정리되어 있다. 이 세 사건이 연속으로 목천에서 이루어질 수 있었다는 것은 목천·병천 사람들의 집요한 협조와 불굴의 의지를 입증하는 것이다. 거무신의 호랑이는 거저 으르렁거린 것이 아니다. 위대한 천안(목천+병천)이여!

1883년 목천에서의 간행 대사업				
I	계미중춘판 癸未仲春版	목활자본 1883. 2.	『동경대전』	강원도 인제 경진판(1880) 『동경대전』을 경전체제로 재편하고, 미처 싣지 못한 자료들을 첨가하여 최초로 독립된 경전체계를 갖춘 목천판.
II	계미중하판 癸未仲夏版 경주개간 慶州開刊	목활자본 1883. 5.	『동경대전』	중춘판 『동경대전』의 미비함을 보완하고 용담연원을 확실하게 밝힌, 명목상 경주개간의 신판 『동경대전』. 이 경주판이 현존하는 가장 완정한 『동경대전』이다.
III	계미중추판 癸未仲秋版	목판본 1883. 8.	『용담유사』	1881년 신사년 6월에 단양에서 간행된 한글가사 『용담유사』에 근원하여 교정을 가하고 값있는 목판으로 찍어낸 『용담유사』. 이 판본으로 『용담유사』는 경전의 반열에 올랐고, 민중 속으로 동학이 확산되는 계기가 됨.

동학실천시민행동의 이요상 대표가 이 표를 보는 순간, 눈물이 왈칵 치솟았다고 했다. 목천 사람들의 치열한 투쟁의 간난의 역정이 이 서물 속에 다 그려져 있기 때문이다.

목천사람들의 저항의 역사:

목주 5성의 항쟁, 목천판 동학경전의 출판전쟁, 유관순 열사의 옥사

할 말이 너무도 많다. 그러나 더 이상의 언급은 삼가는 것이 좋겠다. 동학을 둘러싼 많은 문제들이 학식이나 정보의 문제가 아니다. 대부분 "인간"의 문제이다. 수준에 못미치는 사람들이, 수운과 해월의 소박한 진실을 몸으로 느껴볼 수 없는 자들이, 학설이라는 것을 만들어 우겨대는 조잡하고 초라한 현실로부터 우리는 하루속히 탈피하여 동학의 본래정신을 웅혼하게 재건해야 한다. 그 본거지로서 나의 고향 천안이 새롭게 부각되는 이 여정은 역사의 필연이라고 생각한다. 왕건이 고려를 세웠을 때도 이 지역 사람들은 끝까지 저항하였다. 왕건은 목주 5성의 치열한 저항을 평정하고, 우牛·마馬·돈豚·장獐·상象이라는 비열한 동물성씨를 내렸다고 한다(後에 牛는 于로, 象은 尙으로, 豚은 頓으로, 獐은 張으로 고쳐졌다). 목주의 이러한 저항정신, 반골기질은 17세의 소녀 유관순의 항거에까지 이어지고 있다(유관순이 참여한 아우내만세의거는 김구응 열사가 주도).

동학농민혁명기념도서관 건립은

천안의 정체성 회복인 동시에 인류사 개벽의 에포크

도서관을 건립한다는 것은 참으로 건강한 발상이다. 그리고 새

롭게 지어지는 이 동학혁명기념도서관은 재래의 형식적인 지자체의 업보와는 전혀 다른 정신의 표상이 되어야 한다. 우선 공간과 자원의 낭비가 없어야 한다. 내실있는 알맹이 자료들을 꼼꼼하게 수집하여 진정한 연구가 이루어지게 해야 한다. 그리고 진지한 젊은이들을 계몽시키는 센터가 되어야 한다. 천안 주변의 대학들에 동학연구 학생써클을 만들어 지원하고, 그들을 위한 고매한 정신의 집회를 기획하고, 또 우수한 정예의 학생들에게 동학연구특별장학금을 지급하면 좋을 것이다. 하여튼 외관의 형식보다는 내실과 진실이 넘치는 안온한 공간, 문자그대로 "하늘의 평안함"(天安, Heavenly Peace)이 깃드는 정신적 공간이 되었으면 한다. 나 도올도 내실을 갖추는 데 기여할 수 있다면 아낌없이 나의 자원을 보탤 것이다.

마지막으로, 동학사상을 깊게 이해하고, 동학농민혁명기념도서관 프로젝트를 숙원사업으로 공약하고 추진해온 전 충남도지사 양승조梁承晁의 헌신적 노력에 감사를 표한다. 그리고 이 프로젝트를 성의를 다해 추진하고 있는 천안 국회의원 이정문李楨文에게도 감사의 뜻을 표한다. 동시에 그가 대표발의한 "독립유공자 예우에 관한 법률 일부개정법률안"이 조속히 통과되어 시행되기를 바란다. 독립유공자의 범위가 동학농민혁명 참여자에게까지 확대되어 서훈을 받는 위대한 계기가 될 것이다. 국회의원 60명이 한마음으로 발의했다는 것은 그 사안이 이루어져야만 할 역사적 필연임을 입증하는 것이다.

回馬入鄉亦然天
熊神山方伏龜安
並川竹溪傳肉聲
木州同胞寬順丹

말머리를 돌려 고향에 돌아와보니

하늘은 역시 그 하늘이노라

거무신(黑城山)과 산방천이

엎드린 거북이와 더불어(※ 복구정은 지명) 평안하고

아우내의 죽계리는 수운의 육성을 전한다

목주의 굽힐 줄 모르는 동포들은 마음이 넓고 순하지만

유관순 열사처럼 그 절개가 단심이라

이 원고는 2022년 11월 16일에 탈고되었다.

―――■―■―■――――

해목의 충정

　해목은 이 시를 읽고 이렇게 말했다: "고향을 필마로 돌아드실 때 제가 말고삐를 잡겠습니다." 시간 나는 대로 천안의 고토가 보존된 곳을 기억을 더듬으며 돌아보고 싶다.

산티아고 순례길, 부인의 환갑기념

해목이 산티아고 순례길을 간 것은 평생의 소원이었던 모양이다. 평생 고생한 부인의 환갑기념으로 간 것이라 했다.

산티아고 대성당에 모셔진 야곱은 누구인가?

산티아고 대성당은 11세기 말에 짓기 시작하여 13세기 초에 완성된 로마네스크, 고딕, 바로크 양식의 혼합건축물이다. 거기에 모셔진 야곱은 구약에 나오는 야곱과는 다른 예수의 제자를 가리키는데 영어식 발음은 제임스James이다. 마가복음 1장 19절에, "제베대의 아들 야고보와 그의 형제 요한을 보시고 저희도 배에 있어 그물을 깁는데 곧 부르시니 그 아비 제베대를 삯군들과 함께 배에 버려두고 예수를 따라 가니라"라는 대목이 실려있다. 그러니까 베드로를 첫 제자로 삼은 후에 바로 또 제자로 삼은 요한의 형제를 가리킨다. 제베대의 이 두 아들은 베드로와 함께 예수의 최측근으로 묘사되고 있다. 12제자 중에서도 예수님을 사적으로 모시는 특권을 지니고 있었다. 야이로의 딸을 일으키실 때도 이 세 사람만 방에 들어갔다. 변모산에서 예수의 광채 나는 변형을 본 것도 이 세 제자뿐이었다. 겟세마네 동산에서도 예수는 이 세 사람만 데리고 간다(막 14:33). 그러나 이 세 사람은 결국 예수에게 충성을 다하지 못하였고, 예수의 고뇌를 깨닫지 못하고 자기들 이권만을 챙기는 어리석은 모습을 지닌다(막 10:35~40. 나의 저서 『도올의 마가복음 강해』 pp.506~510을 볼 것).

야곱은 12제자 중에서 제일 먼저 순교당한다. 헤롯 아그립파 1세에 의하여 처형되는데 그의 전후 맥락은 사도행전 12:1~3에 나와있다. 베드로보다 먼저 죽은 야곱의 유해와 산티아고 대성당과의 관계는 우리의 상상력에 속하는 일이다.

전설이 사실이 되고, 예술이 된다. 베네딕토 16세의 평어

서양의 역사는 전설이 곧 사실이 되고 예술이 되는 역사다. 산티아고 순례에 관한 배경에는 이슬람군대의 위협으로부터 이베리아반도의 마지막 보루를 지키고자 했던 정치적 목적으로 성 야곱을 스페인의 수호성인으로 모시게 되었다고 한다. 스페인말로 순례길을 카미노 데 산티아고Camino de Santiago, 영어로는 웨이 어브 세인트 제임스Way of St. James라고 한다. 현 교황 이전의 교황인 베네딕토 16세는 이렇게 말했다: "이 길은 열정과 참회와 친절과 예술과 문화의 표현으로 씨뿌려진 길이다. 이 길은 있는 그대로 구대륙의 정신적 뿌리를 우리에게 웅변해주고 있다."

2023년 5월 15일(월요일)

선하, 선도, 선이를 생각하다

화창한 봄날씨가 너무도 아름답다. 선하, 선도, 선이의 웃는 얼굴이 그립다.

내 영혼을 사로잡은 한마디, 풍류

기실 일년 넘도록 나의 삶을 지배해온 단어가 하나 있다. 윤석열이라는 이름이 내 의식세계를 혼란스럽게 하기 훨씬 이전부터 내 혼을 사로잡았던 한 단어가 있었다. 그것은 "풍류風流"라는 한마디였다. 이 한마디야말로 내 인생의 혼불을 다 살라도 다 드러낼 수 없는 조선정신사의 대맥이었다. 고조선의 현묘한 태허로 통하는 우리 존재의 열쇠였다. 하도 그 얼굴이 다면이래서 종잡을 수 없는 무감무형無感無形의 통로! 그 길은 내 인생에 수차례 영험스러운 기운을 발하였다. 나의 영적 해후의 한 단면을 내보인 작품이 바로 『나는 불교를 이렇게 본다』(1989)였다(pp.136~147 참고).

『삼국사기』「신라본기」 진흥왕 37년조의 정교한 해석

그 작품 속에서 나는 "풍류"의 문헌적 근거인 『삼국사기』 진흥왕 37년(AD 576)조에 나오는 최치원의 문장을 상세히 분석했다. 우선 그 뜻을 풀면 다음과 같다.

> 國有玄妙之道, 曰風流。設敎之源, 備詳仙史。實乃包含三敎, 接化群生。且如, 入則孝於家, 出則忠於國, 魯司寇之旨也 ; 處無爲之事, 行不言之敎, 周柱史之宗也 ; 諸惡莫作, 諸善奉行, 竺乾太子之化也。

우리나라에 원래 고유한 현묘지도가 있었다. 그 현묘한 도를 일컬어 풍류라 한다. 그 풍류의 가르침을 베풀게 되는 근원에 관한 기술은 『선사仙史』라는 책에 자세히 실려있다. 우리나라의 풍류라고 하는 것(선仙과 관련됨)은 실내용으로 들어가보면 유·불·도 3교의 가르침을 이미 포함하고 있고, 군생群生을 깨닫게 하여 변화시키는 교육이념이 다 들어있다. 3교의 가르침은 다음과 같다. 들어가면 집에서 효를 다하고 사회로 나와서는 나라에 충忠을 다하라는 것은 노나라에서 법무장관을 지낸 자의 가르침의 요지이다. 인위적 함이 없는 일에 처하고, 언어로써 꾸미지 않는 가르침을 행하라는 것은 주나라에서 도서관장을 지낸 자의 가르침의 종지이다. 인간은 악한 짓을 하지 말고 좋은 일을 봉행하며 살아야 한다는 것은 천축국 태자의 교화의 핵심이다.

이 문장은 김부식이 진흥왕(AD 540~576 재위) 시대의 화랑제도의 성립, 즉 신라가 강성하게 된 인재교육시스템의 비결을 논하는 자리에서 후대의 사상가인 최치원崔致遠(857~908년 이후 행방묘연)이 화랑제도에 관하여 논한 것을 인용하는 맥락을 지니고 있다. 이런 맥락을 도외시하고 문의를 단장취의斷章取義하면 안된다.

난랑은 무엇인가? 두 가지 해석

"난랑鸞郎"이 어느 탁월한 화랑 개인의 이름인지, 일반명사로서의 화랑의 다른 이름인지는 잘 알 수 없다. 후자의 경우라면 이 비문은 최치원이 국가의 인재의 대맥을 형성한 화랑제도의 개론을 논하는 문장이 된다. "비서碑序"라는 말은 비의 본문은 없어지고 그 서문만을 싣는다는 뜻이다. 김부식 때에 그 비의 본문이 있었는지, 그 유무는 알 수 없다.

그리고 문장 속에 나오는 『선사仙史』도 화랑의 역사를 논구한 책으로 보아야 할 것이다. 그렇다면 이 짧은 서문은 화랑의 역사와 그 철학의 대강을 논한 매우 콘사이스한 축약핵심문장이 된다. 그것은 최치원의 국학적 과제상황의 본원을 노출시킨 거대한 사유의 압축태이다.

국유현묘지도=풍류

우선 "국유현묘지도國有玄妙之道"와 "풍류風流"라는 말이 대비되면서도 상통하는 동의어로서 제시된다. "풍류"는 개념화된 표현이고, "국유현묘지도"는 그 풍류라는 개념을 푸는 서술문장이다. "국유國有"라는 것은 "우리나라에 원래, 고유한 그 무엇이 있었다"라는 뜻이다. "유有"는 "고유固有," "본유本有"의 뜻이다. "원래 있었다"라는 말은 "외래적 개념의 종교가 들어오기 전에 본래적으로 있었다"라는 뜻이다. 외래의 종교로서는 유교, 도교, 불교라는 삼대종교가 거론되고 있다.

그리고 이 종교에 대해서도 "기독교," "예수교"와 같은 개념을 허락하지 않는다. 유교는 "노나라 사구司寇의 가르침"으로, 도교는 "주나라 도서관장의 가르침"으로, 불교는 "천축국 태자의 가르침"으로 이야기하며, 이런 자들의 가르침이 들어오기 이전에 우리나라에 본래적으로 현묘한 도가 있었다는 것이다. 그 현묘한 도가 무엇이냐? 그것이 바로 풍류라는 것이다. 언어적 대비로 이 두 말을 풀면, 현묘玄妙는 풍風과 상통하고, 도道는 류流와 상통한다. 현묘는 신묘하다, 신적이다라는 뜻이고 풍은 바람의 뜻이다. 도는 길이고, 류는 흐름이다. 이것을 도표화하면 다음과 같다.

현묘하기 때문에 바람이다. 바람은 호흡이며, 생명의 근원이며, 성서에서 말하는 "프뉴마"이며, 기氣이며, 생명이다. 도道는 길이며, 법칙이며, 원리이지만, 동시에 끊임없이 변하는 것이며, 끊임없이 흐르는 것이다. 노자가 말하는 "반反"(Returning)이며 역易이 말하는 "복復"이다. 그러니까 풍류는 현묘지도인 동시에 우주와 인간의 생성의 원리인 것이다. 인간이라면 신바람(風)이 있어야

The Original Culture of This Land 國有	
Divinity 玄妙	Way 道
Wind 風	Flow 流
바람	흐름
陰陽不測之謂神 신바람	生生之謂易 생성, 창조

하고, 끊임없이 흘러야 한다(流). 즉 끊임없이 움직이고 생성해야
한다.

풍류에 대한 우리민족 인식의 타락

그런데 어찌 된 일인가? 우리는 "풍류"라 하면 양반들의 기녀
연회를 생각하고, 술집에서 양재기 두드리며 술 퍼먹는 것이나,
악기를 동반하여 노래부르는 것 따위를 생각한다. 풍류는 우리나
라 고유의 철리哲理의 대간으로부터 너무도 심하게 타락된 모습
으로 우리 주변을 굴러다니는 말이 되고 말았다.

풍류의 정확한 정의

그런데 최치원의 설명에 의하면 풍류는 현묘지도인 동시에 삼교
즉 유교·도교·불교의 가르침을 포함하는 실내용을 지니고 있
다는 것이다(實乃包含三教). 그러니까 풍류는 유교와 같은 레벨의

종교적 개념으로 인지되어야 하며, 그것도 유교, 불교, 도교를 뛰어넘는, 아니 그 삼교의 전체 효용을 다 포섭하는 우주론의 산물이며, 이것은 실로 중생 속으로 파고들어가 그들을 교화시킬 수 있는 힘을 가진(接化群生) 삶의 철학이라는 것이다. 이것은 단순히 추상적 철학이 아니라 인간을 접화接化시키는 힘을 가진 일종의 사회시스템System이라는 것이다. "풍류"는 "띵까당"이 아닌 것이다. 실제로 최치원의 언어는 수천 년 동안 제대로 이해된 적이 없다. 최치원이 "풍류"를 말한 것은 "띵까당"이나 "폭탄주"를 생각한 적은 없고, 어떻게 신라에서 화랑제도가 탄생되었으며 그 비결이 되는 교육철학이 무엇이었나를 추구하는 맥락에서 "고유固有"의 풍류사상을 논하였던 것이다. 진실로 언어적 표현은 그 맥락의 삶의 자리를 모르면 이해될 길이 없다. 왜곡이 기다리고 있을 뿐이다.

구례와의 인연, 양심선언 후

나는 구례와 묘한 인연이 있다. 나는 1986년 4월 전두환정권 하에서 더 이상 사람다운 교육을 시킬 수 없다는 양심선언을 발표하고 학교를 떠났다. 당시로서는 고려대학교 정교수직을 그만둔다는 것은 사회적으로 매우 반향이 큰 사건이었다. 양심선언하면 아무도 돌아보지 않는 은둔하는 인물이 되리라고 생각하였는데, 오히려 나는 너무도 유명한 사람이 되었다. 그럴수록 나는 은둔해야만 했다. 양심선언 후 나는 나의 세미나에 열심히 출석했던 제자(동국대 선학과 대학원)인 자명慈明스님의 도움으로 조용한 산사들을 배회했다. 방황이라 하지만 사실 나는 자명 스님과 함께 다니면서 너무도 아름다운 조국의 산하와 역사에 대해 새롭게 개안하는 충격적인 공부과정에 돌입하고 있었다.

제자스님 자명을 통해 만난 상훈 스님

그때 내가 깊게 사귀게 된 스님이 국사암 상훈 스님이다. "국사國師"라는 이름이 이 절은 음악과 관련이 있음을 말해준다(한문의 "사師"는 본시 "악사"의 의미이다). 지금은 쌍계사의 말사이다. "국사"는 바로 쌍계사에 있는 최치원이 쓴 비문의 주인공인 진감선사眞鑑禪師 혜소慧沼, 774~850이다. 혜소는 민애왕이 스승으로 모셨기 때문에 "국사"라 하였고, 그가 창건한 암자를 국사암이라 부른 것이다. 진감 혜소는 당나라에서 범패와 선법禪法을 배워와, 범패를 선종의 수행방법으로 가르쳤다. 쌍계사-국사암은 모두 우리나라 범패의 발상지 중의 하나이며, 범패는 우리나라 국악의 리듬에도 깊은 영향을 끼쳤다. 범패는 가곡, 판소리와 더불어 우리나라 3대 성악곡 중의 하나이다.

그런데 국사암의 주지 상훈은 음악에 조예가 깊었다. 바이올린도 잘 켰는데 어려서부터 아버지에게 배웠다 했다. 그의 아버지는 일제강점기에 우쯔노미야宇都宮사범대학 일본문학과를 수석으로 나온 인테리였는데 아들이 불문에 귀의한 것을 매우 슬퍼했다. 나는 상훈의 아버님을 만난 적이 있는데, 매우 고매한 인품을 지닌 심오한 지성인이었다. 그의 부모님은 결국 상훈이 큰스님이 되는 데 큰 도움을 준다.

나로 인해 생긴 인연들

내가 국사암에 몇 달 머무는 동안, 나의 친구 중앙대 박범훈, 극단 미추의 연출 손진책, 디딤무용단의 국수호 등의 예술인들이 석상훈과 교분을 맺었고, 그 인연으로 국사암에서 산사음악회가 최초로 열리게 된다. 상훈의 파이오니어적 노력은 전국의 산사음악회의 효시가 되었다. 그리고 박범훈은 국악에 기반한 새로운 찬불가 운동을 전개하게 된다.

내 기억으로 87년 늦가을 어느 때였던 것 같다. 박범훈이 나 보고 구례의 어느 산간마을로 가자고 했다. 재미있는 국악의 한 천재가 그곳에 살고 있는데, 직업은 포수라는 것이다. 아니, 직업이 포수라기보다는, 그냥 한량으로 지내는데 명포수라는 뜻일 게다.

만나보니 꺼칠하게 키가 크고 성격이 우락부락한데, 잠깐 놀고 있으라 하고 총을 메고, 개를 데리고 나간다. 손님이 찾아왔으니 손님을 대접한다는 뜻일 게다. 두 시간이 지나 꿩 다섯 마리를 꿰어 돌아왔다. 마치 관운장이 따끈한 술 한잔을 따라놓고 식기 전에 적장의 목을 베어오는 장면과도 같았다.

포수집에서의 꿩고기 샤브샤브

그날 나는 그의 집에서 꿩고기 샤브샤브를 먹었는데, 평생 그렇게 맛있는 고기요리는 처음 먹어 보았다. 꿩고기를 편육처럼 썰어내어 접시에 얇게 펼쳐놓은 것을 끓는 숯불냄비에 살짝 데쳐 먹는

데, 그 맛은 지리산의 산신령이 탐낼 그런 맛이었다. 무엇보다 신선했고, 현장의 맛이라는 게, 흉내낼 수 없는 선미仙味의 창조였다.

잘 나가는 듯했는데, 내가 지금 기억을 못하지만 그 자리가 대판 싸움판이 되어버리고 만 것이다. 벌써 40년이 가까운 옛 이야기래서 어떤 논리에 의하여 무슨 테마가 발단이 되어 그렇게 큰 싸움이 벌어졌는지 알 수가 없다, 기억해낼 수 없다. 내가 건방지게 굴었을 게 분명하고 그는 또 나에게 지지않을 세라 대들었을 것이다. 하여튼 내가 처음 만나는 사람들에게 본의 아니게 얕잡아 보는 듯한 인상을 주기도 하고, 말도 나이 불문하고 마구 놓아 버리는 습관이 있었다. 주먹질이 오갈 정도로 흥분하다가 박범훈의 중재로 어느 정도 흥분을 가라앉혔는데 안정제의 주처방은 술이었다. 나는 본시 술을 즐겨 먹는 사람은 아니다. 그리고 일본유학·미국유학시절에 거의 완벽한 금주를 실천했다. 술을 안 먹으면서 관절염의 고통이 줄어드는 것을 체험했기 때문이었다. 몽롱해져가는 가운데, 박범훈은 우리에게 투박한 시골쐬주를 멕이고 또 멕였다. 내 인생에서 술을 먹어도 먹어도 그렇게 많이 먹은 기억은 없다. 술로 실력을 겨룬다 하고 포수와 나는 서로 같이 팔짱 끼고 들이켰다. 그의 구라 가운데 기억에 남은 얘기는 이러하다. 산속을 혼자 헤매다 보면 가끔 멧돼지 엄청 큰 놈을 만나는데, 어떤 놈은 눈이 마주치면 그냥 달려든다는 것이다. 이때 피하거나 도망치면 죽는다는 것이다. 그럴수록 침착하게 총을 겨누고 달려들기를 기다려야 한다는 것이다. 양미간 명궁命宮이 있는 곳을 향해,

바로 눈앞에 다가오는 완벽한 거리의 타이밍에, 방아쇠를 당겨야 한다는 것이다. 장천1호분 고구려벽화 백희도의 한 장면 같다. 완벽한 정면돌파에 자기는 평생 실패해본 적이 없다는 것이다. 자기 몇 메타 앞에 피식 쓰러지는 멧돼지를 볼 때, 자기는 존재의 희열을 느낀다고 했다. 나는 일어나서 외쳤다: "네 이놈! 신성한 대자연의 생명의 파괴자여!" 하여튼 술이 들어가니 메차쿠차였다.

처음 들은 단소 산조: 추산과 만정

이때 포수는 갑자기 자그마한 옛 소니녹음기를 꺼내더니 거기에 비실비실하게 헤져버린 녹음테이프 카세트 하나를 툭 끼워 넣었다. 와~ 아~ 거기서 흘러나오는 소리가 무엇이었던가? 말로만 듣던 단소산조였다. 나는 유학 전에 이미 국립국악원에서 김중섭 선생(단소의 명인이자, 처용무와 가곡예능 보유자)에게서 단소를, 이동규 선생(1945~, 고종시대 국창의 손자)에게서 시조를 배웠다. 영산회상의 상영산·중영산·세영산을 불었기 때문에 단소의 맛을 조금은 안다. 나는 순간 이 지상에서 맛볼 수 없는 황홀경에 사로잡혔다.

단소는 국악기 중에서 가장 단순하고 가장 간단한 악기처럼 보인다. 그래서 그토록 복잡한 산조를 만들 수 있는 악기처럼 보이지 않는다. 그러나 옛말에 이런 말이 있다: "현금 십년, 단소 이십년." 줄로 튕기는 악기는 10년이면 소리가 나지만, 단소는 20년이 지나야 득음을 한다는 것이다. 나는 소니에서 울려 퍼지는 그 단소 소리가 누구의 작품인지도 몰랐다. 그런데 그 기기묘묘한 선율이 나의 취기를 타고 한 20분 가량 선녀의 춤을 춘 후에 갑자기 뚝 멈춘다. 그리고 전라북도의 액센트가 섞인 걸쭉한 여인의 목소리가 이어진다: "지금까지 이 단소는 추산 선생님의 부르신 단소독주올시다. 지금까지 장단에는 만정이 쳤습니다. 오늘이 7월 초1일, 밤은 이미 깊었난데 12시 40분이 되얏습니다. 풍년이 이 나라에 다시 들어오느라고 비가 졸졸 내리고, 이 기가 맥힌 구곡간장을 늑이는 곡조야말로 어느 분이 들으시던지 감동 아니할 수 없는 곡이올시다."

사실 나는 이 순간 최초로 국악다운 국악, 아니 풍류의 원천을 접했다고도 말할 수 있다. 어쩐지 산조의 배경에 울리는 북소리가 매우 섬세했다. "만정晩汀"이란 바로 김소희의 아호이다. 그의 선생 이화중선의 노래에서 그 호를 따왔다고 한다. 당대의 아무도 흉내낼 수 없는, 가성을 쓰지 않는 애원성 서름제의 신묘한 소리, 김소희가 그토록 존경하는 인물! 이 녹음테이프는 추산이 죽기 2년 전에 구례에서 녹음된 것이다(1963. 7. 1.).

추산을 직접 만난 예용해의 아름다운 기술

늦여름 구례의 어느 초가집 툇마루에 둘이 앉은 추산과 만정, 풍년을 맞이하느라고 장마가 내리는데 그 처마 밑에서 떨어지는 낙숫물을 오케스트라 반주 삼아 주무르는 추산의 손놀림, 그 손놀림은 죽공竹孔의 영靈을 하늘로 불러낸다. 이 둘은 자정이 넘도록 영감과 영혼을 주고받고 그대로 헤어졌을까? 추산은 평생 술과 여자를 모르고 살았다 한다. 술 생각이 나고, 여자 생각이 날 때면

추산秋山 전용선全用先, 1888~1965

그 열정을 모두 오로지 죽공에 쏟았다고 했다. 추산을 직접 만난 예용해芮庸海, 1929~1995의 글이 있다. 천하의 명문이다.

추산노가 외마디 "나는 이것을 한恨으로 분다"고 했다. 평생을 한날 죽관竹管에 붙여, 불고가사不顧家事, 집안사람이 주리든 헐벗든 아랑곳없었으며 술, 여자의 외도도 모르고 지냈다. 심지어 환거鰥居(홀아비생활) 20년에 외로운 것을 모른다. 생각느니 단소와 그 가락뿐, 예藝를 돈과 바꾼 일이 없고, 푼전分錢을 몸에 지니는 바 없었다. 칠십 평생에 남긴 것이 있다면 허공에 띄워 보낸 무수한 입신入神의 묘율妙律뿐……. 그래도 유한遺恨은 있다. 좀더 젊었더면 이 짓을 더 해볼 텐데 하는 것이 그의 유일한 나머지 소원인 것이다.

추산노는 혼잣말처럼,

"단소란 끝내는 영靈靈인 것이오."

라고 중얼거리는 것이다.

밤은 한껏 깊었다. 그와 헤어져야 한다. 살아 남은 마지막 율객다운 율객과의 작별이 이토록 애상에 젖는 것은 그의 슬픈 단소 가락으로 인함인가, 아니면 그가 너무나도 어렵게 지낸다는 얘기를 들은 탓인가.

추산노는 왼손을 내밀며 필자의 바른손등을 꼭 쥐어주었다. 아무 말도 없었다. 서로 이렇다 할 만날 기약도 없는 별리別離였지만 그것이 작별인사의 전부였다(1961년 9월 15일).

나는 이렇게 취기 속에서, 흥분 속에서, 감동 속에서 추산 전용선全用先을 만났다.

"단소 한번 불어봐야지."

나의 간청을 못이겨 포수는 단소를 잡았다. 그리고 추산의 산조를 불어댔다. 이 포수가 바로 추산의 정통후계자인 인재仁在 이철호李鐵湖였다. 이철호는 나중에 김소희의 도움을 받아 구례향제줄풍류를 중요무형문화재로 인정받고 구례향제줄풍류 보존회를 만든다.

나는 그날 밤 이철호와 박범훈의 손을 잡고 국사암 가파른 언덕을 걸어 올라갔다. 거의 구름 속 길을 걷는 듯했다. 상훈 주지스님방의 따스한 기운을 쐬자마자 나는 스님방에 어푸러졌다. 그리고 어마어마한 양의 술찌게미를 토해내었다. 거대한 이무기가 꿈틀 거리듯이 왈칵왈칵 계속 게워냈다. 얼마나 냄새나는 결례였으리오마는 그 순간의 토해냄이 없었더라면 오늘 내가 살아있을 것 같지도 않다! 동지들이여! 미안!

구례찬가, 서기동 군수의 마지막 위업

그 뒤로 나는 구례와 가까워졌다. 나는 구례에 종종 내려갔다. 2006년 8월 19일, 구례인들이 운집한 곳에서 나는 강연을 했다. 그때 나는 강연 전날 불락사에서 기숙을 했는데 새벽에 일어나 "구례찬가"라는 시를 썼다. 그 뒤로도 여순민중항쟁 때 희생된 사람들을 위한 위령제가 있을 때마다 여러 번 제문을 썼다. 나는 구례의 산하와 친하게 되었다. 그래도 구례는 옛 산하의 모습을 그대로 간직하고 있다. 서기동徐沂東, 1949~ 군수가 나의 구례찬가를 돌에 파서 구례찬가비를 세웠다. 후손들에게 구례정신을 가르쳐 주어야 한다고 하면서 이 비를 세운 것이다. 자신의 임기 동안의 의미 있는 마지막 사업으로 이 비를 세운다 했다.

산더미만한 매우 큰 돌에 새겼다. 구례문화원 구례문화예술회 관 앞에 있는 매우 양지바른 널찍한 마당에 찬가가 우뚝 서있다. 이 자리를 빌어 서기동 군수에게 감사의 정을 표한다(제막식: 2017. 6. 28. 구례중·고등학생들을 위하여 "구례찬가 정신과 새 한국의 비전"이라는 제목으로 대강연을 행함).

— 구례찬가求禮讚歌 —

한韓 땅의 숨은 선비
예禮를 구求한 곳 구차례仇次禮
백두대간 오만년의
한恨이 서려
피내血川 내 몸속을 굽이친다

숨끊긴이 무덤新墳들이
돌올突兀한데
들국화 모로누워菊花傍
이지러진 민중의
숨결을 전한다.
서린 한 이길 수 없어
가을등잔秋燈
쌓인 서권書卷 가리매
천고千古의 상해桑海를
휘말아버린다
새와 짐승도
슬피 울고鳥獸哀鳴
바다와 산도
낯을 찡그린다海岳嚬

어찌 한가로이
붓을 놀릴까보냐
가물거리는 촛불
끝내 푸른 하늘에
명멸明滅하고
방광제放光堤 물결은
그림자마저 삼켜버렸다

구례동포들이여
피아끝 의절義節이
그대 가슴에
고동치지 아니하느뇨
어찌 피내가
피직稷의 하찮음으로
뽑혀질 수 있나뇨

다시개벽開闢
서광瑞光이 이제
빛을 발하니
끝끝마다 불밝히고 물맑혀
피아를 씻어내고
분연히 일어서자

노고단老姑壇에서
천애天涯까지 땅끝까지
줄풍류의 찬송을
울려 퍼트리자
동편제의 기상으로
통일과 평화의
새피아골을 만들자

제비고을燕谷
영명한 혼들英鬼
이제 밤마다 구슬피
울음소리 내지않도록
신천지를 만들자
구례의 생기生氣
광활한 부여夫餘 예맥濊貊
대한大韓의 온누리에 펼쳐라

웅혼한 저 남악南岳
천만년을 지나도
무너지지 않는다
구례사람의 충의와 절개
그 생명과 빛은
지리 섬진과 더불어

영원하고

또 무궁하리

조선의 혼맥은

구례에서 번창하리

이천육년 팔월 십구일

구례인들이 운집한 대강연에서

도올檮杌 김용옥金容沃 짓고 쓰다

인재 이철호의 부탁

작년 시월 어느날이었다. 갑자기 이철호가 전화를 했다. 정말 오랜만이었다. 이철호 왈, 자기를 키워준 진짜 구례토박이 선생님은 백경 김무규라는 위대한 분이신데, 실상인즉 백경 선생님도 추산에게서 풍류를 배웠다는 것이다. 자기는 전설 같은 두 분에게서 직접 풍류를 배웠고 그 덕분에 구례향제줄풍류라고 이름하는 무형문화재가 존속될 수 있었다는 것이다. 그런데 이제 자기도 신체적 한계를 느낄 때가 됐고, 자기의 마지막 소원인즉 이 두 분의 이 땅에서의 위대한 업적을 기리는 비석을 하나 세우는 것이라고 했다. 백경 선생님과 만정 선생님이 명창 송만갑의 비석을 세우고 기뻐하셨던 모습을 생각하면, 자기도 이 두 분의 비석을 세워놓고 죽어야만 이 땅에서 산 보람을 느낄 수 있을 것 같다는 것이다.

그러나 도대체 어떠한 모양으로 어떠한 내용으로 비석을 세워야할지 도무지 감이 잡히질 않는다는 것이다.

"이보시오, 비석 하나 세우는 것이 얼마나 어려운 일인지 아시오? 사람들에 관하여 그 역사배경을 다 꿰뚫어야 하고, 또 비석을 세우는 사람들에 관한 멘트가 공평해야 하고, 누가 들어갔니 안 들어갔니 하고 시비걸기 시작하면 분란이 끝나질 않아요. 더구나 국악계는 계보싸움 때문에 말이 많은 동네이니깐 골치 아플 일을 내가 떠맡을 일이 없다니깐…… 나를 연루시키지 말고 남도 지식인 중에서 찾아보시지."

일산一山 김명환金命煥, 1913~1989

"그러지말구, 곡성문화원 앞에 서있는 일산一山 김명환金命煥 (우리나라 당대최고의 높은 평가를 받은 고수) 선생님 비석 쓰듯이 하나 써주구래."

"그야 내가 직접 배운 선생님이니깐 썼지. 그 비만 해도 엄청난 공력이 들어갔어요. 요즈음 내가 하는 일이 너무 많아요. 새 껀수의 일을 맡기가 두려워요."

일단 거절은 해놓았으나, 완벽하게 싹뚝 잘라버리기에는 뭔가 너무도 고귀한 가치가 나를 기다리고 있다는 직감이 들었다. 그래서

해를 묵혔다. 그러나 구례향제줄풍류보존회 사람들은 그냥 나만 쳐다보면서 눈을 껌뻑이고 있었다. 나는 그동안 구례향제줄풍류라는 것에 관해 좀 깊은 연구를 감행하기 시작했다.

향제와 경제, 줄풍류와 대풍류

우선 향제니 경제니 하는 것은 쓰잘데없는 구분이다. 경제라는 것은 서울방식이라는 것이고 향제라는 것은 시골놀이라는 것이니, 당연히 경제를 기준으로 해서 시골의 촌스러운 풍風을 비하시키는 의미가 암암리 들어가있다. 향鄕과 경京은 의미가 없다. 서울음식이 시골음식보다 더 맛있으리라는 보장이 없는 것과 같다. 다음에 줄풍류니 대풍류니 하는 것도 별 의미가 없다. 줄은 풍류를 구성하는 악기가 현악기 쪽에 치우쳤고, 대는 관악기 쪽에 치우쳤다는 말인데 실상 그렇게 나누어지지도 않는다. 지역의 특성에 따라 그렇게 억지로 명명한 것뿐이다. 해금은 당연히 우리 감각으로 보자면 현악기로 분류되어야 할 텐데, 전통음악에서는 활로 켜는 찰현악기를 관악기로 본다. 그러니까 대풍류, 줄풍류는 의미가 없다. 그렇다면 향과 경, 줄과 대, 이런 말을 다 씻어버리고 나면 남는 것은 구례와 풍류뿐이다. 구례는 구례라는 뚜렷한 지역적 특성이 있다. 자아! 남는 것은 풍류 한마디이다. 자아! 풍류란 과연 무엇인가?

풍류는 양반이 주가 되는 예술

놀라운 사실은 풍류라 하면 띵까당하는 분위기에 상응하여, 풍류를 즐기는 사람들을 사회신분상 비천한 사람들이라고 생각하기 쉽다. 광대나 재인에 대한 인상을 덮어씌우는 것이다. 그런데 구례풍류와 관련하여 놀라운 사실은 그 풍류방의 주역이 모두 양반의 극상계층, 또는 엄청난 만석꾼의 집안사람들이라는 사실이다. 이것은 나로서도 의외의 사실이었다. 우리집만 해도 만석꾼의 집안이었는데 반·상의 계급적 질서가 엄격했다. 그러나 풍류의 길과 관련하여 만나는 주요한 사람들이 최고의 부자였고 최고의 지식인이었고 최고의 로맨티스트들이었다. 나는 이러한 사실과 관련하여 백경白耕 김무규金茂圭, 1908~1994라는 한 인간에 관해 경악할 만한 많은 사실들을 감지하게 되었다. 우선 호부터 만만치 않다. 문언文言에서 "백白"이라는 말은 "헛되이" "아무 내용 없이"라는 의미를 갖는다. "경耕"이란 "밭을 간다" "농사를 짓는다"는 뜻이다. 밭을 갈고 농사를 지으면 반드시 수확을 기대한다. 건질 것이 있다. 그러나 백경이란 "헛되이 밭을 간다"는 뜻이다. 건지는 것이 아무 것도 없이 수고만 한다는 뜻이다. 매우 도가적이다. 그는 만석꾼의 재산을 그의 부친 김형석金炯奭, 1886~1975으로부터 물려받았다. 그러나 이미 김무규의 고조할아버지 김영국金英國, 1816~1894의 대로부터 풍류방은 시작되어 전승되었다고 한다. 김무규는 만석꾼 아버지 김형석으로부터 재산을 물려받아 밭을 갈았으나 헛 간 셈이다. 풍류를 갈아가며 스러져가는 재산과 세태의 변화 속에서 건지는 것이 무위로 끝나고 만 사람, 성균관대학, 와세다대학에서 공부도 하였고, 교육자로서 교감, 교장 노릇도 하였고, 정치에 뜻을 두고 출마도 하였고, 악보를 만들기도 하고, 『구례군사求禮郡史』라는 역저를 내기도 한, 개화시대에 발맞추어 뒤지지 않으려고 노력한 지식인, 그 백경에게 남은 것은 풍류 그 하나였다. 풍류의 삶, 그것 하나만 남고 나머지는 다 무無로 돌아간 인생이었다. 내가 생각키에 백경에게 풍류라는 것은 지적인 연마와, 도덕적 절제와, 종교적 해탈과, 예술적 승화가 하나로 되는 지고의 경지였다. 백경은 그의 풍류 속에서 하느님이었다.

과연 풍류란 무엇인가?

자아! 풍류란 무엇인가? 이 단순한 질문에 우리는 아직도 명쾌한 단안을 내리고 있지 않다. 화랑을 창건하여 강성한 대국의 기반을 닦은, 우리민족에게 고유한 정신적 기반이라고 최치원이 말했던 그 풍류는 과연 무엇일까?

영산회상이라는 모음곡을 다양하게 구성

놀라웁게도 그 우주적 풍류는 현재 우리가 쓰고 있는 "구례풍류"라는 개념 속에서 아주 명쾌하게 그 모습을 드러낸다. 여러 지방에서 전승되고 있는 풍류는 "영산회상"이라는 다양한 악곡들이 조합된 모음곡(組曲)이다. 풍류를 구성하는 악곡들을 추리자면, 다스름, 상영산, 중영산, 세영산, 가락더리, 삼현도드리, 도드리, 하현도드리, 염불, 타령, 군악, 계면가락도드리, 양청도드리, 우조가락도드리, 굿거리 등을 들 수 있는데 실제 구성법은 여러 방식이 있다.

박범훈의 설명

나의 친구 박범훈은 나에게 매우 명쾌하게 설명해주었다.

"그게 별개 아니구 정악이란 말이지. 정악이라는 게 뭐냐? 결국 궁중음악이라는 말이지. 그러니까 산조라는 민속악은 민중 속에서 우러나온 변형된 음악이라 해서 흐트러졌다구 말하잖어. 고아高雅한 체 하는 양반들의 입장에서 보면 물론 산조는 흐트러지고, 빠르고, 가볍게 흐르는 듯이 보이는 음악이지. 그런데 지방에도 산조나 재즈 같은 시나위만 있었던 것이 아니라, 바로 풍류라는 고아한 정악이 있었던 것이지. 그러니까 풍류는 아주 쉽게 말하면 향촌의 사람들이 모여서 고상하게 연주한 궁중음악이란 말이지. 그러니까 쉽게 말하면 시골에도 정악이 있었고, 또 서울에도 민속악이 있었단 말이지. 서로가 엇갈리는 복합적 구조가 우리 음악의 세계란 말이지."

박범훈이 대가다웁게 설명한 이 말은 나에게 쉽게 설명하기 위해서 좀 느슨하게 내뱉은 말들이다. 여기서 우리가 깨달아야 할 것은 고등문화와 저등문화의 이원성이 사라지는 복합구조가 풍류의 세계라는 것이다. 이것은 도대체 최치원이 말한 국유현묘지도로서의 풍류와 무슨 관련이 있는 것일까?

부여 능산리 절터에서 발굴된 세계사적 사건

1993년 12월 12일 저녁, 부여의 나성羅城 밖 능산리고분군 서쪽 골짜기에 있던 공방터의 수조水曹 구덩이에서 세계사적 사건이 발생했다. 이 사건은 진실로 세계사를 바꾸고도 남을 위대한 발견이었다. 그러나 학구적 연구가 가미되면 가미될수록 이 사건의 가치는 기존의 사관을 지배하는 개념 속에 편입되면서 평범해졌다. 우리나라 지성들이 하는 일이 정말 매사가 그러하다.

세칭 백제금동대향로는 수조 웅덩이(길이 135cm, 폭 90cm, 깊이 50cm)에 겹겹이 쌓인 기와 조각더미 밑에서 발견되었다. 흙탕물 속에 1400년 이상의 세월을 견디어냈지만 그 보존상태가 온전한 제 모습이라는 사실도 기적이었다. 사후처리에 실수는 있었지만 몇 개월의 보존처리를 마친 후의 향로의 모습은 거의 원형에 가까운 정교한 모습이었다. 내가 지금 이 희대의 보물에 관해 얘기를 시작하면 우리의 주제가 실종될 우려가 있다. 곧바로 본론으로 직입直入하자!

향로가 발견된 곳은 사찰이었는데 이 사찰은 554년 관산성전투에서 패하여 전사한 희대의 영민한 성군聖君인 성왕의 능을 지키기 위하여 그의 아들 위덕왕이 지은 능찰이요 국찰이었다. 위덕왕 13년인 567년에 사리가 목탑에 봉안되었다는 기록이 있으므로, 이 사찰의 조성시기도 567년으로 보아 무방하다. 향로의 조성시기에 관하여 미술사학적인 관점에 따라 다양한 견해들이 제출되었지만, 이 향로는 567년 전후하여 만들어진 것으로 보는 것이 가장 무난하다. 백제의 국세를 웅비시키려다가 불의의 사고로 유명을 달리한 성왕을 위하여 제를 올리는 향로로 계속 쓰였을 것이다.

백제가 사라지다니!

이 향로가 황급히 처리된 조잡한 땅속 환경에 매장된 것을 보면 그것은 황망한 임시변통의 가매장이었다는 것을 알 수 있다. 다시 되돌아올 것을 약속하면서 묻었건만 그들은 영원히 되돌아올 수 없었다. 사비는 사라졌다. 백제가 사라진 것이다.

백제의 멸망을 두고 의자왕 말년의 사치와 타락을 운운하는 것은 사가들의 상투적 근인近因 지어내기에 불과한 짓이다. 그렇게 국민의 사랑을 받고 영민한 결단으로 국력을 신장시켰던 해동증자 의자왕이 갑자기 타락했다는 것은 논리적으로 실상에 와닿질 않는다. 그러나 그가 말년에 동아시아 국제관계의 변화에 적절하게 대응하지 못했다. 이것은 마치 우리가 적대해서는 아니 되는 국가를 적대하여 패망일로로 직입하는 오늘날의 꼴과도 같다.

백제의 멸망은 돌연사!

백제의 멸망은 돌연사였다. 불의의 습격에 의한 급사急死였다. 부흥운동군이 3년간이나 치열하게 전개된 것, 사비시대의 백제문화가 완숙의 아름다움을 물씬 풍기고 있다는 사실만 보아도 그렇게 쉽게 망할 나라가 아니었다. 백제는 실로 당과 맞먹을 정도의 실력을 갖춘 대국이었고 동아시아 전체에 영향력을 미치는 제국이었다. 정치적으로 가장 활력이 넘치는 절정기에 돌연히 사라진 것이다. 금동향로에는 이러한 망국亡國의 설움과 여한이 지금도 감돌고 있는 것이다.

백제금동대향로는 박산향로의 어떤 양식과도 차원을 달리한다

내가 지금 말하려고 하는 것은 향로의 정치사적 맥락이 아니다.

박산향로博山香爐 수천 개를 합쳐도 백제금동향로가 탄생하지 않는다. 우리는 유물을 쳐다볼 때, 일차적으로 그 자체가 발하는 예술적 가치와 향기를 있는 그대로 맡아야 한다. 그것이 어디서 영향을 받은 것이라든지, 어떠한 원형이 타 시공에 있어 그것이 발전한 것이라든지, 이 따위 학자들의 잡설 때문에 우리는 우리문화재의 가치를 상실하고 마는 것이다.

어떠한 삶의 용품(cf. 향로)의 심층구조deep structure는 문명을 크로스오버할 수 있는 것이지만 그 심층구조가 표현하는 표층의 문화적 양식은 모두 그 시공에 자생적인 것이다. 우리가 백제라는 나라를 제대로 인식한다면(일본인들의 식민지사관에 의하여 구성된 축소된 픽션이 아닌 제국으로서의 위용을 갖춘 백제) 백제의 향로가 박산향로라는 양식에 영향을 주었다고 역으로 말할 수도 있는 것이다. 간단히 말해서 조잡한 여타 양식의 향로와 백제향로를 비교하는 것은 무의미하다고까지는 말하지 않겠으나, 서로가 서로의 본래적 가치를 훼손한다고 단언할 수 있다. 우리는 제국주의적 문명전파설에 너무도 현혹되어 있고, 상식적인 감각을 상실하고 있는 것이다.

그런데 내가 말하려는 것은 이런 제국주의학문에 대한 성토가 아니다. 이 향로의 문화적 가치의 절대성의 한 측면을 말하려는 것이다. 어떻게 해서 이러한 위대한 디자인의 발상이 이 땅 백제문화 속에서 자생적으로 피어날 수 있는가? 중국이 제아무리 투자를 해서 자기들의 BTS를 만드려고 해도 만들어지지 않는 것과 유비적 관계가 성립하지 않을까?

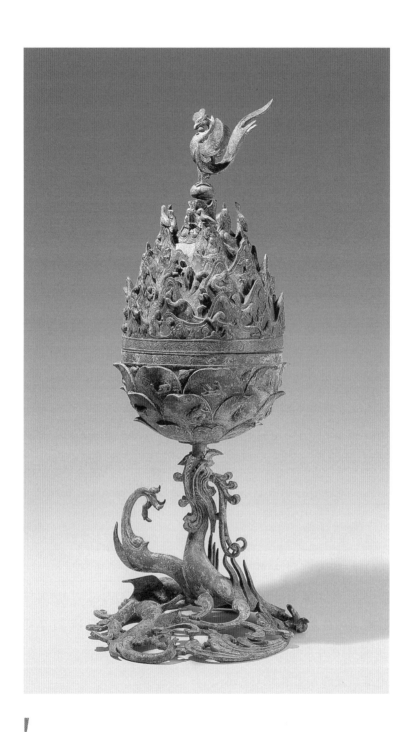

백제금동대향로 꼭대기 부분의 복합구조

향로의 꼭대기를 보라! 거기에 무엇이 있는가? 향로 뚜껑 꼭대기, 그러니까 향로 속의 향이 타오르면서 뿜어내는 연기가 서리는 곳(구멍이 5악사 뒤쪽, 5봉우리 앞쪽에 각각 5개씩 이중으로 만들어져 있다), 그 꼭대기에는 거대한 봉황이 우뚝 비상할 듯한 자세로 서있다. 비례상 이렇게 거대한 봉황이 뚜껑 꼭대기를 장식한 사례는 박산향로나 기타 향로에 보이지 않는다. 봉황의 모습이 수탉의 벼슬모양을 하고 있는데 머리를 아래로 웅크리고, 가슴은 세차게 내밀고 있는데 그 자세가 너무도 당당하다. 내민 가슴은 양 날개와 연결되어 있는데 날개는 날기 직전의 비상의 형태로 펼쳐져있다. 가장 탁월한 작품구성은 머리보다도 더 높게 치솟은 꼬리 부분이다. 치솟은 꼬리 양쪽으로 두 개씩의 깃털이 나와 그 역동성을 강조하고 있다는 것이다. 그런데 더욱 절묘한 것은 치솟은 꼬리의 형태가 3분의 2 가량에서 아래로 내려왔다가 다시 치솟고 있는데 그러한 라인은 전체적으로 태극형상을 암시하는데 강서대묘의 현무도에서나 볼 수 있는 그런 우주적 라인cosmic line이다.

봉황과 기러기

딛고 있는 두 발은 너무도 강렬하게 땅과 연결되어 있다. 하늘로 비상을 하면서도 땅이라는 현실과 융합되어 있는 모습이다. 이 봉황의 비상을 동반하는 다섯 마리의 기러기가 높은 5개의 산 정상에 앉아 있는데, 날개를 활짝 펴고 머리를 하늘로 뻗는다든지, 날개를 수평으로 편 채 머리를 가슴에 묻는다든지, 날개를 아래로 늘어뜨리고 고개를 왼쪽으로 향한다든지, 날개를 반쯤 접고 고개를 오른쪽으로 향한다든지, 날개를 완전히 접고 고개를 왼쪽으로 향한다든지 하는 다양한 모습으로 그려져 있다. 마치 『역』의 점괘 漸卦에 나오는 기러기(鴻)의 모습을 연상케 한다. 천로天路에로의 비상을 꿈꾸고 있다. 봉황의 동반자로서 기러기를 설정한 것도 백제 예술가의 독창적 아이디어이다.

향로에 숨어있는 풍류공간

그러나 우리의 최종적 관심은 기러기와 봉황, 그 사이의 숨겨져 있는 공간에 있다. 바로 그 공간이 풍류공간인 것이다. 다섯 명의 악사가 오케스트레이션의 편성에 따라 음악을 연주하고 있는 것이다(실제 음악편성은 다섯 이상일 수도 있다. 여기의 악기는 상징이다).

그런데 재미있는 것은 봉황의 정면에 앉은 악사가 들고있는 악기가 월금月琴이라는 것이다. 물론 우리민족의 고유한 악기로서 월금을 해석해낼 수도 있다. 그러나 악기는 물리적 전파루트가 있으므로 월금의 원형이 대체로 중앙아시아를 통해 들어온 것으로 본다. 월금은 중국에서는 죽림칠현의 한 사람인 완함阮咸, 229~?이 이 악기를 잘 탔다고 하여 보통 완함(ruǎnxián, 르우안시엔)이라고 부른다. 비파와 동류의 발현악기인데, 비파보다 울림이 많고, 소리가 안정되고, 음역이 넓다(중국에서는 이 악기를 발전시켜 풍부한 음역을 확보했다). 그리고 다른 악기와 어울림이 좋다. 기실 백거이白居易의 『비파행』에 나오는 "비파"도 실제는 이 향로에서 묘사하는 월금에 가까운 것이었을 것이다.

5악사의 악기들

악기에 관해 세부적인 얘기를 하자면 끝이 없다. 월금을 중심으로 좌우로 두 명씩 배열되어 있는데 오른쪽으로(악사의 입장에서) 통소(송방송 교수가 장소長簫라 했는데 그냥 우리 감각의 통소라 해도 무방하다), 그리고 하모니카 역할을 하는 여러 대나무관을 엮은 배소排簫(원래 16개의 관인데, 향로조각에는 11관~10관 정도로 표현되어 있다)가 있다.

그리고 왼쪽으로는 북이 있고, 그 옆으로는 거문고(혹은 쟁, 가야금이라 볼 수도 있다)가 있다.

그러니까 봉황의 비상을 동반하는 것은 기러기(민중의 상징)와 음악이다.

우리는 고대유물을 볼 때 그 "삶의 자리"를 복원하지 않는다. 우리 이런 위대한 향로 조각품을 볼 때에도 거기에 묘사되고 있는 악기나 악사의 모습에서 현재 우리가 사용하고 있는 악기나 음악의 수준을 곧바로 연결시키지 않는다. 그것은 죽은, 우리의 삶과 관련 없는, 소리 없고 생명 없는 유물이라고 인식해버리고 마는 것이다. 전공학자들조차 그 악기들로부터 웅장한 오케스트라음악을 듣지 아니하는 것이다.

음악은 모든 시대정신에 맞게 최상의 표현을 지향

생각해보라! 우리가 현재 쓰고 있는 악기와 동일하게 정교한 악기가 있고, 동일한 인간이 있고, 동일한 음악적 재능이 있는 사람들이 곧바로 봉황의 비상을 동반하는 음악을 연주하고 있는데 어찌 그 음악을 듣지 아니할 수 있으랴! 과연 우륵이 가야국에서 지은 상가라도, 하가라도, 보기, 달기 등등의 곡들이 우리가 들어주기 괴로운 원시적 음악이었을까? 강주사마 백락천의 청삼靑衫을 적시게 만든 바로 그러한 곡조가 아니란 말이냐?

지금 이 백제대향로에 묘사되고 있는 악사들의 모습은 실제로 내가 구례의 봉성산鳳城山 기슭 절꼴(寺洞)에서 느낀 풍류방의 모습과 별반 다름이 없다. 그리고 그 모습은 최치원이 "풍류"를 화랑의 원류로 말한 그 시점보다도 훨씬 앞서는 리얼리티이다.

고운이 말한 풍류의 논리적 구조

자아! 다시 한번 물어보자! 풍류란 무엇이냐? 고운이 뭐라 말했던가?

우리나라 고유의 흐름 Endogenous Creativity	외래종교의 가르침 Exogenous religions
풍류 國有玄妙之道 曰風流。	노나라 사구의 가르침. 魯司寇之旨: **충효** 入則孝於家, 出則忠於國。 Confucianism
삼교를 포함한다 包含三敎	주나라 주사의 가르침. 周柱史之宗: **무위** 處無爲之事, 行不言之敎。 Philosophical Taoism
군중 속으로 파고들어 변화시키는 힘이 있다 接化群生 Pungryu	축건 태자의 교화: **제선봉행** 諸惡莫作, 諸善奉行。 Buddhism

이 도표에서 알 수 있듯이 "풍류"는 하나의 로칼한 종교단체의 성격을 지니는 것이 아니라 나라에 고유한 현묘한 도, 즉 길Way이다. 그 도는 그렇다고 추상적인 가치가 아니라 종교와 같은 조직적 힘을 가지며, 군생群生을 접화接化하는 힘이 있다. 그리고 유·불·도라는 종교철학의 핵심내용을 다 포섭하는 우리민족 원래의 철학이요, 문화요, 삶의 방식이다. 외래종교보다 훨씬 더 광범위한 것이다. 그러므로 이 풍류는 이 민족에게서 사라질 수 없다.

풍류는 우리민족 예술의 전체, 특히 음악, 가무

우리는 여태까지 이토록 정교하고 명백하게 쓴 최치원의 언어를 제대로 해석한 사람이 없었다. 그리고 그 풍류가 곧바로 우리민족의 예술성, 특히 음악, 그리고 가무와 연결된다는 것을 이해하지 못했다.

백제금동대향로를 이해하기 위해서는 이런 생각을 해보면 좋을 것이다. 우리나라에 현재 기독교가 극성이다. 그런데 기독교가 정약용의 시대로부터 오늘날에 이르기까지 이토록 번성하게 된 것은(요즈음 교회수가 줄고 있다. 밤이면 대한민국의 어두운 하늘을 수놓은 십자가가 다방보다 많다고 했는데 요즈음은 좀 줄고 있는 것 같다), 목사의 설교 때문도 아니요, 여호와의 영성이 쎄서도 아니다. 그 핵심은 찬송가이다. 찬송가가 아름답고 순결하기 때문이고, 대중의 마음을 얻었기 때문이다. 서양에는 교회 성가대가 있는 경우가 많지 않다. 그러나 우리나라는 성가대 없는 교회란 생각하기 힘들다. 교회마다 있는 성가대를 민중의 "풍류방"이라 생각하면 최치원이 말하는 "풍류"의 의미가 쉽게 떠오를 것이다. BTS의 아미도 알고 보면 세계를 지배한 조선의 풍류조직이라 말할 수 있다. BTS풍류가 세계적으로 성공한 이유 중의 하나가 그들의 삶의 태도였고, 도덕적 순결이었다. 록밴드라 하면 곧 마리화나, 섹스, 과음을 연상케 했던 서양의 영컬쳐와는 딴판이었던 것이다. 64괘의 마지막 괘인 미제괘의 마지막 효사의 "음주飮酒"라는 말이 나온다. 그것은 우주의 성실함을 관조하는 술마심이다. 광란이 아닌 것이다. 추산은 술 마시고 싶을 때나 여자생각이 날 때는 오로지 죽공을 헤매었다라 했는데, 그에게는 무엇인가 향상일로의 정신세계가 있었던 것이다. 풍류는 향상向上의 극한이며 무한이다.

우리민족의 고유한 풍습을 기록한 고문헌에 "국중대회國中大會, 음주가무飮酒歌舞"라는 말이 꼭 나오는데 이것은 띵까당 파티가 아니라 풍류의 대회였던 것이다(대회＝크게 모인다는 뜻).

왜 배불의 조선궁정에서 불교음악을?

풍류의 실내용인 "영산회상靈山會相"이라는 기악곡은 문자 그대로 "영산에 크게 모인 모습"이라는 뜻인데, "영산"이란 본시 싯달타가 『법화경』을 설했다는 인도 비하르주의 중앙에 있는 영취산靈鷲山을 가리킨다. 마가다왕국의 수부首府인 왕사성王舍城에 있는 작은 산이다. 그 영취산에서 회중이 모였을 때 울려퍼진 음악을 "영산회상"이라고 하는 것이지만, 실제로는 민중이 부처님이 설법하신 그 구원한 진리를 이 땅에서 실현하고자 하는 화랑이래의 불국토사상을 가리키고 있다. 영산이라는 의미에는 항상 지금, 여기라고 하는 현실주의적 사상이 들어있는 것이다. 그런데 왜 그토록 배불排佛을 앞세운 조선의 궁정에서 하필 불교의 이름이 들어간 "영산회상"을 연주하는가?

백경白耕 김무규金茂圭, 1908~1994

첫째, 영산의 의미가 추상화되어 불교적 의미가 탈락했다. 둘째, 원래 가사가 있던 노래였는데, 가사(종교적 내용)가 탈락되어 순수 기악곡화되면서 불교적 내용은 토착화되고 세속화되었다고 볼 수 있다. 조선의 유자들은 "영산"의 지금, 여기라는 현실주의적 의미를 수용한 것이다. 조선의 금수강산, 금강산, 지리산이 영산靈 山 아니고 무엇이랴!

영산회상은 장기간에 걸쳐 다양한 리듬을 흡수

이것은 정악이라는 것이 그 근원을 거슬러 올라가면 유교의 도입 훨씬 이전부터 삼국시대의 불교문화와 관련있다는 것이고, 최치원 말대로라면 유·불·도 이전의 고조선 음악을 가리키는 것이다. 하다못해 영산회상에는 타령이니 군악이니 하는 전혀 영산의

수오당에서 거문고를 타고있는 백경. 그 모습에서 우리나라 풍류전통의 정화를 느낄 수 있다.

의미와 맞아떨어지지 않는 리듬과 가락이 나오는데 이것은 영산회상이 불교음악이라기보다는 장기간을 걸치면서 다양한 음악을 포섭해간 우리민족 고유의 음악이라는 것을 말해주는 것이다. 그러므로 풍류는 고조선으로부터 구례 절골에 이르기까지 하나의 연속적 전승태로서 전해내려오고 있는 것이다. 풍류는 구체적 시스템이요, 종교요, 예술이요, 철학이요, 도덕의 근원이었던 것이다. 풍류를 사랑하는 우리민족은 항상 신바람divine wind을 불러일으키며 건강한 삶을 영위하였던 것이다.

수오당의 의미, 위대한 풍류방

나는 2023년 3월 31일(금요일) 현지답사를 위해 구례로 갔다. 이철호 회장 부부가 구례역으로 마중나왔다. 바로 나를 "수오당"으로 데려간다 했다. "羞烏堂"이란 백경 선생님의 댁을 가리킨다. 바로 그곳에서 풍류방이 열렸던 것이다. "수오"라는 말은 문자 그대로는 "까마귀를 부끄러워한다"는 의미이다. 까마귀는 장성하여 자기를 멕여 키운 에미가 먹이를 취할 능력이 없어지면, 자기가 에미에게 음식을 멕여드린다는 뜻인데, 보통 그것을 "반포反哺"라 한다. "수오"란 "인간들이여! 까마귀의 반포를 생각해라! 어찌 부끄럽지 아니할 수 있는가!"라는 뜻이다. "수오당"이라는 자의字義는 매우 유교적이다. "백경"은 도가적인데, "수오"는 유교적이다. 아마도 수오당이라는 당호는 백경의 부친 김형석이 지은 이름일 것이다.

그런데 차가 구례읍내로 들어가지 않고 낙안 쪽으로 가는 것이다.

"왜 절골로 가지 않고 낙안 쪽으로 가오?"

"아항~ 절골은 구례에 있지만 절골에 지었던 수오당은 지금 낙안읍성 곁에 있어요. 수오당 그 대궐 같은 집을 구례에서 지킬 여력이 없었는데 그만 낙안에서 사가버렸어요. 할 수 없는 일이지요."

한창기와 나

내가 낙안에 당도했을 때, 나는 옛 친구를 만나게 되리라는 것은 예기치 못했다. 나는 어릴 적 친구들이 모두 일찍 세상을 떴기 때문에 세칭 친구라는 사람이 주변에 없다. 그런데 내가 귀국해서 사귄 사람으로서 친구라 부를 수 있는 유일한 인간이 한창기韓彰璂, 1936~1997였다. 나이는 나보다 12살 위니까 띠동갑이다. 그렇지만 우리는 영혼이 통하는 친구였다. 이제 그가 창간하고 편집한 『뿌리 깊은 나무』니 『샘이 깊은 물』이니 하는 잡지를 기억하는 사람도 사라져가고 있는 지금, 새삼 내가 한창기론을 펴본들 먼 얘기로만 들릴 것이다.

한창기가 이 세상을 이별하고 나니 그가 평생 모은 골동품이 문제가 되었는데, 그것을 어디에 기증할까 하는 것이 문제로 남았다. 한창기는 그 문제에 관하여 명시적인 유훈을 남기지 않았다. 그의 친구들은 그 골동품이 국립박물관에 소장되기를 바랬는데, 그 집안에서는 보다 유니크한 지역박물관 형태의 전시를 원했다. 결국 그렇게 성사되어 그의 출생지, 성장지에 가까운 낙안읍성 권역 내에 순천시립 뿌리깊은나무박물관이 성립하게 되었다. 낙안에 가면 꼭 한번 들러볼 좋은 박물관이다.

예기치 못한 그의 죽음을 접했을 때 나는 글을 하나 썼다. 지금 읽어봐도 수정할 곳이 없는 좋은 글이다(원래 도올서원 소식지『도올고 신樗杌故新』제13신, 1997년 2월에 실렸다). 나와 한창기의 우정을 독자 들과 공유하고 싶어 여기 싣는다.

한창기 선생의 가심을 슬퍼함

"놀란 사슴같다."

"놀란 토끼"란 표현은 일상적으로 자주 떠오르는 말이나 "놀란 사슴"이란 그리 흔한 형용은 아니다. 우리시대의 한 걸작품이었 던, 품격있는 성북동 한옥 어귀에 자리잡은 어두운 사랑방 초롱불 곁에 놓여 있던, 우현선생이 한창기 선생을 그린 화상을 놓고 자 평하는 말이었다. 토끼에 비해 사슴은 우선 키가 크고 몸집도 크 다. 토끼라면 왠지 작고 여린 느낌이 들지만, 사슴은 날래고 고고 하고 그 껑충한 모습이 흔히 볼 수 있는 그런 자태가 아니다. 야산 에서 사슴을 만나기란 그리 쉽지 않다. 깊은 심산에서 우연히 사 슴에 부닥쳤을 때, 놀란 듯이 껑충, 무심하게 숲속으로 사라져 버 리는 그 모습은 천진무구한 이미지와 함께 고결한 초속의 자태가 서려 있다.

"정말에요 그게?"

"네."

"언제요?"

"삼일 저녁에, 병원에서 육 개월 투병 끝에……."

"아니 육 개월이나요? 그런데 어떻게 제가 모를 수가 있었나요?"

"해외출장으로 해놓으시고 일체 외부에 연락 말라 하셨어요.
우리 맘대로 어떻게 할 수가 없었어요."

"뭔 병인데요?"

"간요."

"간 뭔데요?"

"그런 거 있잖아요."

"암요?"

"암이란 건 어쩔 수 없는 거더군요."

비록 수화기를 통해 오랜만에 듣는 음성이지만 눈물이 배어나
오는『샘이 깊은 물』의 설호정 선생의 말씀이었다.

곡신의 메아리

심산유곡에 한번 자태를 살짝 내밀었다가 놀란 듯 무심한 듯 또
다시 심산으로 사라져 버리는 때묻지 않은 사슴처럼 그냥 스러져
버렸다. 아무 말도 없이. 곡신谷神의 메아리처럼 내 가슴에 텅빈

여운만 남긴 채─. 설호정선생은 내가 의사개업 했다는 소식을 듣고, 옳다구나 됐다 하고 나를 불러 치료를 받게 할려고 한창기 선생에게 여쭈어보았다 한다.

"그럴 필요있겠나. 알리지 마시오."

간암이라면 나는 내 침으로 어떻게 해서든 방도를 생각해보았을 것이다. 간암은 비교적 콘트롤의 확률이 높기 때문이다. 허나 한 선생은 이미 갈 채비를 차리고 있었다. 그는 자기 운명을 정확히 알고 산 사람이었다. 죽음의 병상에서 나를 부르지 않은 그를 나는 차라리 존경하고 싶다. 아마도 내가 그였다 해도 나는 나를 부르지 않았을 것이다. 그는 한 시대를 창조했다. 그리고 그는 그 시대를 자기 손으로 거둔 것이다. 창조의 찬란한 족적만을 남긴 채, 그 인간의 그림자는 역사 속에 구걸하고 싶지 않았던 것이다. 그는 놀란 사슴처럼 껑충껑충 그답게 사라졌다.

정치적 세력이 막강하거나, 재력이 왕성하거나, 제자를 많이 길러 넘나볼 수 없는 족벌을 형성했거나, 하여튼 역사에 이러한 현실적 세력을 확보하지 못한 문화인의 경우엔, 요즈음 세태의 흐름이란 그 문화인의 업적에 대한 정당한 평가를 내리는 것을 꺼린다. 그리고 손해볼 것이 없다는 냥, 깎아내릴 대로 깎아버리고, 무시할 대로 무시하고, 잊혀질 대로 잊혀버리게 만들려고 노력한다. 한마디로, 우리 20세기 역사는 인물의 평가에 관하여 좀 인색한

편이다. 평가받을 만한 인물이 인색하게 평가되고 있다는 그 자체도 한편 깊게 생각해보면, 세인의 평가를 뛰어넘는 어떤 심오한 정신세계가 그에게 있다는 것을 의미할지도 모르겠다. 그러나 나의 붓은 그런 애매모호한 영역을 평가불가라는 이름으로 밀봉해놓고 지나갈 수는 없다. 한창기? 그냥 잡지 몇 개 했던 사람이라고, 세인이 씨렁방구도 안 뀔 그런 말을 남기고 지나갈 수는 없는 것이다.

전통과 초월의 세기적 아방가르드, 모든 디자인의 선구자

우리는 호랑이 담배먹던 시절을 기억하지 않는다. 기억한다 해도 그러한 시절의 새로운 전기를 창출한 창조적 긴장의 분위기를 함께 기억하지는 않는다. 한창기는 선각자였다. 한창기는 해방후 우리역사에 혜성처럼 등장한 한 빛줄기였다. 그는 영민한 수재였고 영활한 실천가였다. 그는 자기를 높일 줄 알았고 또 자기를 낮출 줄 알았다. 그 빛줄기는 전통에 대한 섬세한 감각과 또 전통을 초탈하는 세기적 아방가르드의 보편적 감각을 함께 지닌 횃불이었다.

오늘 우리사회의 저널을 지배하는 모든 디자인, 사진 하나 글씨 한자의 빛깔부터 레이아웃에 이르기까지 ―. 그 모든 것이 어떤 섬세한 심미성을 과시하고 있다면 사실 그것은 모조리 한창기로부터 비롯된 것이다. 『뿌리깊은 나모』나 『샘이깊은물』의 역사를 내가 운운치 않더라도, 오늘날 우리사회에 어떤 심미성에 대한 추구가 있다면, 그것이 그러한 길을 걷지 않을 수밖에 없었던 역사적 필연을 핑계로 대기 전에, 한창기라는 개인의 창조적 작업과의 관련성을 회피할 길이 없다.

전통문화에 대한 심미적 인식의 제고

우리전통문화의 모든 측면, 국악, 한복, 공예, 등등의 심미적 인식의 제고 그리고 그러한 인식의 대중화 보편화에 한창기 이상의 공로를 지닌 자를 우리는 발견할 수 없다. 국가가 산더미 같은 돈과 체제로써 행한 모든 사업이 한창기 일개인의 감각에서 우러나온 실마리들의 성취에 비한다면 태창太倉의 일속一粟에 불과한 것이다. 한창기라는 인간 그 자체가 우리문화의 심미성의 살아있는 기준이었다. 그는 기준이었을 뿐만 아니라 그 기준을 실천했다. 그는 국악을 좋아한 것뿐만 아니라 모든 사람들이 국악을 좋아하게 만들었고, 한복을 좋아서 입을 뿐 아니라 모든 사람들이 한복을 입게 만들었고, 한옥을 짓고 살 뿐 아니라 모든 사람들이 한옥을 짓게 만들었다. 그리고 그렇게 좋아할 수 있는 원리를 발견하고, 그 원리와 창조적 응용의 가능성을 보급시켰다. 허나 한창기의 역사적 가치는 여기에 머물지 않는다. 내가 한창기를 사랑하고 평가하고 또 대적했던 가장 큰 그의 삶의 본질은 바로 그의 "언어"였다. 언어에 대한 그의 생각과 감각과 실천이었다.

언어에 대한 혁명적 감각, 외솔과 한창기

"최현배의 『우리말본』을 한번 사서 읽어보게. 그래도 한국의 글쟁이라면

한글의 말본은 알아야할 게 아닌가? 외솔이 좀 생각이 못 미친 데도 있지만 하여튼 재미있는 생각 참 많이 했어……."

　　외솔이 한글전용의 새로운 가능성을 개척했을 뿐만 아니라 우리말의 구조적 이해를 위한 독창적 견해를 조직하는데 혁혁한 공을 세웠다면, 한창기는 그 가능성을 보편화시켰다. 순수한 우리말의 심미적 본질을 자기 나름대로 발견하고 확장하고 대중화시켰다. 외솔의 한글전용의 외침은 외로왔지만, 한창기의 외침은 결코 외롭지 않았다. 외솔보다는 보다 대중적인 매체를 통해 현실적으로 접근했다. 외솔은 어찌보면 부정적으로 제약적으로 한글의 순수성을 고집했지만, 한창기는 긍정적으로 포용적으로 한글의 순수성을 고집했다. 한창기의 원칙은 순수한 한국말이라고 하는 순화주의 원칙(purist principle)이 아니라, 한국사람이 실제적으로 사용하고 있는 구어적 현실의 원칙(colloquialist principle)이었다. 그에겐 한글의 내용과 함께 형식이 매우 중요했다. 사실 그는 원래 한글보단 영어를 좋아했고, 영어에 능통하기를 더 좋아했던 개화기의 한 지식청년이었다. 그런데 그가 영어의 세계에 접하면서 반사적으로 영어가 가지고 있는 주체적 고집에 눈을 떴다. 왜 영·미의 사람들은 세계의 모든 문화를 영어라고 하는 순수한 형식 속으로 다 끌어 담을 줄 아는데 왜 우리는 위대한 우리말과 한글을 가지고 있으면서 그렇게 주체적으로 한글의 보편적 양식을 고집할 수 없나? 왜 숫자를 우리말을 두고 꼭 아랍문화의 형식으로 바꾸어야만 할까? 하여튼 이러한 골치아픈 문제들에 대해 자기 나름대로의 원칙을 발견해간 역사가 그의 잡지편집의 역사였을 것이다.

도올의 언어의 최초의 발견자

그런데 사실 나는 그의 고집과 타협할 수 없는 나의 고집 때문에 그에게 원고를 내주는 그런 일을 하지 않았다. 한창기와 나는 천하에 둘도 없는 지기이자 숙적이었다. 물론 그는 나의 선배다. 태어난 시점으로 선배요, 학력으로 선배요, 사회활동으로 선배요, 선각의 역정으로 선배다. 내가 이 사회의 "동양학"의 혜성처럼, 예언자처럼 등장했을 때, 그 등장을 맞이하는 주체였다. 내가 "한문해석학"이라고 하는 새로운 운동을 표방했을 때, 그 해석의 대상이 된 것은 역시 인간의 언어였으며, 나의 언어는 한국말이 아닌 인간의 말 그 자체였다. 나에겐 한국말이란 인간언어의 한 선택된 양식에 불과했다. 따라서 나는 국어순화주의purism에 본질적인 관심이 없었다. 나의 언어는 인간이 자기생각을 표현할 수 있는 모든 가능한 양식이었으며 나는 나와 동시대를 산 어느 누구보다도 그러한 다양한 양식에 정통해있다고 자부했다. 허나 나의 우리말에 대한 생각은 일차적으로 동아시아문명권이라고 하는 전체적 테두리 속에서 의미를 지녔다. 그러나 나는 궁극적으로 한창기가 우리말에 대해 지닌 섬세한 감각에 대하여 경복할 소지가 있다는 것을 발견하기에 인색한 사람은 아니었다. 사실 나의 문체의 파격성과 과격성, 그리고 어휘의 창조성과 광범함, 그리고 사색의 깊이와 넓이, 이 모든 것을 최초로 본격적으로 시인하고 접근한 이 땅의 지성인이 한창기였다. 그와 나의 우정은 전통에 대한 미식가적인 향수로 맺어졌다기보다는, 바로 이 언어에 대한 감각 때문에 맺어진 것이다.

"잘난 척 말고 휘갈기지만 말고 나하고 머리를 싸매고 앉아 한번 내 교정을 받아보게! 자네 글로 우리역사가 뒤바뀔 수도 있어."

"『샘이』에 들어오는 원고나 동강 내라구. 내 글 손 댈 기회는 없을 께구만."

성북동 고택에서의 식사

성북동의 고택에 앉아 있노라면, 보통 어슬어슬 기어들어온 식객들은 상식적 관례에 따라 한두 시간이면 눈치를 보게 마련이다. 그런데 한창기집에서 먹는 음식은 참으로 맛이 있다. 그야말로 옛날 화원화가들의 그림에서나 보던 "독상"의 정통적 품격을 맛볼 수 있는 유일한 장소가 그곳이었기 때문이다. 그래서 점심을 얻어먹고 나면, 보통 궁둥이를 들썩이게 마련이지만 한창기는 아예 저녁까지 먹고 가라고 붙든다. 저녁까지 먹고 나면 밤참까지 먹고 가라고 붙든다. 그 붙드는 품새가 고사를 전제로 한 허식이 아니라 진짜로 붙드는 것이다. 그렇게 그는 인정이 많았다. 그리고 나는 그렇게 인정많은 한창기에게 항상 면박주고 핀잔주는 말만 면전에 퍼부었다. 그런 욕을 다 퍼먹고도 껄껄 너털웃음만 짓는 고일高逸한 사람이 바로 한창기였다.

집이란 무엇인가

나는 집을 지을 때도 한창기에게 찾아갔다. 건축가들이 온갖 지혜를 다 짜내어 동양철학자인 도올의 집은 동양철학의 냄새가 물씬 풍기는 한옥의 아름다운 품격의 선율을 과시해야 한다고 설계를 그리고 또 그리고 있을 즈음,

"집이란 것의 디프 스트럭쳐를 생각해봐. 지붕의 형태도 결국 요세 가지로 집약되지. 그런데 제일 간단한 맞배지붕에 성냥갑 모양으로 지어봐! 스카이라인이 복잡하면 그건 살 집이 못돼!"

그의 심미성은 기상천외로 단순했다. 그래서 나는 그의 충고에 따라 내집을 맞배지붕에 성냥갑으로 옛날 변소깐 짓듯이 지었다. 지금까지 한창기의 그 충고 한마디는 천하의 명언이었다. 여태까지 후회가 없다.

내가 한의대를 다닌다고 이리에 내려갔을 때도 나는 내 단칸 하숙방에 전화를 놓자마자 그에게 전화를 걸었다.

제대로 된 브렉퍼스트

"아 글쎄 말이지, 도올선생 거기서 먹을 데가 시원찮아서 걱정일 텐데 말이지, 거 군산에 가면 관광호텔이 하나 있어. 그런데 그 호텔 아침에 나오는 토스트하구 계란후라이가 말이지, 거 참 제대로 된 거란 말야. 거기 가서 가끔 먹어봐."

명동과 장안평, 나에겐 그 모든 것이 배움이었다

껑충한 몸매와 뇝인 한복이 따로따로 노는데도 불구하고 그 어색한 한복을 가장 정통의 자랑스런 멋이라구 자랑하면서 런던에서 맞추어오는 구두에다가 색깔을 맞춰 입고 노송아래 개왓장이 굽이치는 빗장대문을 나서는 한창기, 나는 그와 명동을 거닐다가 캠브릿지 멤버스에 들어가 원두커피를 갈아 한잔 마시고, 또 어디어디를 들려 맛있는 돈까스 하나 먹고 또 인사동 갤러리를 거쳐 굿 나잍! 장안평을 그와 거닐면 골동품상 주인들이 모두 손님인 그의 눈치를 살피면서 진품감정을 의뢰하면 슬슬 구라피면서 덤으로 싸게 귀한 물건들을 하나씩 주머니속으로 집어넣곤 하던 한창기! 그와의 추억이 모두 나에겐 인간적 내음새로 배어 있고 또 나에게 새로운 세계에 대한 인식을 가져다 준 배움의 시간들이었다.

판소리 사설의 주석, 시골 아낙의 언어의 문자화

나는 그가 사라졌다고 생각할 수가 없다. 더더구나 그가 죽었다고 생각할 수가 없다. 그가 나에게 죽음의 모습을 보이지 않았기 때문이 아니다. 그는 죽을 수 없는 어떤 모습을 나의 의식에 남기고 있기 때문이다.

아무도 판소리의 사설에 주석을 달 생각도 안하던 시절, 그것을 그냥 흘려듣고 내버리기만 하던 시절, 꼼꼼하게 주석을 달고, 시골아낙의 이야기를 음성 그대로 문자화시키는 곤욕스러운 작업들을 자랑스럽게 해냈고, 그런 공포에 가까운 창조적 작업들의 본을 우리역사에 수없이 과시한 한창기! 그 한창기의 본질은 과연 어디에 있었을까?

이 순간이 옛 조선이라면 좋겠어

어느날 나는 성북동 고택에 단둘이 앉아 있었다. 거대한 말총 삿갓이 걸려 있던 그곳 사랑방, 여닫이 미닫이 문밖으로는 주룩 주룩 봄비가 내리고.

> **"나는 말야! 조선왕조가 그리우이. 난 말야 몇백 년 전 그리루 가서 살았**
> **으면 좋겠어. 지금 김 선생과 앉아있는 이 순간이 옛날 조선이라면 좋겠어.**
> **이런 말을 하는 날 다 미친놈이라고 생각할 꺼야. 김 선생만 빼놓구."**

과연 그는 조선왕조로의 복귀를 꿈꾼 왕당파였을까? 시대착오적 귀족주의의 리버럴리스트였을까? 7·80년대 최루탄의 열기가 서울의 길거리를 떠나지 않았을 그 시절, 고색창연한 한옥에 영국제 신사구두가 그의 돌계단 옆 신장에 수십켤레 가득 차 있었고 격조높은 골동품들이 즐비한가 하면 세계의 아방가르드적 저널들을 항상 손에 들고 있었던 한창기! 조선의 젊은이들이 독재의 기미羈縻에도 불구하고 사회개혁의 정의를 울부짖었다면, 한창기 또한 똑같은 열정으로 스러져가는 우리역사의 어떤 측면을 회복시킬려고 노력했다. 그것은 과연 무엇이었을까? 그것은 바로 과거 우리문명의 모습속에 기운생동하고 있었던 심미적 삶의 충동이었다. 전환의 세기 20세기의 첨단에 서서 우리문명의 심미성을 제고시킨 제일인자! 그 이름으로 우리역사는 한창기를 기억해야 할 것이다.

우리문명의 심미성을 제고시킨 제일인자

그는 결코 죽지 않았다. 아마도 그는 지금도 훤히 트인 벌교의 벌판을 거닐면서 쪽풀 한 잎 한 잎을 들여다보면서 왜 요 모양으로 생긴 요 풀잎에서 이렇게도 고운 빛깔이 나올까 하고 머리를 조아리거나, 낙안읍성의 돌이 쌓인 모양을 요리조리 관찰하거나, 선암사의 승선교를 지나 삼층석탑이나 대웅전의 불화를 구비구비 어루만지고 있을 것이다.

— 1997년 2월 14일 새벽 4시 탈고 —

■ — ■ — ■

한창기박물관과 수오당

한창기박물관이 만들어지면서 순천시는 박물관의 분위기를 빛내기 위해서 구례의 수오당을 박물관 앞으로 옮겼다. 그래서 수오당의 모습을 거의 온전하게 보존했다. 구례 사람들은 아쉬워했지만 차라리 잘된 일이다. 수오당의 모습을 이렇게 해서라도 볼 수 있다는 게 감사했다. 그러나 나의 관심은 수오당 건물에 있지 않았다. 그 터를 가봐야 수오당의 느낌을 알 수 있을 것 같았다.

수오당 전경

돌의 명장 이귀재, 차의 명인 유수용

순천에서 점심을 먹고 곧바로 곡성의 석장石匠에게 갔다. 평화
석재의 이귀재李貴宰 선생을 만나보니 문화재기능인이요, 매우 훌
륭한 예술적 감각의 소유자였다. 선택된 돌도 훌륭한 자연석이었
고, 석장 본인이 무엇보다 나에 대한 이해가 깊었다. 내 책도 읽고,
내 도올tv 강의도 열심히 보는 사람이었다. 비석을 어떻게 디자인할
지에 대한 의견을 깊게 나누고 나는 구례로 갔다. 가는 길에 순천
에 사는 우리 작설차의 명인 유수용柳垂鏞을 만났다. 그가 만드는
진벽眞碧이라는 차는 내가 가장 즐겨 먹는 명품이다.

수오당의 본래 위치는 경건한 수도인의 도량

나는 절골을 가보고, 그러니까 수오당이 자리잡고 있었던 본래의 터를 세밀하게 답사하고 풍류에 대한 나의 추론을 확인했다. 그 땅은 광산김씨가 매입했는데 그 분은 내가 작년에 광산김씨 시조를 모시는 사당이 있는 담양의 평장사平章祠에서 초헌관역을 한 것도 알고 있었다.

나는 이날 밤 서울로 돌아오는 기차간에서 비석의 정면 글씨를 정하였다. 비는 특정인을 위한 것이라기보다는 보편적 주제를 담는 것이 좋다. 심사숙고 끝에 이렇게 정하였다.

求禮風流玄妙之道源流碑
구 례 풍 류 현 묘 지 도 원 류 비

앞면과 뒷면에 새기는 글

그리고 앞면에는 추산과 백경 두 분 선생님을 추모하는 글을 새겼다:

> 구례향제줄풍류의 틀을 작作하고 우리 풍류의 전승을 집대성集大成한 위대한 예술가이며 교육자이신 추산秋山 전용선全用先 1888~1965, 백경白耕 김무규金茂圭 1908~1994, 두 분 큰선생님의 삶과 정신을 기린다. 그리고 그 뜻을 이어 풍류로써 조선민족의 현묘한 예맥藝脈을 지켜낸 모든 사람들의 염원을 여기 구례땅에 담아 이 비를 세운다.

그리고 뒷면에 자세한 내막을 밝히는 글과 나의 명銘을 실었다.

조선의 창공에 우주宇宙를 펼쳐라! 곤륜崑崙으로부터 인온氤氳하는 아시아대륙의 영기靈氣가 백두白頭에서 응집凝集되어 동해를 휘감으며 흐르다가 태백太白에서 허리를 들어 서남으로 뻗친 대간大幹의 끝, 섬진이 감싼 분지에 구례求禮가 있다. 구례의 례禮가 무엇이뇨? 례는 본시 번문繁文이 아니요, 풍風이요 악樂이다. 풍이란 바람이요 노래요 신바람이다. 류流란 천지의 기의 흐름이요, 혈맥의 소통이요, 생명의 약동이다. 바람은 본시 무형이래서 현묘하고, 흐름은 길을 이루니 도道라 한다. 인생이 걸어가는 길이요, 신바람이 춤을 추는 길이다. 도덕과 예술이 하나되고, 종교와 철학이 하나되는 길이다. 고운孤雲은 유·불·도라 하는 이념적 체계가 들어오기 이전부터 우리민족의 일상적 삶에 고유한 삶의 길이 있다 했고 그것을 일컬어 현묘지도, 즉 풍류風流라 했다. 고운이 말하는 풍류는 오늘 우리가 말하는 풍류와 다르지 않다. 고대사는 현대사 속에 들어있다. 철리哲理에 앞선 고유한 노래, 그 노래야말로 우리민족 감성의 본연本然이다. 노래는 드라마화 되기도 하고, 문명이 추상화되는 단계에 따라 순수기악곡으로 발전하기도 한다. 19세기 후반에 산조라는 새로운 음악형식이 등장한 것은 조선문명의 상징적 표현의 중층성을 과시하는 것이다. 한시간짜리 절대음악 독주곡은 세계문명사에 그 유례가 흔치 않다. 풍류를 정악正樂이라 규정하여 속俗의 산조散調와 대비시키는 것은 옳지 못하다. 산조 속에도 정악이 들어있으며 정악 속에도 이미 흐른가락의 가능성이 배태되어 있다. 악樂에서 사투리를 운운하는 것은 당치않다. 서울말이 사투리일 수도 있는 것이다. 중요한 것은 서울말, 지방 사투리를 운운하기 전에 서로 소통하는 말이 있다는 엄연한 사실이다. 악樂에서 정正과 속俗은 하나다. 높은 경지에서는 풍류를 잘해야 산조를 할 수 있고, 산조를 잘해야 풍류를 제대로 할 수 있다. 풍류는 정靜한 성향을 지니지만 그 배면에는 무한한 동動이 약동하고 있다.

구례는 아시아대륙의 모든 기운이 개방적으로 흘러드는 곳이지만 동시에 짙은 자기정체성을 지닌 남도예술의 관문역할을 한다. 그 경계성에서 구례풍류는 피어났다. 그 최초의 실마리는 정읍 고부 출신의 추산 전용선이다. 추산은 단소·가야금·거문고·대금·퉁소·양금·피리·해금 등 모든 악기에 능했으며 정악에 정통하였다. 그러나 그는 가장 단순한 듯이 보이는 단소에 혼신의 창조력을 쏟아 범인이 꿈꿀 수 없는 단소산조를 작作하였다. 그는 죽신竹神이라 불리었다. 그러나 그의 참된 위대함은 오직 악樂에만 전념하는 성인의 경지에 있다. 산조는 김창조 홀로 만든 것이 아니라 동시대 악성樂聖들이 같이 교감하면서 창조한 것이다. 떠도는 추산을 구례에 안착시켜 풍류의 성세盛勢를 이룩한 거목巨木이 바로 백경 김무규이다. 그의 고조 영국英國의 시절로부터 이미 풍류를 전승하였고, 대대로 진사벼슬을 하였으며 아버지 형석炯奭은 거대한 재산을 모았음에도 불구하고 절골 깊은 숲속에 대궐과도 같은 저택을 지어 풍류방을 운영하여 송만갑, 박봉래, 임방울, 김소희, 박봉술 등 당대의 명창 및 풍류객이 자유롭게 예술활동을 할 수 있게 만들었다. 이러한 분위기 속에서 백경은 단소, 거문고, 북 등을 익혔으며 풍류의 종장으로서의 인품을 길렀다. 시대의 격변 속에서도 정의로움을 잃지 않았다. 모든 국악인의 사표라 할 것이다. 백경의 친손자 정승政丞은 서울대 국악과 교수가 되어 구례풍류의 정맥을 지키려고 노력하고 있다. 이 두 선생 문하에서 인간문화재의 반열에 오른 자는 호전昊田 조계순曺桂順, 우당友堂 이순조李順祚, 매성梅城 김정애金貞愛, 인재仁在 이철호李鐵湖, 우경又耕 장명화張明華, 창랑滄浪 신상철申相哲이다. 인재仁在는 두 선생님으로부터 직접 단소를 배웠으며 구례향제줄풍류가 중요무형문화재로 지정되는 데 큰 역할을 하였다. 나 도올이 이 비문을 쓰게 되기까지 불락사 스님 휴봉상훈休峰尙勳의 지원과 격려가 컸다. 명銘하여 말한다.

秋迷竹孔駕鶴仙,
추산은 대나무 구멍 속의 미로를 헤매고 또 헤매다가
학을 타고 신선이 되어 날아갔다.

白耕又耕復俗塵.

백경은 무위의 밭을 갈고 또 갈다가 결국 진속의 흙으로
돌아왔다.

律客老姑懷正俗,

구례의 풍류객들은 노고단에 올라 정악과 속악을 다
품에 끌어안는다.

羞烏不羞喜悲仁.

수오당은 결코 부끄럽지 않다. 인간세의 희극과 비극을
모두 인仁하게 만들었을 뿐.

계묘년 봄날 꽃잎이 흩날릴 때

도올 김용옥金容沃 짓고 쓰다

숙고 끝에 이 비문을 만들어 곡성의 이귀재 선생에게 보냈다.
그런데 이귀재 선생은 난색을 표명한다:

"이 문장은 명문이기는 하지만 비석에 들어가기에는 너무 깁니
다. 한 글자당 가로세로 2.5cm의 공간이 확보되어야 하는데 이
글자수로는 1.5cm밖에 확보하지 못합니다. 그러면 글씨꼴이
졸렬해지고 깊이 팔 수 없어 비석이 되질 않아요."

나는 서울에서 메탈동판 신소재에 새겨 돌에 붙이는 것도 구상

해보았는데 영 성에 차질 않았다. 비석은 역시 돌이어야 한다. 돌에 새기는 것이 비석 아니드냐?

비문 최종본

나는 결국 저 문장을 반으로 줄이는 난감한 작업을 감행하였다. 만족할 만한 새로운 문장이 탄생하였다. 그간의 고생은 이루 다 말할 수 없다.

구례줄풍류는 자유분방하고 짙은 계면정서의 자기정체성을 유지하는 남도문화권과 웅혼한 아시아대륙의 보편적 감성이 백두대간을 타고 흘러내려 노고단에서 집결된 대륙문화권, 그 양자의 창조성이 부딪히는 경계에서 피어오른 모험의 역정이다. 풍류에는 본시 향鄕과 경京의 우열이 있을 수 없고, 정正과 속俗의 이원二元이 있을 수 없다. 풍류는 정靜하지만 그 정靜 자체가 무한한 동動의 계기들을 함장한다. 구례풍류는 이미 고운孤雲이 지적한 현묘지도玄妙之道로부터 그 연원을 찾을 수 있지만 구체적 실마리를 제공한 사람은 추산秋山 전용선이다. 추산은 모든 악기에 능했으며 정악에 정통하였다. 그는 가장 원초적이고 단순한 듯이 보이는 단소에 천혼天魂을 쏟아 범인이 꿈꿀 수도 없는 단소산조를 작作하였다. 죽신竹神이라 불리었지만 악성樂聖이라 함이 옳다. 떠도는 추산秋山을 구례에 안착시켜 구례풍류의 틀을 짠 사람은 구례의 정신적 기둥이자 풍류의 종장이었던 백경白耕 김무규이다. 백경의 집안은 그의 고조 영국英國으로부터 부친 형석炯奭에 이르기까지 풍류의 조직에 힘썼고 대궐 같은 집을 절골 깊은 숲속에 짓고 송만갑, 임방울, 김소희, 박봉술과 같은 명창들과 천하天下의 율객律客들이 자유롭게 예술활동을 할 수 있는 분위기를 창출하였다. 백경은 단소, 거문고, 북에 능했으며 예술과 종교와 도덕이 하나로 융합되는 정신적 경지를 추구하였다. 절골의 사람들에겐 풍류가 곧 하느님이었다. 이 두 분 선생님 슬하에서 호전昊田, 우당友堂, 매성梅城, 인재仁在, 우경又耕, 창랑滄浪이 인간문화재의 반열에 올랐고, 인재仁在 이철호李鐵湖는 두 선생님께 직접 단소를 배웠다. 비碑를 세우는 데 휴봉상훈休峰尙勳의 격려가 컸다. 명銘하여 말한다.

추미죽공가학선秋迷竹孔駕鶴仙 추산은 대나무 구멍 속의 미로를 헤매고 또 헤매다가 학을 타고 신선이 되어 날아갔다.

백경우경복속진白耕又耕復俗塵 백경은 무위의 밭을 갈고 또 갈다가 결국 진속의 흙으로 돌아왔다.

율객노고회정속律客老姑懷正俗 구례의 풍류객들은 노고단에 올라 정악과 속악을 다 품에 끌어안는다.

수오불수희비인羞烏不羞喜悲仁 수오당은 결코 부끄럽지 않다. 인간세의 희극과 비극을 모두 인仁하게 만들었을 뿐.

계묘년 봄날 도올 김용옥金容沃 짓고 쓰다

제막식

이 기념비적 구례 풍류비는 2023년 6월 10일날 제막식과 함께 일반에게 자태를 드러낸다.

2023년 5월 22일(월요일)

설마했던 암담한 시절

요즈음 유난히 많은 사람들이 나의 도올tv 강의를 보고 있다. 유튜브를 통한 사회담론의 형성이 얼마나 효력이 있는지는 모르겠으나, 사람들이 유튜브 덕분에 그래도 세상 돌아가는 감을 잡고 또 울분을 해소하기도 하는 모양이다.

"설마 했던 암담한 시절을 만나 가슴이 꽉 막히고 답답하기 그지없지만 선생님 강연을 보고 들으면서 견뎌내고 있습니다. 분망 중에 책까지 집필하고 계시다니 존경의 념을 간직할 따름입니다. 건강 돌보셔서 계속 빛과 소금이 되어주시길 바랄 뿐입니다. 감사합니다. 선생님!"

시골에 있는 어느 제자로부터의 편지이지만 너무도 많은 사람이 이러한 심정에서 하루하루를 살고 있는 것 같다. 이러한 느낌이 민중의 내성적 고민을 심화시키고 확대시키고 있는 것인지, 또는 언론의 소통이 울분을 해소시켜 폭발의 김을 빼고 있는 것인지 잘 알 수가 없다. 그러나 확실한 것은 말하지 아니할 수 없고, 들어 알지 아니할 수 없다는 것이다. 요즈음 나의 담론의 최대현안은 후쿠시마 방사성 오염수 방류 문제이다.

일본석학과의 대화

나는 하도 답답해서 내가 신뢰하는 일본인 친구에게 전화를 걸었다. 나와 같은 분야에서 활약하고 있는 존경스러운 석학이다.

"안녕하십니까? 도올입니다."

"아~ 오랜만입니다. 『정몽』을 집필하신다고 했는데 좀 진전이 있습니까? 저는 요즈음 언어에 관한 저의 생각을 정리하고 있습니다."

나는 다짜고짜 물었다.

"방사성 오염수 방류라는 것은 핵오염수의 농도의 문제가 아니고, 곧바로 인간 전체의 생사와 관련된 문제인데 어떻게 해서 일본인들은 이런 문제에 관해 격렬한 반대라든가 데모 같은 것을 하지 않습니까?"

"일본의 민중은 자민당화되어 있습니다. 자민당을 객체화 시켜 보지 않고 자신의 삶의 일부로 받아들이고 있는 것이지요. 그리고 자민당의 정치세력은 근원적인 문제를 근원적으로 해결하려는 자세가 없습니다. 자민당은 이렇게 큰 원전사고를 치른 후에도 원전을 계속 확대한다는 방침을 세우고 있습니다. 거시적인 문제에 관해 도덕적 통찰이 없습니다. 더구나 가장 큰 문제는 일본은 언론이 죽어 있습니다. 언론이 국민에게 진실을 밝히는 역할을 할 생각을 하지 않습니다. 게다가 한국과 같은 직접선거도 없지요. 그러니 자민당에 맞서는 사회세력이 없는 셈입니다."

"혹시 윤석열을 아십니까?"

"윤석열이 누구입니까? 잘 모르겠는데요."

"대한민국의 대통령입니다만, 일본인들에게 어떤 인상을 주고 있는지 알고 싶어서요."

"보통의 일본인들은 남의 나라 대통령이 어떤 사람인지, 그런 거에 신경을 쓰지 않아요. 저도 윤석열을 들어본 적이 없습니다."

"그러면 일본총리 키시다 후미오가 과연 어떤 사람인지 말씀해 주시겠습니까?"

그는 대뜸 단호한 어조로 거침없이 말한다.

"키시다는 아베보다 훨씬 더 악랄한 인물입니다(여기 번역을 "악랄하다"라고 했는데 그가 쓴 표현은 "히도이非道い"였다). 아베는 순진한 데라도 있어요. 이념적인 경직성은 있어도 그렇게 교활하지는 않아요. 그런데 키시다는 매끄럽게 생겼지만 악랄합니다. 도덕적 판단이 없이 자기가 하고자 하는 일은 어떻게 해서든지 성취하고 마는 인물이지요. 일본인들은 그의 영도 아래 더욱더 타락하게 생겼습니다. 소수의 입장에서 일본의 대세를 바라보고 있으면 무기력하게만 느껴집니다. 저도 답답하게 느끼고 있어요. 김 선생님의 유튜브강의를 일본에서 가끔 봅니다."

"자막이 나갑니까?"

"자막은 없지만 그냥 얕은 한국어실력으로 감만 잡습니다."

"공부 방해해서 죄송합니다."

"별 말씀을. 건강에 유의하십시오."

핵폐기수 방류는 건곤 그 자체를 파괴,

현생인류 최대의 재앙, 인류가 상상을 못하고 있다

핵폐기물 방사성 오염수 방류의 문제는 생명의 근원에 관한 문제이고, 건곤乾坤 그 자체의 문제이다. 인류가, 아니 건곤이 여태까지 경험해보지 못한 미증유의 사태이기 때문에 사람들이 그 피해의 여파를 감지도 못하고, 상상도 못한다.

대동아공영에서 전세계공멸로!

얼마 전까지만 해도 일제日帝는 "대동아공영"이라는 사기성구호를 외쳐댔는데, 지금은 까놓고 "전 세계공멸共滅"을 부르짖고 있다. 전 세계가 공멸하는 길로 나아가야 일본은 살 수 있다는 망상을 외쳐대고 있다. 안창호는 유명을 달리하기 전에 마지막 숨을 내쉬며 이렇게 외쳤다: "목인아! 목인아! 네가 큰 죄를 지었구나!"

나는 외친다: "키시다야! 키시다야! 어찌하여 너는 사리私利에 눈이 멀어 천리天理를 멸멸滅하려 하느뇨!" 또 외친다: "석열아! 석열아! 제발 정신차려라! 네가 사람이라면 사람으로서 살아가는 생존의 조건은 이 민족의 보통사람들과 공유하고 있을 것 아니냐? 우리 민족의 생명의 근원을 파멸시킬 수는 없는 것 아니냐? 너는 지금 건곤乾坤을 훼멸하려 하고 있나니 제발 정신차려라! 석열아~"

문제의 핵심, 천재가 아닌 인재다!

지금 방사성 오염수방류 문제는 가장 큰 문제의 근원이 천재天災가 아니라, 인재人災라는 데 있다. 일본과 같이 지진과 해일이 많은 나라라면 원전을 바닷가에 짓는 문제에 관해 신중한 검토를 했어야 한다. 너무 과욕스럽게 문명의 이기를 벌려놓고 효율적으로 대처한다 하면서 원전을 세우는 발상 자체가 문명의 죄악이다. 그러나 후쿠시마원전사태의 핵심은 그 원전사고가 국가의 공기업이 아닌 "동경전력東京電力"이라는 민간 사기업(아시아 최대 전력회사, 세계4위 규모의 회사. 사고 이후 파산. 현재는 국유화됨. 그러나 당시는 사기업이었다) 이익집단의 무책임한 책략 하에 진행된 터무니없는 사고라는 사실이다. 동경전력은 그린피스가 선정한 이 세계에서 가장 사악한 기업이다.

사기업 동경전력의 은폐, 무지 무위의 8시간

쓰나미가 닥치기 이전부터 원자로 노심에 금이 간 사실을 은폐했고 200건이 넘는 원전관련사고를 은폐했다. 지진발생은 이미 발생되기 8일 전부터 예고된 것이었지만 아무런 대처를 하지 않았다. 쓰나미 이후 전력설비가 침수되어 가동불능상태가 되자, 이에 대비한 비상 배터리가 가동되었으나 이것은 8시간만 버틸 수 있는 용량이었다. 이때 재빨리 새 발전기를 가져와서 전력을 유지시키든가, 해수를 부어 냉각시켰다면 최소한의 피해로 사건을 수습할 수 있었다. 그러나 동경전력은 긴급한 대체 주수注水에 대한 인식이 결여되었고, 8시간 동안 아무런 조치를 취하지 않았다. 결국 8시간 배터리가 다해 연료봉냉각시스템이 꺼져버리자 연료봉은 방사성붕괴열로 녹아내리기 시작했고 1호기부터 수소폭발을 일으켰다. 원자로를 빨리 포기하고 처음부터 해수를 팍팍 부었다면 수습이 가능했다. 원자로가 아깝다(해수의 염분이 비싼 원자로를 망가뜨린다는 단순한 우려)고 쓰나미 이후 30여 시간 동안 아무 조치도 취하지 않은 한 민간기업의 이권계산 때문에 전 인류에게 재앙이 닥치게 된 것이다. 후쿠시마원전사태는 **천재天災가 아니라 인재人災다.**

원자폭탄과 원자로

원자력발전이란 핵분열과정을 통해 그때 발생하는 엄청난 열을 활용하여 터빈을 돌리는 장치이다. 알고 보면 뜨거운 수증기로 터빈을 돌려 전기를 발생시키는 평범한 원리에 의한 발전장치인 것이다. 그런데 화력발전소와는 달리, 열을 얻는 방법이 핵을 분열시키는 작업인 것이다. 핵을 반으로 쪼개면 핵이 가벼워지면서 (다른 원소의 원자핵으로 변환하는 과정) 엄청난 열이 발생한다. 무엇을 쪼개려면 망치로 때리든지, 하여튼 무엇으로 때려야 하는데 그 때리는 것이 "중성자"이다. 아무 핵이나 때리는 것이 아니고, 중성자를 흡수하는 핵을 때려야 하는데 그것이 우라늄235 같은 것이다. 이것은 자연에 스스로 있는 물질 그대로가 아니고 인위적으로 농축시켜 생겨나는 것이다. 우라늄235에 중성자를 조사照射하면 중성자가 흡수되고 그 후에 바륨(Ba), 크립톤(Kr) 등으로 분열하면서 엄청난 에너지가 방출된다. 이러한 핵분열을 연쇄식으로 일순간에 일으키면 원자폭탄이 되고, 중성자의 수를 제어하면서 완만하게 진행시키면 원자로가 되는 것이다.

핵연료의 비극

그러나 핵연료의 비극은 방사성 폐기물radioactive waste을 발생시킨다는 것이다. 핵에너지를 발생시키는 과정에서 생기는 핵분열 생성물, 냉각수, 냉각가스, 사용된 공구, 헝겊, 종이, 세척수, 고체, 액체, 기체, 이 모든 것이 방사능을 지니고 있는 것이다. 이 방사능을 지닌 물질은 어디든지 침전하면 거의 영구한 시간을 간다. 반감기가 수십 년에서 수만 년이 된다. 방사능이란 방사선을 방출하는 성능인데, 선線ray이란 레이디에이션의 좁은 빔beam을 말하는 것이다. 이 방사선은 인체 내에 축적되면 세포를 파괴시키고 몸의 정상적 활동을 중지시키거나 왜곡시킨다. 결국 암을 생성시킨다.

방류의 기만성, 모든 것이 공개검증되어야 한다

지금 동경전력의 초동 부실대처로 생긴 방사성 오염수는 현재 133만t이 축적되어 있으며, 1060개의 특수드럼통에 담겨져 있다. 매일 하루에 90t∼140t의 새로운 핵폐기수가 유입된다. 그런데 키시다 후미오정권은 7월부터 하루 500t씩 태평양 어느 곳에 방류한다고 한다. 문제는 이러한 행위의 사기성에 있다. 오염수를 처리수라 둘러대는데, 본시 핵오염수는 처리가 불가능한 물이다. 처리가 되어 문제가 없다면 키시다 본인부터 아침저녁으로 마셔야 옳고, 바다에 내버릴 것이라면 동경만에 내버려서 그 폐해를 국민이 실감해야 옳다. 그러나 그 핵폐기물 오염수를 해저터널을 통해 수 킬로 밖에 내버린다고 한다. 그렇다면 태평양의 도서국가들이 입을 피해는 어떠할까? 일본인들은 자기들이 저지른 죄악인데도 구제받고, 말리노우스키와 같은 인류학자들이 사랑했던 도서원주민은 암이 걸려 멸절해도 좋단 말인가? 한국사람들이 이러한 문제에 대하여 둔감한데, 일본인들이 그 투기장소를 밝히지 않는다면, 일본인들이 그 오염수를 태평양에 접한 자기네 동쪽 해안선을 피하기 위하여 우리나라 동해바다에 버리지 않으리라는 보장이 없다. 어제 내가 잘 알지도 못하는, 한 수산업 종사자로부터 나에게 특송택배가 와서 뜯어보니 조그맣고 빠알간 "독도새우"였다. 쪽지가 하나 있었다: "선생님! 이제 마지막이라는 생각이 들어

보냅니다. 도올tv 잘 보고 있습니다. 수강생 올림."

눈물이 핑 돌았다. 이제 끝이라는 절망감 속에 그 분은 나에게 독도새우를 보낸 것이다. 그것은 독도새우의 끝이 아니라, 우리 민족 역사의 끝이요, 인류의 끝이다! 이런 생각을 하지 않으면 이 문제를 대처할 길이 없다.

1천 년을 지속하는 비극

많은 사람들이 일본냉각수도 3·40년 지나면 끝나지 않을까 하고 생각하는데 후쿠시마 원전사태는 그 원전내부가 완전히 떡이 되어(880t의 핵연료 데브리, 어마어마한 고선량 방사선 방출, 지구의 암덩어리) 도무지 내용을 알 수가 없다. 지금은 어떠한 방식으로든지 접근해도, 고열과 방사선 때문에 모든 것이 망가지고 녹아내리기 때문에, 접근이 근원적으로 불가능하다고 한다. 그리고 원전에 폐핵연료봉 60만 개가 있었다는 추측도 있다. 그러니까 후쿠시마 원전의 비극은 앞으로 1천 년 이상을 지속할 수 있다고 전문가들은 말하고 있다.

후쿠시마원전의 선례가 미칠 악영향

후쿠시마원전사태의 심각성은 모든 나라가 원전을 가지고 있고, 그와 유사한 사태가 벌어질 위험을 지니고 있다는 것이다. 그럴 경우 일본의 불행한 전례는 모든 나라가 똑같은 방식으로 핵폐기물 오염수를 바다에 방류하는 것을 정당화시킨다는 것이다. 내가 도올tv에서 말한 내용 중, "민원" 얘기가 사람들의 가슴을 치게 만들었다 했다. 동네에서 불량한 건축이 지어지고 있을 때 바로 옆에 있는 집에서 민원을 넣어야 주변의 이웃들이 같이 움직이게 되는 명분을 얻는다는 것이다. 지금 우리는 21명의 시찰단을 보내면서도 단장 한 사람의 이름만 밝혔을 뿐, 일체 나머지 20명의 이름은 쉬쉬 비밀로 하고 있다. 시찰단을 보낸다는 것 자체가 떳떳치 못한 짓이다. 특검의 리더로서 이름을 날린 윤석열이 지금은 일본의 죄악을 덮어주기 위해 비굴하게 방류를 용인할 수밖에 없는 방식으로 시찰단을 보내고 있는 것이다(시찰단이 아니라 물리적 근거를 밝히는 검증단이어야 한다). "Law and Order"라니, 무슨 헛소리인가? 그것은 1960년대부터 미국의 민권운동을 탄압하기 위해 나온 말이다. 사람이름도 숨기는 시찰로써 모든 것을 정당화하려는 술책을 감행하는 그대의 로(law: 법) 감각으로 우리 사회의 오더(Order: 질서)가 생겨날 듯 싶으오? 나는 우노라! 목놓아 우노라! 할 말이 없어 우노라!

공동대처만이 전 인류가 구원받는 유일한 길

우리민족이 핵폐기물 오염수 방류 문제에 관하여 봉기하지 않으면 전 인류에 대해 더할 나위 없는 대죄를 짓는 것이다. 우리는 지금이라도 러시아, 중국, 북한, 남한, 대만, 그리고 호주, 뉴질랜드 등의 태평양 도서지역 18개 국가와 연합하여 이 문제를 공동대처해야 한다.

장횡거가 말하는 천도, 하느님의 길

신유학의 개조라 할 수 있는 장횡거의 『정몽』에 이런 말이 있다:

"성誠, 고신故信。" 하느님은 성실하게 움직이기 때문에 신험이 있고, 그래서 우리가 믿고 살 수가 있다는 것이다. 하느님이 성실하지 않으면 인간세의 성실도 성립하지 않는다는 것이다. 지금 후쿠시마원전사태는 일본인의 무지와 기만과 이기적 폭거가 하느님 자체를 불성실하게 만들고 있는 사태이다. 하느님이 불성不誠하면 도대체 인간은 어떻게 산단 말이냐? 핵폐기물 오염수로 건·곤 자체가 망가지는데 건곤의 순환으로 이루어지는 창조적 역易의 세계가 성립 가능할 것인가?

어민들의 생계는 어쩔거냐!

생각해보라! 일본이 윤석열의 묵인하에 핵폐기수를 어디다 버리든 빠른 時間내에 제주도를 강타하고 남해안을 잠식할 것이다. 그러면 우리 식탁에서 해산물은 물론 멸치, 새우, 김 등 아주 기초적인 식품이 불안해짐은 물론 수산업종사자들 모두의 생계가 위험에 처하게 될 것이다. 과연 멸치 없는 우리 삶을 생각할 수 있는가? 나는 곧 천수를 다한다 해도 우리의 자녀, 손자, 손녀는 어떻게 할 것인가!

마지막으로 이 한마디 공자의 말씀을 기억하자!

不患貧, 而患不安
불 환 빈　　이 환 불 안

지금 우리는 못사는 것을 걱정할 때가 아니다! 불안한 것을 걱정해야만 할 때다.

2023년 5월 24일(수요일)

계림과 나, 봉혜는 나의 스승이었다

　내가 글을 쓰고 있는 연구실에는 좀 너른 터가 있고 계림鷄林이라는 작은 동산이 있다. 내가 아주 사랑하는 닭이 있었는데 이름을 봉혜鳳兮라 했다. 봉혜와 더불어 그의 9대손에 이르기까지 13년을 닭을 키웠다. 나의 사랑하는 닭 봉혜가 놀던 동산이라 하여 계림이라는 이름이 붙었다. 봉혜 이야기는 내 책 『계림수필』에 자세히 나와있다. 나와 더불어 한 5년을 살았는데, 나는 실로 봉혜로부터 자연의 예지에 관하여 많은 것을 배웠다. 그런데 계림에는 엄청나게 큰 나무가 몇 그루 있다. 가위질 해대는 것이 싫어 내버려두었더니 정말 높이 자랐다. 그런데 천산재天山齋의 터가 좋은지, 나무들이 영양이 좋다. 너무도 싱싱하게 잘 생겼다. 그 계림 한가운데 은행나무가 하나 있다. 은행이 안 열리는 것을 보니 숫놈이다. 암컷은 가을마다 꼬린내가 나긴 하지만, 요즈음 민원으로 아름다운 은행나무 거목이 마구 잘리는 무지스러운 세태는 참으로 통탄스러운 일이다. 그런데 은행나무 꼭대기에 까치가 집을 지었다. 까치가 까악까악 대는 것이 그리 나쁠 것이 없다. 까치는 집을 아주 아름답게 지었는데, 참 복성스럽게 생긴 둥지를 만들어놓았다. 몇 년이 지나고 까치는 집이 비좁다고 생각했는지 또 하나의 집을 복층으로 연결하여 또 하나의 터전을 만들었다. 익스텐션 공간인 셈이다. 그런데 집을 만드는 것을 보면 자연제품뿐만 아니라 철사, 전선, 노끈 같은 인공소재도 자유롭게 활용한다. 까치가 IQ가 높다는 것은 잘 알려져 있다. 철사를 입으로 구부려가며 자연소재인 나뭇가지와 연결시키는 디자인감각은 놀랍기만 하다. 그 2층 까치집은 나와 거의 20년을 더불어 살았다. 천산재의 불가결한 명품이었다. 까치가 모여든다는 것은 나의 서재터가 좋다는 것이다. 공기나 먹이 등 생명의 조건이 좋다는 것이다. 사시사철 그 까치집을 쳐다보는 것은 매우 기분좋은 일이었다.

갑자기 허전하다

그런데 어느날 철봉에 매달려 그 은행나무를 쳐다보고 있는데 갑자기 뭔가 허전하다는 느낌이 들었다. 무엇인가 광경이 공허한 것이다. 앗~ 복층의 거대한 까치집이 온데간데 사라지고 없는 것이다. 보통 까치가 새 터전을 마련할 때 옛집을 포기하고 새집을 새로 짓는 경우가 허다하다. 그런데 우리집 까치는 있던 집을 남겨두지 않고, 한 가지의 흔적도 남기지 않고 싹 다 떠나버렸다. 나뭇가지 하나하나를 모두 입에서 내뿜은 접착제로 고착시키기 때문에 옛집을 분해하는 것도 꽤 수고가 드는 일이다. 그러나 무엇보다도 까치가 내 집을 떴다는 사실이 슬펐다. 삶의 조건이 악화되었다는 것을 의미하기 때문이다. 풍향이 바뀌었나? 소음이 생겼나? 공기가 나빠졌나? 벼라별 생각이 다 들었다.

그렇게 섭섭하게 한 석 달을 살았는데, 어느날 오 집강이 까치집을 찾았다고 기뻐 외치는 것이다. 사라진 까치집을 찾다니? 게 뭔 소린가? 어디서 찾아?

옆 전나무로 재건축 이사

까치는 복층의 구조를 다시 개선할 필요를 느꼈던 모양이다. 그래서 은행나무 옆에 은행나무보다 훨씬 더 높고 풍성한 전나무가 있었는데 그 전나무 꼭대기 쪽으로 집을 옮겨 지은 것이다. 상당히 빠른 시간 내에 그 대공사를 감행하여 내가 눈치도 채지 못했던 것이다. 그런데 전나무는 은행나무보다 훨씬 거대하고 사철침엽수래서 늘 푸르다. 그래서 새 까치집이 자리잡은 곳은 사람의 눈에 띄질 않는다. 무성한 침엽이 겹겹이 쌓인 가운데 깊게 지어, 밑에서 보면 나무의 일부로 보일 뿐, 그곳에 까치집이 있다는 것이 감지되지 않는다. 그리고 옛집에서 이동거리가 매우 짧아 소재 채취와 구성에 어려움이 없었을 것이다. 그런데 요번에 지은 집은 거대한 한 공간이었다. 여러 까치가 한 공간에 느긋이 거주할 대궐을 지은 셈이다.

신소재 활용

그런데 그런 대궐을 짓는 데는 신소재가 필요했다. 까치는 어떤 건축현장에서 일정한 크기(한 30cm 정도)의 곧은 철사가 더미로 있는 것을 발견했다. 그 철사소재라면 엮어 대궐을 짓는 데 부족함이 없다고 생각했다. 철사로 기본 스트럭쳐를 만들고 옛집의 소재로 디테일을 메우면 새집 공간을 마련할 수 있다고 생각했다. 그런데 이 새집은 공간이 크기 때문에 쇠철사가 한 100개 가까이 필요했다. 그래서 까치들은 꽤 무거운 철사인데도 그것을 건축현장으로부터 부지런히 날랐다. 부리가 다치지 않은 것이 다행이었다.

우리가 전나무 꼭대기에 건장한 새 까치집이 있다는 것을 발견하게 된 계기가 바로 철사였다. 마당을 쓸 때마다 같은 크기에 반듯한 철사가 마당에 흐트러져 있는 것이다. 이 철사가 어디서 왔을꼬 하고 며칠을 쓸다가, 문득 하늘을 쳐다보게 되었다. 마당에 흐트러진 철사는 초록색 페인트가 입혀진 철사였는데 총 50개 이상 흐트러져 있었다. 까치들이 새집을 만드는 과정에서 한 50개는 접착시킬 수 있었고, 나머지 50개는 땅에 떨어뜨렸던 것이다. 그들의 수고를 알 만했다.

천산재의 까치대궐

전나무에 가리어 안 보이는 철골의 까치대궐, 그 속을 부리나케 드나드는 까치들의 모습을 보면서 나의 천산재가 역시 좋은 터로구나 하면서 안도의 숨을 쉬었다.

그렇게 또다시 한 석 달이 지나고 봄에 채마밭에 채소를 심었다.

겨자상추, 케일, 들깨, 고추, 쑥갓 등을 심었는데 얼마나 실하게 자라는지, 먹는 것이 자라는 것을 따라가지 못한다.

까치의 요란한 울음

어느날, 내가 밭이랑에서 잡초를 뽑아주며 김매고 있었는데 갑자기 까치들이 요란하게 소리를 내며 달려들고 야단이다. 나는 처음에 케일에 붙은 배추벌레를 잡아먹으려고 나와 경쟁적으로 덤벼드는 것인가 하고 의아스럽게 생각했다. 보통 때와는 울음 행태가 영 달랐기 때문이다. 그렇다고 나에게 달려들어 쪼거나 그런 짓을 하지는 않는다.

집 떠난 새끼까치

그러던 중 뭔가 옆에서 푸득푸득 한다. 자세히 보니 까치 새끼 한 마리가 날질 못하고 껑충껑충 뛰고만 있는 것이다. 그제야 나는 까치가 왜 그렇게 울었는지 그 원인을 알 수 있었다. 그 새끼까치는 오른쪽 발을 쓰질 못했고 머리도 오른쪽으로 기울어지기만 했다. 그러나 생명력은 강했다. 여러 가지 추론이 가능했다. 그 큰 집에서 부화된 까치임에는 분명하나, 선천적 기형이래서 영양이 부실했거나, 또는 새끼들이나 수컷 애비한테 왕따를 당해서 밀려났거나, …… 그러나 아무튼 상황이 잘 정리가 되질 않았다. 그 높은 집에서 어떻게 땅으로 내려왔는지(10m 이상 된다), 그리고 과연 어떻게 다시 올라갈 수 있을지, 도무지 그 방법을 알 수 없었다. 까치 두 마리(엄마, 아빠인 듯)가 계속 깍깍거리며 나의 주변을 배회하지만 막상 땅으로 내려오지는 않는다. 나는 새끼까치를 마당에 놓으면 두 마리의 까치가 새끼를 물고 하늘로 올라가지 않을까 하고, 마당 한복판에 새끼까치를 놓아두고 피신하여 기다려보았으나, 어미까치는 그런 시도를 하지 않았다. 높은 곳에서 배회하면서 까악까악 거리기만 할 뿐이다. 나는 까치 소리를 들으면 그 메시지를 어느 정도는 파악할 수 있었다. 하여튼 새끼까치를 둥지 위로 되돌릴 수 있는 방법이 없었다. 그리고 제일 큰 위험은 도둑고양이의 존재였다. 에미까치가 공중에서 까악거리는 제1차 목표가 고양이로부터의 보호인 것 같았다.

나는 통나무의 식구들과 함께 까치를 살리는 방법을 강구했다. 우선 멕여야 할 것이라고 생각했다. 멸치를 잘게 찢어 주었어도 자발적으로 먹기를 않는다. 그리고 물을 멕여도 자발적으로 먹기를 않는다. 우리가 입을 벌리고 억지로 멕이면 꿀꺽하는데 꿀꺽하기까지 너무 힘들다. 우리는 위송魚鬆이라는 아주 먹기 편한 먹이를 구해 새끼까치에게 주었어도 역시 자발적으로 먹지는 않는다. 찐달걀도 잘 먹기를 않는다.

우리는 새끼까치를 "생생이"라고 이름짓고, 까치를 비어있던 닭장에 넣어 편하게 활동할 수 있도록 해주었다. "생생이"는『주역』「계사」에 나오는 "생생지위역生生之謂易"에서 따온 이름이었다. "살아라, 살아라"라는 뜻이다. 우리는 생생이를 살리려고 갖은 노력을 기울였다. 부모새들은 계속 닭장 주변을 돌며 까악까악

경계음을 냈다.

밤중에도 계속 생사를 확인하며 잠을 설치곤 했다. 추울 것 같아 따뜻한 방에 들여 놓기도 했다. 나중에는 항생제의 캡슐을 열어 반씩 두 차례에 나누어 멕이기도 했다.

애작제문哀鵲祭文

이틀 밤이 지나고 아침에 일어나 닭장 문을 여니 생생이는 다리를 쭈욱 뻗고 저세상으로 가버린 후였다. 우리는 봉혜무덤 옆으로 땅을 깊게 판 후 케일로 관을 만들어주었고 최고급의 울창주를 부으며 유세차 …… 장례를 치렀다. 제문이 계림에 구성지게 울려 퍼졌다.

생생아! 생생아!

너는 천산재天山齋에서 태어나

천산으로 돌아갔구나!

짧은 생애 동안 낙산에서 조선의 여명을 맞이하며

우리와 같이 숨쉬고 같이 울었다.

동해 건너 섬나라 사람들은

죽음의 방사능을 전 인류에게

유포하고 있는데

너 생생이는 생명의 고귀함을

일깨우기 위해 바둥거렸나 보다.

잘 가거라! 저제상에 가거들랑

인간의 지혜를 뛰어넘는

모든 신령한 존재들에게 부탁해다오.

너와 같은 생명체가 이 땅에서

영원히 춤출 수 있도록

하느님께 빌어다오.

잘 가거라! 생생아!

생생. 상향~

2023년 5월 30일
밤 10시 53분 탈고

『난세일기』

― 우리가 살고 있는 문명을 되돌아본다 ―

2023년 6월 15일 초판 발행
2023년 7월 5일 1판 3쇄

지은이 · 도올 김용옥
펴낸이 · 남호섭

편집책임 _김인혜
편집 _임진권 · 신수기
제작 _오성룡
표지디자인 _박현택
인쇄판 출력 _토탈프로세스
라미네이팅 _금성L&S
인쇄 _봉덕인쇄
제책 _강원제책

펴낸곳 · 통나무
서울특별시 종로구 동숭동 199-27
전화: 02)744-7992
출판등록 1989. 11. 3. 제1-970호

© Kim Young-Oak, 2023   값 18,000원
ISBN 978-89-8264-155-8   (03150)